D1755614

Leitfaden
Wissensmanagement

v/d/f

vdf Hochschulverlag AG
an der ETH Zürich

Heide Brücher

Leitfaden
Wissensmanagement

Von der Anforderungsanalyse
bis zur Einführung

Bibliografische Information Der Deutschen Bibliothek

Die Deutsche Bibliothek verzeichnet diese Publikation in der Deutschen Nationalbibliografie; detaillierte bibliografische Daten sind im Internet über http://dnb.ddb.de abrufbar.

Das Werk einschliesslich aller seiner Teile ist urheberrechtlich geschützt. Jede Verwertung ausserhalb der engen Grenzen des Urheberrechtsschutzgesetzes ist ohne Zustimmung des Verlages unzulässig und strafbar. Das gilt besonders für Vervielfältigungen, Übersetzungen, Mikroverfilmungen und die Einspeicherung und Verarbeitung in elektronischen Systemen.

ISBN 3 7281 2912 7

© 2004, vdf Hochschulverlag AG an der ETH Zürich

Vorwort

Der vorliegende Leitfaden ist im Rahmen des Praxis-Projektes «Athene» entstanden, dessen Ziel die Konzeption und Einführung eines Wissensmanagementsystems für die Praxispartner des eGovernment Competence Centers des Instituts für Wirtschaft und Verwaltung Bern war.

Ziel dieses Leitfadens ist es, den Leser bei der Vorbereitung, der Auswahl und der Einführung einer Wissensmanagementsystemlösung zu unterstützen, indem ihm drei elementare Werkzeuge an die Hand gegeben werden:

1. Grundlagen: Eine auf das Wesentliche konzentrierte Einführung ins Wissensmanagement in Verbindung mit einem Glossar zum Themenbereich, um das Begriffsverständnis zu erleichtern.

2. Anforderungen / Situationsanalyse: Anforderungsanalyse aus Nutzersicht zur Evaluation der Bedürfnissituation.

3. Marktanalyse: Evaluation und Eingrenzung des Marktangebotes.

Die im Leitfaden vorgestellten Werkzeuge und Methoden wurden im Projekt «Athene» entwickelt und eingesetzt. Sie werden deshalb jeweils praxisnah anhand der Ergebnisse des Projektes «Athene» erläutert.

Insbesondere geben Erfahrungsberichte anderer Institutionen Einsicht in die Lösungen, die mehr oder auch minder erfolgreich bereits von Organisationen des privaten und des öffentlichen Sektors implementiert wurden. Der Leser erhält so zusätzlich Informationen über Wissensmanagementimplementationen und kann sich direkt an die Autoren der Erfahrungsberichte wenden, um bei diesen seinen weiteren Informationsbedarf zu decken.

Die Art und Weise, wie dieser Leitfaden entstanden ist, kann selbst als ein Beispiel für erfolgreiches Wissensmanagement dienen. Der Austausch mit verschiedenen aktuellen und potentiellen Nutzern von Wissensmanagementsystemen sowie der Kontakt zu über 120 Wissensmanagementsystemanbietern ermöglichte, umfangreiche Informationen und Wissen zu sammeln, aufzubereiten und in der vorliegenden Form zusammenzustellen. Gleichzeitig half die Anwendung des «Erlernten», das neue Wissen zu hinterfragen, Schwachstellen und Widersprüche zu identifizieren und zu korrigieren resp. zu ergänzen.

Bedanken möchte ich mich bei allen, die die Entstehung dieses Buches unterstützt und daran mitgewirkt haben:

- dem Team des eGovernment Competence Centers – insbesondere Anais Saegesser und Fatih Karaoglu.
- den Autoren der Erfahrungsberichte: Birgit Gotthart (Hewlett-Packard), Christoph Bucher (Eidg. Materialprüfungs- und Forschungsanstalt EMPA), Adrian Kempf (Swisscom AG), Robert Sellaro (CSC Switzerland AG), François Dubuis (Glas Trösch Holding AG).
- den auskunftsbereiten Mitarbeitern der Systemanbieter.

Frau Petra Baumberger gebührt mein besonderer Dank für ihr unermüdliches, redaktionelles Wirken.

Heide Brücher

Inhaltsverzeichnis

    Management Summary 4
1. **Einleitung** 5
    1.1. Problemstellung und Nutzen der Studie 5
    1.2. Institutioneller Rahmen der Studie: CC eGovernment 8
2. **Grundlagen des Wissensmanagements** 9
    2.1. Begriffsbestimmung 9
        2.1.1. Wissen und Information 9
        2.1.2. Wissensmanagement 11
    2.2. Funktionen eines Wissensmanagementsystems 12
        2.2.1. Retrieval 13
        2.2.2. Visualising 13
        2.2.3. Organising 13
        2.2.4. Collaborating 13
        2.2.5. Analysing 13
        2.2.6. Exkurs: Content- und Dokumentenmanagement 14
3. **Anforderungsanalyse** 15
    3.1. Architektur eines Wissensmanagementsystems 15
        3.1.1. Wissensressourcen und Metastrukturen 16
        3.1.2. Benutzeroberfläche 16
        3.1.3. Services 17
    3.2. Festlegung der Kriterien zur Bestimmung der Anforderungen 17
        3.2.1. Benutzeroberfläche 17
        3.2.2. Services 18
        3.2.3. Strukturschicht 19
        3.2.4. Wissensressourcen 20
        3.2.5. Technische Anforderungen 21
    3.3. Beispiel einer Anforderungsanalyse 21
        3.3.1. Ziel 21
        3.3.2. Vorgehen 21
        3.3.3. Aufbau der Analyse 22
        3.3.4. Auswertung der Anforderungsanalyse des Projektes «Athene» 23
        3.3.5. Zusammenfassung der Anforderungsevaluation von «Athene» 24
4. **Marktanalyse** 25
    4.1. Ziel und Vorgehen 25
    4.2. Methodik 25
    4.3. Auswahl der Anbieter 25

4.4.	Aufbau des Fragebogens	26
4.5.	Datenauswertung	26
	4.5.1. Vergleich unter den Anbietern	26
	4.5.2. Zusammenfassung	29
4.6.	Charakterisierung von Anbietern bzw. Produkten	30
4.7.	Pflichtenheft	93

5. Erfahrungsberichte **107**

5.1.	Erfahrungsbericht 1: Implementierung eines integrierten Wissensmanagements in der neuen HP	109
	5.1.1. Projektsteckbrief	109
	5.1.2. Organisation	110
	5.1.3. Ausgangslage	110
	5.1.4. Vorgehen	110
	5.1.5. Erfahrungen	114
	5.1.6. Schlussfolgerungen / Ausblick	114
5.2.	Erfahrungsbericht 2: Konzeption und Einführung eines Wissensmanagement-Systems an der EMPA	115
	5.2.1. Projektsteckbrief	115
	5.2.2. Organisation	115
	5.2.3. Ausgangslage	116
	5.2.4. Vorgehen	118
	5.2.5. Erfahrungen	118
	5.2.6. Schlussfolgerungen / Ausblick	119
5.3.	Erfahrungsbericht 3: Einführung eines Skills Management-Systems bei der Swisscom AG	120
	5.3.1. Projektsteckbrief	120
	5.3.2. Organisation	120
	5.3.3. Ausgangslage	121
	5.3.4. Vorgehen	121
	5.3.5. Erfahrungen	126
	5.3.6. Schlussfolgerungen / Ausblick	126
5.4.	Erfahrungsbericht 4: Einführung eines Content Management-Systems bei der Glas Trösch Holding AG, Bützberg	127
	5.4.1. Projektsteckbrief	127
	5.4.2. Organisation	127
	5.4.3. Ausgangslage	128
	5.4.4. Vorgehen	128
	5.4.5. Erfahrungen	129
	5.4.6. Schlussfolgerungen / Ausblick	131
5.5.	Erfahrungsbericht 5: Einführung eines Wissensmanagement-Systems bei einem grossen Schweizer Versicherungsunternehmen	133
	5.5.1. Projektsteckbrief	133
	5.5.2. Organisation	133
	5.5.3. Ausgangslage	133
	5.5.4. Vorgehen	134

		5.5.5.	Erfahrungen.. 134
		5.5.6.	Schlussfolgerungen / Ausblick 134
	5.6.	\multicolumn{2}{l}{Erfahrungsbericht 6: Einführung eines Wissensmanagement-Systems bei einem grossen Pharmaunternehmen............................... 135}
		5.6.1.	Projektsteckbrief.. 135
		5.6.2.	Organisations 135
		5.6.3.	Ausgangslage.. 135
		5.6.4.	Vorgehen... 136
		5.6.5.	Schlussfolgerungen / Ausblick 136

6. **Zusammenfassung und Ausblick** 137

7. **Anhang** 139
   - 7.1. Abkürzungsverzeichnis.. 140
   - 7.2. Glossar.. 143
   - 7.3. Bibliografie.. 155
   - 7.4. Abbildungsverzeichnis... 157
   - 7.5. Tabellenverzeichnis 158
   - 7.6. Fragebogen zur Anforderungsanalyse des Projekts «Athene» 159
     - 7.6.1. Benutzerfreundlichkeit 160
     - 7.6.2. Funktionale Anforderungen an ein Wissensmanagementsystem 161
     - 7.6.3. Strukturelle Anforderungen... 170
     - 7.6.4. Wissensressourcen 174
     - 7.6.5. Technische Anforderungen.. 177
   - 7.7. Resultate der Anforderungsanalyse des Projekts «Athene»................ 181
     - 7.7.1. Benutzerfreundlichkeit 182
     - 7.7.2. Funktionale Anforderungen / Services............................... 183
     - 7.7.3. Strukturelle Anforderungen... 194
     - 7.7.4. Wissensressourcen 197
     - 7.7.5. Technische Anforderungen.. 200
   - 7.8. Übersicht über die Anbieter 205
     - 7.8.1. Alle Anbieter.. 205
     - 7.8.2. Nicht berücksichtigte Anbieter.. 211
   - 7.9. Detailauswertung der Marktanalyse 212
   - 7.10. Fragebogen für die Anbieter 214

Management Summary

Schnelle Innovationszyklen, zunehmende Internationalisierung der Märkte und abnehmende Bindungsdauer der Mitarbeiter an eine Organisation zwingen allerorts zu einem neuen Umgang mit dem Wettbewerbsfaktor Wissen. Das Fachwissen veraltet insbesondere im Bereich der elektronischen Technologien immer schneller, und die Wissensintensität von Produkten und Dienstleistungen nimmt ständig zu. Der effiziente Zugriff auf dieses Wissen wird somit notwendig, um eine sinnvolle Nutzung desselben zu ermöglichen. Ferner droht – nicht zuletzt aufgrund des intensiven Einsatzes moderner Kommunikationsmedien wie des Internets – eine Informationsüberflutung. Damit wird das Auffinden verlässlicher Informationen, die Generierung hierauf basierenden Wissens sowie die Verwaltung und Pflege bestehenden Wissens zunehmend aufwändiger.

Für Organisationen resultiert daraus die Notwendigkeit, im Bereich Wissensmanagement gezielte Anstrengungen zu unternehmen, um das bestehende und entstehende Wissen zu konsolidieren und den Mitarbeitern zugänglich und nutzbar zu machen. Der Markt für Wissensmanagementsysteme hat diesen Trend erkannt und bietet Systeme zur Unterstützung des Wissensmanagements an. Es handelt sich dabei um eine Fülle verschiedenster Systemlösungen unterschiedlicher Funktionalität und Komplexität. Die praktischen Erfahrungen mit Wissensmanagementsystemen zeigen eindeutig, dass die systematische Vorbereitung, die Auswahl und die Einführung eines Wissensmanagementsystems, das den Anforderungen der Organisation entspricht, kritische Erfolgsfaktoren für ein Wissensmanagement sind.

Dieser Leitfaden unterstützt den Leser systematisch bei der Vorbereitung, der Auswahl und der Einführung eines Wissensmanagementsystems:

- Zunächst wird ein Grundverständnis für Wissensmanagement vermittelt, indem kurz in die Theorie eingeführt wird und die Ziele sowie die Möglichkeiten einer IKT-Unterstützung des Wissensmanagements vorgestellt werden.
- Die Entwicklung einer Anforderungsanalyse für Wissensmanagementsysteme aus Nutzersicht zeigt anschliessend auf, wie künftige Systemfunktionalitäten und ihre Prioritäten für die Umsetzung evaluiert werden können.
- Die darauf aufbauende Marktanalyse stellt eine Vorgehensweise zur Eingrenzung des Marktangebots vor, deren praktische Anwendung anhand des Projektes «Athene» des Kompetenzzentrums eGovernment in Bern nachgewiesen wird. Die empirisch erarbeitete Übersicht über aktuelle Anbieter von Wissensmanagementsystemen und vor allem die Portraits einzelner Anbieter sowie die detaillierte Beschreibung ihrer Lösungen mag dem Leser als Vorauswahl der in Frage kommenden Systeme dienen.
- Abschliessend geben Erfahrungsberichte praxisbezogene Hinweise zu Planung, Vorbereitung, Einführung und Nutzung von Lösungen aus dem Bereich Wissensmanagement.

1. Einleitung

1.1. Problemstellung und Nutzen der Studie

Die wettbewerbsstrategische Bedeutung der Verfügbarkeit des Wissens einer Organisation[1] wird seit mehreren Jahren diskutiert. Es besteht der Bedarf, Wissensmanagement effizient zu gestalten und soweit wie möglich durch den Einsatz der Informationstechnologie zu unterstützen. Der Markt für Wissensmanagementsysteme hat diesen Trend erkannt und bietet unter dem Label «Wissensmanagement» eine Fülle von Systemen und Tool Boxes an. Ob es sich dabei tatsächlich immer um Wissensmanagement handelt, bleibt dahingestellt. Fakt ist, dass zahlreiche Begriffe und Bezeichnungen und damit auch Software-Lösungen in Bezug zum Thema Wissen und Wissensmanagement gesetzt werden.

Diese Situation stellt die Beteiligten, die IT-Spezialisten und die Mitarbeitenden, die nach einer IT-Unterstützung des Wissensmanagements in ihrer Organisation suchen, vor drei Aufgaben, die vor dem Entscheid für eine bestimmte Lösung zu erfüllen sind. Erfahrungen, die im Rahmen verschiedener Wissensmanagement-Projekte gemacht wurden, haben deutlich gezeigt, dass diese Vorarbeiten für den Projekterfolg von essenzieller Bedeutung sind.[2]

Zunächst gilt es, den organisationsspezifischen Problembereich sowie die Möglichkeiten des Wissensmanagements zu erfassen. Daran schliessen die Analyse und die Spezifikation der Bedürfnisse der Mitarbeitenden sowie die Festlegung der Anforderungen an eine Wissensmanagement-Lösung an. Zuletzt erfolgen die Evaluation und die Eingrenzung der Angebote sowie die Wahl einer Lösung aus dem Marktangebot der IT-Unterstützungen für das Wissensmanagement.

> Ziel dieser Studie: Verfassen eines Leitfadens zur Vorbereitung der Einführung von Wissensmanagementsystemen:
> 1. Vermittlung der Grundlagen des Wissensmanagements
> 2. Analyse der Anforderungen an ein Wissensmanagementsystem aus Nutzersicht
> 3. Evaluation und Eingrenzung des Marktangebots

Ziel dieses Leitfadens ist es, den Leser bei der Lösung der drei Aufgaben, welche die Einführung einer Wissensmanagement-Lösung vorbereiten, systematisch zu unterstützen:

- Der Leitfaden führt zunächst in die wesentlichen Problembereiche des Wissensmanagements ein. Im Vordergrund steht dabei, die Ziele des Wissensmanagements aufzuzeigen und aufbauend auf diesen Zielen darzustellen, welche Funktionen des Wissensmanagements von der Informationstechnologie unterstützt werden können.

---

[1] Der Begriff «Organisation» bezeichnet stets Einheiten sowohl aus der Wirtschaft, der Verwaltung, dem kulturellen, sozialen und wissenschaftlichen Bereich als auch Non-Profit-Organisationen.
[2] Als Beispiele dazu dienen die Erfahrungsberichte verschiedener Organisationen, die in Kapitel 5 vorgestellt werden.

- Im Hinblick auf die zweite Problemstellung, die Analyse und die Spezifikation der Anforderungen aus Nutzersicht, wird die Entwicklung, die Durchführung und die Evaluation einer Anforderungsanalyse für Wissensmanagementsysteme vorgestellt. Der Anforderungskatalog wird dabei auf der Basis der möglichen Funktionen sowie der Ziele des Wissensmanagements entwickelt. Die exemplarisch präsentierte Anforderungsanalyse ist im Projekt «Athene» des Kompetenzzentrums eGovernment durchgeführt worden. Die Auswertung, die in diesem Leitfaden ebenfalls vorgestellt wird, gibt dem Leser erste Hinweise auf Schwerpunkte oder kann zur Diskussion dienen.
- Zur Lösung der dritten Aufgabe, der Evaluation und der Eingrenzung des Marktangebots, wird die Gestaltung einer Marktanalyse ausführlich dargestellt. Der Fragebogen, der für die Marktanalyse an 110 Anbieter von Wissensmanagement-Systemen verschickt worden ist, baut dabei auf der vorgängigen Anforderungsanalyse auf. Eine Übersicht über die führenden, zur Zeit auf dem Markt verfügbaren Wissensmanagement-Lösungen sowie über deren Leistungsmerkmale dient Interessierten zu einer ersten Vorauswahl der infrage kommenden Systeme.

Erfahrungsberichte von Organisationen, die Wissensmanagement-Lösungen eingeführt haben, schliessen diesen Leitfaden ab. Sie schildern aus unterschiedlichen Perspektiven die Erfahrungen, die im Rahmen der Planung, der Einführung und der Nutzung der realisierten Wissensmanagement-Lösungen gemacht worden sind und geben nützliche Hinweise und Tipps. Ein wichtiges Ergebnis aller Erfahrungsberichte soll schon an dieser Stelle vorweggenommen werden: Die Vorarbeiten, d.h. die gezielte Durchführung der oben beschriebenen drei Aufgaben zur Vorbereitung der Einführung einer Wissensmanagement-Lösung, sind für die Einführung und insbesondere für den erfolgreichen Einsatz und die Akzeptanz der Lösung von essenzieller Bedeutung.

Einleitung

Management Summary	
Kapitel 1 Einleitung	• Erläuterung der Problemstellung und des Nutzens der Studie • Darstellung der Vorgehensweise der Untersuchung • Vorstellung des institutionellen Rahmens der Studie
Kapitel 2 Grundlagen des Wissensmanagements	• Abgrenzung der Begriffe Wissen und Wissensmanagement sowie Erläuterung der Ziele und der Aufgaben des Wissensmanagements • Analyse der Funktionen des Wissensmanagements, die mit Hilfe eines Wissensmanagementsystems unterstützt werden können
Kapitel 3 Anforderungsanalyse	• Erläuterung der Ziele der Anforderungsanalyse für Wissensmanagementsysteme • Darstellung des Schichtenmodells der Architektur eines Wissensmanagementsystems • Ableitung des Grundkonzepts der Anforderungsanalyse für Wissensmanagementsysteme • Beispiel einer Anforderungsanalyse
Kapitel 4 Marktanalyse	• Vorstellung der Ziele und Grundkonzept der Marktanalyse • Ableitung der Vorgehensweise zur Evaluation und Eingrenzung des Marktangebotes • Übersicht über aktuell verfügbare Wissensmanagementsysteme und ihre Leistungsmerkmale • (Projekt-) Pflichtenheft für Anbieter von Wissensmanagement-Systemen
Kapitel 5 Erfahrungsberichte	• Sechs Erfahrungsberichte aus der öffentlichen Verwaltung und aus der Privatwirtschaft über die Einführung und den Nutzen von Wissensmanagementsystemen
Kapitel 6 Zusammenfassung und Ausblick	• Zusammenfassung der Ergebnisse • Ausblick auf künftige Entwicklungen
Anhang	• Glossar • Fragebogen zur Anforderungsanalyse • Detailauswertung der Anforderungsanalyse • Fragebogen zur Marktanalyse • Detailauswertung der Marktanalyse

Tabelle 1: Aufbau des Leitfadens

1.2. Institutioneller Rahmen der Studie: CC eGovernment

Das Kompetenzzentrum für eGovernment (CC eGov) des Institutes für Wirtschaft und Verwaltung in Bern ist eine unabhängige Dienstleistungs-, Forschungs- und Entwicklungsinstitution für eGovernment in der Schweiz. Es erarbeitet praxisorientiert Forschungs- und Entwicklungsergebnisse und vermittelt sie im Rahmen von Publikationen an interessierte Organisationen. Nach Bedarf arbeitet das Kompetenzzentrum mit anderen Organisationen auf nationaler und internationaler Ebene zusammen. Zudem verfügt das Kompetenzzentrum mit seinen Praxis- und Forschungspartnern sowohl über ein lokales Netzwerk mit hohem Praxisbezug als auch über ein internationales Netzwerk mit Zugang zu aktuellen Forschungsarbeiten.

Gemeinsam mit seinen Praxispartnern hat das CC eGov in seinem Forschungs- und Projektportfolio den Auftrag definiert, für sich sowie die Partnerorganisationen ein Wissensmanagement-System für den Bereich eGovernment aufzubauen. Zu diesem Zweck hat sich das CC eGov umfassend mit Fragestellungen zu Information und Wissen, Wissensmanagement und Wissensteilung sowie zur technologischen Unterstützung dieser Prozesse beschäftigt. Der ständige Austausch mit den Partnern und der damit zusammenhängende Praxisbezug gehört zu den Stärken dieses Projekts und entspricht dem Ansatz der anwendungsorientierten Forschung des Kompetenzzentrums.

2. Grundlagen des Wissensmanagements

Derzeit ist eine explosionsartige Zunahme des menschlichen Wissens in den unterschiedlichsten Gebieten zu beobachten. Die Notwendigkeit eines effizienten Wissensmanagements ergibt sich aber nicht nur aufgrund der starken Wissensvermehrung: Auch die hohe Wissensintensität von Produkten und Dienstleistungen, die Wissenskomplexität und die Dynamik der Wissensentwicklung, die hohe Fluktuation sowie die Besonderheiten der Leistungserstellung in Organisationen verlangen danach. Für die Organisationen macht es diese Entwicklung erforderlich, im Bereich Wissensmanagement intensive Anstrengungen zu unternehmen, um das bestehende und fortlaufend entstehende Wissen zu konsolidieren und den Mitarbeitern zugänglich und nutzbar zu machen.

Gegenstand dieses Kapitels ist eine kurze Einführung in die Grundlagen des Wissensmanagements. Ausgehend von den Zielen des Wissensmanagements werden dabei die Aufgaben eines Wissensmanagementsystems bestimmt, wodurch das mögliche Leistungsspektrum einer IT-Unterstützung des Wissensmanagements abgesteckt wird. Das Ende des Kapitels bildet ein kurzer Exkurs über Content- und Dokumentenmanagement, der diese beiden Management-Ansätze gegenüber dem Wissensmanagement abgrenzt.

2.1. Begriffsbestimmung

In der Literatur wird der Begriff des Wissens äusserst heterogen verwendet, und es existieren zahllose Versuche, den Terminus zu definieren. Auch für den Begriff des Wissensmanagements gibt es bislang keine verbindliche Definition. Nachfolgend werden kurz «Wissen» und «Information» voneinander abgegrenzt und der Begriff des Wissensmanagements erläutert.

2.1.1. Wissen und Information

Die Ausdrücke «Wissen» und «Information» werden oftmals synonym verwendet. Gleiches gilt für die Wörter «Daten» und «Zeichen», die im alltäglichen Sprachgebrauch ebenfalls nicht klar voneinander unterschieden werden. Alle diese Begriffe bauen aufeinander auf und werden durch ihre Abgrenzung voneinander definiert (siehe Abbildung 1).

Begriffshierarchie	Unterscheidungsmerkmal	Begriffsbeispiele
Wissen		
	Verkettung/ Verknüpfung von Informationen	Marktmechanismen des Devisenmarktes
Information		
	Anreicherung mit Kontext	Devisenkurs $1 = EUR 0.90
Daten		
	Strukturierung von Zeichen anhand einer Syntax	0.90
Zeichen		
	Zeichenvorrat	«0», «9» und «.»

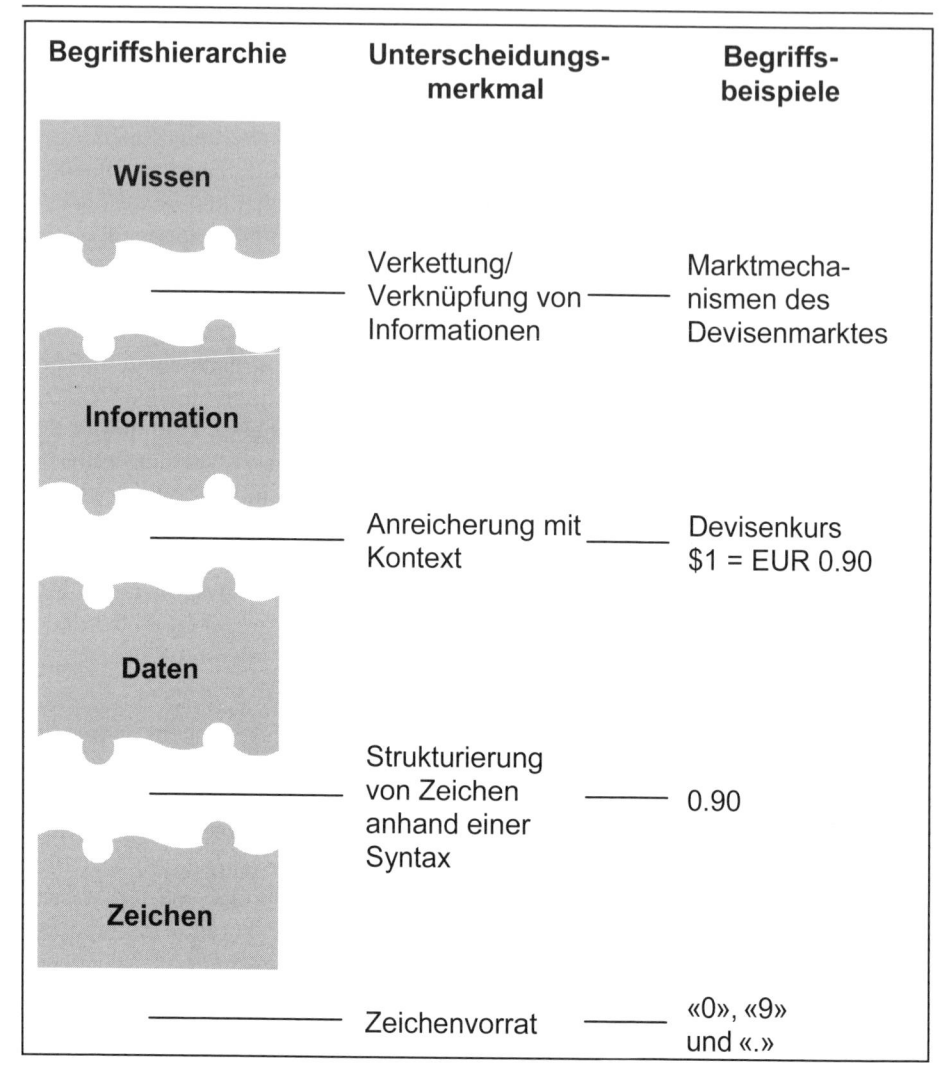

Abbildung 1: Wissen – Information – Daten – Zeichen [Bru01; S. 15]

Die Zeichen bilden die unterste Stufe der aufeinander aufbauenden Begriffe. Zeichen können Buchstaben, Ziffern, Sonderzeichen oder Leerzeichen sein. Der Übergang von Zeichen zu Daten erfolgt durch Strukturierung der Zeichen anhand einer Syntax. Die Syntax dient der Festlegung der rein formalen Beziehungen der Zeichen untereinander. Der Übergang von Daten zu Information erfolgt durch Anreicherung der Daten mit einem Kontext [ReKr94; S. 11]. Informationen sind somit in einem bestimmten Kontext interpretierte Daten. Der Übergang von Daten zu Information wird entscheidend durch das interpretierende System bestimmt und weist somit eine durch die Subjektivierung hervorgerufene Heterogenität auf. Der Übergang von Information zu Wissen entsteht durch die sinnvolle und zweckorientierte Verkettung der Informationen und ermöglicht ihre Nutzung in einem gewissen Aktionsraum [ReKr94; S. 12].

Im Rahmen der Abgrenzung des Wissensbegriffs können viele unterschiedliche Aspekte betrachtet werden. Eine erschöpfende Diskussion würde den Rahmen dieser kurzen Einführung sprengen. Es soll deshalb nur auf den für das spätere Verständnis wichtigen Aspekt der personellen Bindung von Wissen eingegangen werden [Bru01; S. 6ff.]. Dabei geht es um die Unterscheidung zwischen individuellem und organisationalem Wissen. Bisher wurde Wissen ausschließlich im individuellen Kontext definiert, d.h. dem einzelnen Individuum zugeordnet. Wissen kann jedoch ebenso im organisationalen Kontext existieren. Dabei ist jedoch zu beachten, dass der Prozess der Wissensentstehung eine Eigenschaft ist, die in erster Linie dem Menschen vorbehalten ist. Die Entstehung des kollektiven Wissens einer Organisation, des so genannten organisationalen Wissens, ist deshalb auf seine Mitglieder zurückzuführen. Es entsteht auf der Grundlage des individuellen Wissens der Organisationsmitglieder, ist jedoch mehr als die schlichte Summe individuellen Wissens: «Der Kern der Idee des organisationalen Wissens ist die Beobachtung, dass der Gehalt dieses Wissens nicht von den einzelnen Wissenspartikeln geprägt ist, welche in den Köpfen von Personen oder sonst wie dokumentiert vorhanden sind, sondern von den Relationen und Verknüpfungsmustern zwischen diesen Elementen» [Wil95; S. 295]. Organisationales Wissen ergibt sich somit durch die Kombination der einzelnen Wissensbestände. Nachfolgend wird der Begriff des Wissensmanagements erläutert, indem die Gründe und die Ziele des Wissensmanagements eingeordnet werden.

2.1.2. Wissensmanagement

Beim Wissensmanagement geht es um die Handhabung von Wissen; der Begriff ist also anwendungsorientiert und multidisziplinär zu verstehen. Wissensmanagement wird als Komplex von Steuerungsaufgaben verstanden, der alle Prozesse, Methoden und Strukturen einer Organisation umfasst, die sich mit Wissen befassen. Die Forderung nach praktikablen Konzepten zur Entwicklung und zur Nutzung des Produktionsfaktors Wissens resultiert aus einer Reihe verschiedener Ursachen [vgl. Studie des IAO [Fra97] und des Marktforschungsunternehmens IT-Research [Mueh00]]:

- Steigende Wissensintensität der Produkte.
- Ständiger Wandel: Veränderungen der Marktsituation und der Rahmenbedingungen.
- Abnehmende Halbwertszeit des Wissens: Die Halbwertszeit des Wissens bezeichnet den Zeitraum, nach dem die Hälfte des Wissens einer Disziplin durch neues Wissen ergänzt bzw. aktualisiert werden muss.
- Informationsflut: Informationsüberflutung bezeichnet das Phänomen, dass ab einer bestimmten zur Verfügung stehenden Informationsmenge die Entscheidungsqualität sinkt.
- Wissensbewahrung: Auf bereits vorhandenes Wissen im Unternehmen sollte jederzeit zurückgegriffen werden können.
- Globalisierung des Wettbewerbs: Weltweite Verflechtung der Volkswirtschaften durch die Entstehung globaler Kapital-, Güter- und Dienstleis-

tungsmärkte sowie die Verbreitung weltweit agierender transnationaler Unternehmen und Unternehmensallianzen [Fie97; S. 9].
- Veränderung der Arbeitsteilung: Auslagerung betrieblicher Aufgaben an spezialisierte Dienstleister (Outsourcing) oder durch Erschliessung weltweiter Beschaffungsmarktpotenziale (Global Sourcing)

Das übergeordnete Ziel des Wissensmanagements ist die planvolle und effiziente Bewirtschaftung des Produktionsfaktors Wissen in der gesamten Organisation. Zu betonen ist, dass Wissen eine Leistungsvoraussetzung für effektives und effizientes Handeln des Individuums sowie der Organisation ist. Der Umgang mit Wissen spielt somit eine zentrale Rolle. In diesem Rahmen gilt Wissensmanagement in der Organisation als «Prozess, bei dem Wissen geschaffen, festgehalten und genutzt wird, um die Organisationsleistung zu fördern» [Sun97; S. 57]. Aus dieser Definition ergeben sich in Verbindung mit den oben aufgeführten Gründen für die Notwendigkeit des *Wissensmanagements* folgende *Ziele*:
- *Systematischer Zugriff auf Wissen.*
- *Systematische Nutzung von Wissen.*
- *Vermittlung von Wissen.*
- *Teilung von Wissen*, d.h. Förderung des Wissenstransfers zwischen Individuen, Gruppen, der Gesamtorganisation und dessen Umfeld.
- *Zielgerichtete, planvolle Entwicklung von Wissen.*
- *Bewahrung von Wissen durch Explikation, Dokumentation, Vermittlung sowie Institutionalisierung.*
- *Entsorgung von veraltetem bzw. unbrauchbarem Wissen.*

Das Ziel der «Teilung von Wissen» weist auf die Unterscheidung zwischen individuellem Wissen und organisationalem Wissen hin. Für das Wissensmanagement ergeben sich daraus zwei Ebenen:
- Die organisationale Ebene: Wissensmanagement aus unternehmensweiter Gesamtperspektive.
- Die individuelle Ebene: persönliches Wissensmanagement des einzelnen Mitarbeiters im Unternehmen.

Die beiden Ebenen des Wissensmanagements sind voneinander abhängig, da das Wissensmanagement auf individueller Ebene die Voraussetzung für ein Wissensmanagement auf organisationaler Ebene darstellt. Auf den Zielen des individuellen Wissensmanagements bauen die Ziele des organisationalen Wissensmanagements auf.

2.2. Funktionen eines Wissensmanagementsystems

Ziel eines Wissensmanagementsystems ist die informationstechnologische Unterstützung (IT-Unterstützung) des Wissensmanagements. Aus den zuvor diskutierten Zielen und den damit verbundenen Aufgaben des Wissensmanagements lassen sich sowohl für die organisationale als auch für die individuelle Ebene *fünf Funktionen* ableiten:

- *Retrieval*
- *Organising*
- *Visualising*
- *Collaborating*
- *Analysing*

2.2.1. Retrieval

«Retrieval» bezeichnet die *Suchfunktion*, die sich aus der Aufgabe ergibt, den *Zugriff auf Wissen* zu ermöglichen [MaLe00]. Dies sollte möglichst planvoll und auf die individuellen Bedürfnisse abgestimmt geschehen. Die Funktion dient dazu, dem Benutzer auf Abruf Wissen zu liefern, was die Notwendigkeit der benutzerspezifischen Abstimmung mit sich bringt. Dabei ist zu berücksichtigen, dass die Suchergebnisse einerseits die Kriterien der Suchanfrage erfüllen und anderseits für den Benutzer verständlich sein müssen.

2.2.2. Visualising

Aufgaben dieser Funktion sind die Aufbereitung und die *Darstellung von Wissensobjekten*, z.B. von Suchergebnissen, mit dem Ziel, das dargestellte Wissen für den Nutzer verständlich zu machen. Somit besteht auch hier die Notwendigkeit der benutzerspezifischen Abstimmung. Diese Funktion soll ausserdem die intuitive Navigation durch Strukturen ermöglichen und die Weiterverzweigung innerhalb und zwischen den einzelnen Wissensfeldern einer Organisation erleichtern.

2.2.3. Organising

Ziele dieser Funktion sind die *Organisation und die Speicherung der Wissensressourcen*. Diese Funktion ergibt sich aus der Forderung nach der Integration des gefilterten Wissens in den vorliegenden Bestand.

2.2.4. Collaborating

Diese Funktion dient der *Verbreitung und dem Teilen von Wissen innerhalb der Organisation*. Ziel ist es, die Benutzer aktiv mit Wissen zu versorgen und den Wissenstransfer auf organisationaler Ebene zu unterstützen. Dabei ist es nicht nötig, dass neues Wissen an alle Benutzer verteilt wird, sondern nur an diejenigen, für die es von Interesse ist. Somit benötigt auch diese Funktion eine benutzerspezifische Abstimmung.

2.2.5. Analysing

Diese Funktion dient der *Analyse der Wissensressourcen* und damit der benutzerspezifischen Abstimmung. *Informationen* und *Wissen* werden *bewertet* und anschliessend *gefiltert*, um die Wissens- und Informationsflut auf ein sinnvolles Mass zu reduzieren.

Zwischen den fünf Funktionen Retrieval, Organising, Visualising, Collaborating und Analysing bestehen funktionale Zusammenhänge. Die Funktion Analysing liefert den anderen Funktionen ihre Ergebnisse zur Weiterverarbeitung.

2.2.6. Exkurs: Content- und Dokumentenmanagement

Contentmanagement-Systeme und Dokumentenmanagement-Systeme sind integrale Bestandteile eines Wissensmanagement-Systems. Das Dokumentenmanagement wird dabei oftmals synonym mit dem Begriff des Contentmanagements verwendet. Nachfolgend werden diese Begriffe kurz erläutert.

Dokumentenmanagement

Dokumentenmanagement-Systeme automatisieren die Prozesse zwischen der Erstellung, der Verwendung und der Wiederverwendung eines Dokuments und unterstützen den kompletten Lebenszyklus eines Dokuments. Dieser beginnt bei der Erstellung des Dokuments, führt über dessen Speicherung, Suche, Verteilung, Verwendung, Bearbeitung und endet mit dem Löschen des Dokuments. Zur Unterstützung der einzelnen Phasen in diesem Lebenszyklus bieten Dokumentenmanagement-Systeme verschiedene Funktionen und Instrumente an. So wird z.B. die Erstellung eines Dokuments durch das systemseitige Angebot von Dokumentvorlagen erleichtert [vgl. Shi98; S. 5ff.]. Die Suche wird durch die Möglichkeit der Schlagwort- und Volltextsuche sowie durch die Indexierung der Wissensressourcen unterstützt. Zusätzlich dienen Metadaten (z.B. Informationen über den Autor oder Schlagwörter) dem Dokumentenmanagement-System zur Unterstützung der Verwaltung oder der Suche von Dokumenten. Daneben werden Funktionen, die zum gemeinsamen Bearbeiten von Dokumenten notwendig sind, so genannte Groupware-Funktionalitäten, angeboten. Hierbei handelt es sich z.B. um die Versionsverwaltung von Dokumenten, das Management konkurrierender Zugriffe und Verteilungsmechanismen.

Contentmanagement Systeme

Contentmanagement bezeichnete ursprünglich die Verwaltung der immer umfangreicher werdenden Inhalte von Webauftritten. Dabei umfasst die Verwaltung der Website-Inhalte auch deren Funktionalität und deren Layout. Der Bedarf nach einer intelligenten Verwaltung von Inhalten, Funktionalitäten und dem Layout besteht aber nicht nur bei Websites. Mittlerweile werden deutlich mehr Inhalte als nur Web-Content adressiert, so zum Beispiel Inhalte in Form von Dokumenten oder auch Medienbausteinen. Dies wird dann beispielsweise als «Enterprise-Contentmanagement» bezeichnet. Dadurch enthält das Enterprise-Contentmanagement auch Funktionalitäten des Dokumentenmanagements. In Verbindung mit Web-Servern erlauben sie die zusammenhängende Verwaltung sowohl der neuen Informationen aus dem Web-Umfeld als auch aller bereits im traditionellen Client/Server- oder Host-System vorliegenden Daten und Dokumente.

Nach dieser kurzen Einführung in die Grundlagen des Wissensmanagement wird im nachfolgenden Kapitel aufgezeigt, wie die Nutzungsbedürfnisse im Rahmen der Anforderungsanalyse evaluiert werden können, um der Spezifikation/Auswahl des Wissensmanagementsystems zu dienen.

3. Anforderungsanalyse

Die Auswahl und die Konzeption von Wissensmanagementsystemen erweist sich als komplexer Prozess: Einerseits haben die verschiedenen Adressatengruppen unterschiedliche Vorstellungen darüber, was ein Wissensmanagementsystem leisten soll. Andererseits sind die auf dem Markt angebotenen Ausführungsformen und Leistungsfähigkeiten dieser Systeme äusserst vielfältig. Aus diesem Grund wurde ein schichtenbasiertes Architekturmodell für Wissensmanagementsysteme entwickelt, das die Grundlage für den Entwurf einer Anforderungsanalyse bildet. Ziel des Architekturmodells ist die methodische Unterstützung der Einführung von Wissensmanagementsystemen: Es ermöglicht, die Anforderungen der Benutzer vor der Systemimplementierung und -einführung systematisch zu analysieren, zu evaluieren und sie der Planung des Systems sowie dem Einführungsprozess zu Grunde zu legen. Mittels einer Anforderungsanalyse können die Leistungsmerkmale des Systems sowie deren jeweilige Relevanz und Priorität bestimmt werden.

Das vorliegende Kapitel stellt zunächst das entwickelte Architektur-Schichtenmodell aus gesamtheitlicher Sicht vor. Die einzelnen Bestandteile werden anschliessend erläutert. Auf der Basis des Architekturvorschlags ist die Anforderungsanalyse entwickelt worden, die sich in die folgenden Analyse-Komponenten gliedert:

- Benutzeroberfläche
- Services (Funktionalitäten)
- Strukturschicht (Metastrukturen, Prozesse)
- Wissensressourcen
- Technische Anforderungen

Diese Analysekomponenten sowie die Anforderungen, die in deren Zusammenhang an ein Wissensmanagementsystem gestellt werden, werden im Anschluss an das Architekturmodell vorgestellt.

3.1. Architektur eines Wissensmanagementsystems

Wissensmanagementsysteme bilden das Rückgrat des Wissensmanagements und sollten als «Enabler» für eine Wissensmanagement-Kultur und als «Support» für die Wissensmanagement-Prozesse betrachtet werden. Ein Wissensmanagementsystem ist dynamisch und stellt daher verschiedene Funktionen zur Unterstützung des Wissensmanagements, z.B. des organisationalen Lernens, bereit.

Die Architektur eines Wissensmanagementsystems kann mit einem Vier-Schichten-Modell beschrieben werden. Die nachfolgend vorgestellte Architektur (Abb. 2) lehnt sich an das klassische Architekturmodell für Informationssysteme an und umfasst die Schichten «Präsentation», «Applikation» und «Daten».

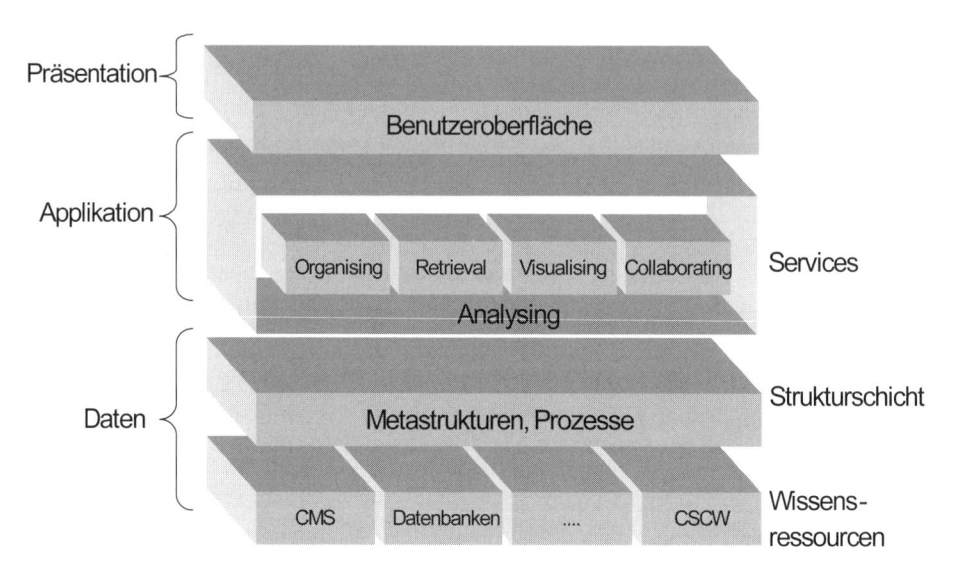

Abbildung 2: Architektur von Wissensmanagementsystemen[3]

3.1.1. Wissensressourcen und Metastrukturen

Die Schichten «Wissensressourcen» und «Metastruktur» entsprechen der Datenschicht der klassischen Informationssystem-Architektur. Sie bilden die gemeinsame Grundlage unterschiedlicher Wissensressourcen und damit die Basis des Systems. Dabei können die einzelnen Wissensressourcen in unterschiedlichen, möglicherweise auch verteilten Systemen gespeichert sein. Es ist Aufgabe der Strukturschicht, eine gesamtheitliche Sicht auf die Wissensressourcen zu ermöglichen, d.h. die Wissensressourcen in die geplante Struktur zu integrieren. Dabei geht es jedoch nicht nur um die Abbildung statischer Strukturen; dynamische Strukturen in Form von Prozessen, Workflows etc. sind ebenfalls abzubilden.

3.1.2. Benutzeroberfläche

Die Benutzeroberfläche stellt die Schnittstelle zum Benutzer dar und erlaubt diesem, auf die Dienste und die Inhalte des Wissensmanagementsystems zuzugreifen. Die Akzeptanz des Wissensmanagementsystems wird oft entscheidend durch die Funktionalitäten der Benutzeroberfläche und der dafür notwendigen Services beeinflusst. Die Benutzeroberfläche entspricht damit der Präsentationsschicht der klassischen Informationssystem-Architektur

Nachfolgend werden die einzelnen Schichten sowie die Fragestellungen zur Analyse der Anforderungen beispielhaft erläutert. Der vollständige Fragebogen zur Anforderungsanalyse befindet sich im Anhang.

---

[3] [Bru02]; S. 79.

3.1.3. Services

Die Schicht der Services umfasst die Dienste, die dem Benutzer zur Nutzung der Wissensressourcen zur Verfügung stehen. Zwischen der Strukturschicht und der Serviceschicht besteht ein enger Zusammenhang, da die Struktur die Quantität und die Qualität der Serviceleistungen beeinflusst. Die Unterstützung, die das Wissensmanagementsystem im Rahmen der Services leisten kann, ist davon abhängig, inwiefern z.B. Arbeitsprozesse mittels Prozeduren unterstützt werden können. Dies setzt jedoch zumindest die partielle Kenntnis der Struktur des Arbeitsprozesses voraus. Die Schicht der Services entspricht der Applikationsschicht der klassischen Informationssystem-Architektur.

3.2. Festlegung der Kriterien zur Bestimmung der Anforderungen

3.2.1. Benutzeroberfläche

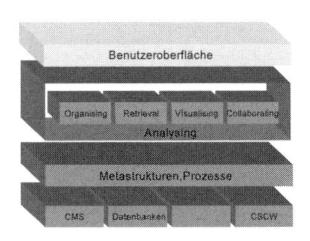

Die Benutzerfreundlichkeit eines Wissensmanagementsystems hängt massgeblich von der Gestaltung der Benutzeroberfläche ab, die damit einen wichtigen Gestaltungsparameter bildet. Eine zweckmässig gestaltete Oberfläche, selbsterklärende Werkzeuge und vor allem eine akzeptable Geschwindigkeit sind die entscheidenden Voraussetzungen für die Nutzung und damit den Erfolg des Wissensmanagementsystems.

Der Grad der Benutzerfreundlichkeit wird durch die ergonomischen Eigenschaften des Wissensmanagementsystems bestimmt. Bei einer *benutzerorientierten* Sichtweise wird die Benutzerfreundlichkeit während der Nutzung des Systems an den mentalen Leistungen und Einstellungen des Nutzers gemessen. Aus *Benutzerleistungssicht* wird sie hingegen daran gemessen, welche Funktionalitäten dem Nutzer zur Verfügung stehen und wie einfach diese zu Bedienen sind. In der vorliegenden Analyse wird die Benutzerleistungssicht eingenommen, da nur diese vor der Verwendung des Systems untersucht werden kann.

Für die Analyse der Anforderungen an ein Wissensmanagementsystem kann der Bereich der Benutzeroberfläche in folgende Kategorien unterteilt werden:

- (Intuitive) Bedienbarkeit
- Personalisierbarkeit des Systems
- Vergabe von Zugriffsrechten
- Hilfefunktionen
- Zugang über unterschiedliche Medien und Endgeräte

Bei der Analyse sind für diese Kategorien Items zu bestimmen, die von den künftigen Nutzergruppen, Nutzern und Systemspezialisten zu bewerten sind. Beispiele dafür finden sich im Analysekatalog des Wissensmanagementprojekts «Athene» im Anhang dieser Publikation.

3.2.2. Services

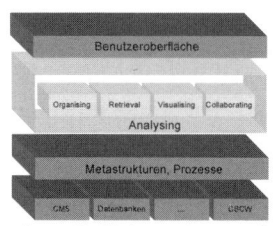

Services sind Funktionalitäten, die den Prozess des Wissensmanagements informationstechnologisch unterstützen bzw. Dienste, die dem Nutzer bei der Anwendung des Systems zur Verfügung stehen. Sie leiten sich aus den Zielen des Wissensmanagements ab und wurden in Abschnitt 2.2 bereits erwähnt: Es handelt sich um die Funktionen Retrieval, Visualising, Organising, Collaborating und Analysing.

Nachfolgend werden für diese fünf Services einige Kriterien für die Anforderungsanalyse vorgestellt. Diese müssen für die Bewertung durch die künftigen Nutzer und Systemspezialisten mit detaillierten Items versehen werden. Beispiele dafür finden sich im umfassenden Analysekatalog im Anhang.

Retrieval

Zur Retrieval-Komponente gehören Werkzeuge zum Auffinden und Suchen von Wissen und Information, wie z.B. intelligente Suchagenten [DaDi01]. Kriterien für die Bestimmung der Anforderungen in dieser Kategorie sind beispielsweise folgende:

- Vorgehensweise zur Suche nach Wissensressourcen
- Methoden zur Einschränkung der Suche nach Wissensressourcen
- Unterstützung der Suche nach Wissensressourcen mittels intelligenten Suchagenten

Visualising

Die Aufbereitung und die Darstellung der Wissensbestände erfolgen über die Visualising-Komponente. Der Darstellung geht i.d.R. die Bewertung und Filterung der Wissensressourcen mittels der Analysing-Komponente voraus. Mithilfe der folgenden Kriterien lassen sich mögliche Anforderungen an ein Wissensmanagementsystem formulieren:

- Bewertung der Wissensressourcen
- Filterung der Wissensressourcen
- Wissensrepräsentations- und Darstellungsformen

Organising

Die Kategorie «Organising» beinhaltet klassische Funktionen wie Datenbanksysteme, Dokumentenverwaltung sowie Indizierungs-, Archivierungs-, Katalogisierungssysteme und Tools für das Format-Handling. Folgende Kriterien helfen, für die Analyse mögliche Anforderungen an ein Wissensmanagementsystem zu bestimmen:

- Identifikation pflegebedürftiger Wissensobjekte
- Pflege der Wissensressourcen
- Verantwortung über die Pflege der Wissensressourcen
- Steuerung des Archivierungsprozesses

Collaborating

Im Wissensmanagement kommt den Prozessen des organisationalen Lernens und damit der Unterstützung der Zusammenarbeit und des Wissensaustauschs zwischen den Mitarbeitern eine grosse Bedeutung zu. Collaborating-Komponenten bieten hierzu Groupware- und Workflow-Management-Anwendungen sowie Messaging- und Conferencing-Lösungen an [vgl. War99; S. 56].
Die Analyse der Anforderungen an ein Wissensmanagementsystem kann in dieser Kategorie folgende Kriterien umfassen:
- Aktiv- und Passivteilen[4]
- Adressaten- und Empfängeridentifikation
- Steuerung des Teilungsprozesses

Analysing

Während die vier erläuterten Komponenten zu den Primärservices gehören, wird das Analysing als sekundärer Service betrachtet: Die Primärservices Organising, Retrieval, Visualising und Collaborating greifen bei ihrer Aufgabenerfüllung auf den Sekundärservice, das Analysing, zurück. Dieses kann aber auch über einen Direktzugriff angesprochen werden, um z.B. die Ergebnisse der Aufgabenerfüllung der Primärservices nachträglich aufzubereiten. Der Zugriff auf den sekundären Service des Analysing erfolgt somit stets in Verbindung mit einem Primärservice, entweder direkt oder mittelbar.
Die Kategorie «Analysing» kann folgende Kriterien umfassen:
- Bewertungs- und Filterungskriterien
- Vorgehensweise der Bewertung und Filterung

3.2.3. Strukturschicht

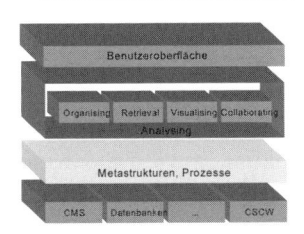

Die Struktur definiert, welche Wissensressourcen wo und in welcher Form abgelegt werden und wie der Zugriff auf sie erfolgen kann. Bei der Festlegung der Strukturschicht sind daher die Prozesse und Vorgaben mit einzubeziehen, welche die Gestaltung und die Koordination der Services bestimmen. Die Relationen zwischen den einzelnen Wissensobjekten und/oder den Metadaten werden Metastrukturen genannt. Beispiele dafür sind Indizes, Zitatverknüpfungen oder Ähnlichkeitsrelationen. Metadaten und Metastrukturen dienen der Beschreibung der Wissensobjekte und der Relationen

---

[4] Beim Aktivteilen liegt die Initiative, Wissensobjekte zu versenden, beim Nutzer, beim Passivteilen werden die Objekte anhand spezifizierter Kriterien automatisch versandt.

zwischen ihnen. Gleichzeitig bilden sie eine Voraussetzung für die interaktive Nutzung des Wissensmanagementsystems. Die Metastrukturen integrieren somit die Wissensressourcen auf einer logischen Ebene. Sie können in die folgenden Komponenten unterteilt werden:

- *Dokumentenstruktur*: Sie kategorisiert Inhalte im Sinne von Beziehungsstrukturen mit Hilfe entsprechender Untertypen, wie z.B. «Projektbeschreibung» oder «Projekterfahrung».
- *Taxonomien*: Verzeichnisse, welche eine meist hierarchische Struktur definierter Schlagwörter beinhalten. Wissensobjekte werden anhand von Taxonomien klassifiziert, um Navigation und Suche in einer integrierten Inhaltsbibliothek zu erleichtern.
- *Metainformationen*: Sie beschreiben Wissensobjekte und ergänzen damit schwach oder unstrukturierte Informationen mit zusätzlichen Strukturangaben. Autor, Titel und Erstellungsdatum sind typische Beispiele für Metainformationen. Eine besondere Bedeutung kommt einem Bewertungsattribut zu, dessen Aufgabe es ist, die Qualität oder die Relevanz eines Wissensobjektes für den Empfänger zu beschreiben.

Im Bereich der Strukturschicht sollte der Analysekatalog folgende Kriterien umfassen:

- Strukturierung der Wissensobjekte
- Unterstützung von Nutzungs- und Entwicklungsprozessen von Wissen

Damit diese Kriterien von den künftigen Nutzern und Systemspezialisten in geeigneter Art und Weise bewertet werden können, müssen pro Kriterium detailliertere Items formuliert werden.

3.2.4. Wissensressourcen

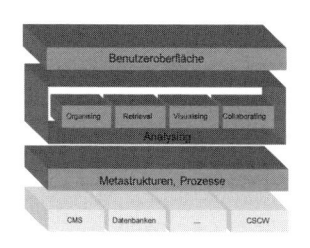

Mit der Auswahl und der Bestimmung der Wissensressourcen des Wissensmanagementsystems werden die Arten von Dokumenten sowie die Server und Systeme festgelegt, die als Wissensressourcen genutzt werden sollen.

Folgende Kriterien sollten für die Kategorie «Wissensressourcen» in der Anforderungsanalyse enthalten sein:

- Arten von Quellen
- Arten von Systemen und Servern
- Identifikation der Wissensobjekte und Quellen

Auch für diese Kriterien müssen für die konkrete Analyse detaillierte Items bestimmt werden, die von den künftigen Nutzern und Systemspezialisten zu bewerten sein werden.

3.2.5. Technische Anforderungen

Im Zusammenhang mit den technischen Anforderungen, die an ein Wissensmanagementsystem gestellt werden, müssen vor allem Fragen bezüglich der technischen Realisierung beantwortet werden. Zwischen der Analyse der technischen Anforderungen und den vorhergehenden Analyseschritten bestehen enge Verbindungen: Die technischen Möglichkeiten schränken die Realisierung der vorher bestimmten Anforderungen der Schichten «Benutzeroberfläche», «Services», «Struktur» und «Wissensressourcen» ein. Die definierten technischen Anforderungen bilden den Rahmen der Möglichkeiten für die vorhergehenden Schritte und umgekehrt. Die Analyse der technischen Anforderungen ist somit wichtig, um gewisse Aspekte und Rahmenbedingungen noch einmal explizit abzufragen, so zum Beispiel im Bereich der Sicherheit.

Die folgenden Kriterien helfen, im technischen Bereich die Anforderungen festzulegen:

- Unterstützung verschiedener technischer Plattformen
- Performanz und Ausfallsicherheit
- Verwaltung der Benutzer und der Rechte
- Flexibilität und Migrationsmöglichkeiten
- Personalisierbarkeit
- Administrationsfunktionen

3.3. Beispiel einer Anforderungsanalyse

Als Grundlage für die Darstellung der folgenden beispielhaften Anforderungsanalyse dient das Wissensmanagement-Projekt «Athene», das vom Kompetenzzentrum für eGovernment in Bern (CC eGov) durchgeführt worden ist. Das Projekt hatte zum Ziel, für das Kompetenzzentrum selber sowie für seine Partnerunterinstitutionen aus Wirtschaft und Verwaltung ein Wissensmanagementsystem für den Bereich eGovernment aufzubauen.

3.3.1. Ziel

Ziel der Anforderungsanalyse für das Wissensmanagementsystem war es, die Bedürfnisse der künftigen Nutzer oder Nutzergruppen, d.h. die Leistungsmerkmale des Systems sowie deren Gewichtung nach Prioritäten, zu evaluieren. Auf dieser Basis war es anschliessend möglich, ein strukturiertes und umfassendes Pflichtenheft für die Anbieter zu generieren.

3.3.2. Vorgehen

Die Anforderungsanalyse, die hier als Beispiel vorgestellt wird, wurde im Rahmen eines Workshops durchgeführt, an dem alle künftigen Nutzergruppen des Wissensmanagementsystems vertreten waren. Als Grundlage dafür diente ein ausführlicher Fragebogen, der sich im Anhang dieser Publikation befindet. Die Auswertung der Analyse sowie die Erstellung des daraus hervorgehenden Pflichtenhefts wurde – in Rücksprache mit den Beteiligten – vom CC eGov vorgenommen.

3.3.3. Aufbau der Analyse

Der Aufbau der Anforderungsanalyse orientierte sich an den unten stehenden fünf Bereichen. Für diese galt es, Kategorien, Kriterien und Items festzulegen, anhand derer es möglich war, die Anforderungen an das Wissensmanagementsystem zu bestimmen:

- Benutzerfreundlichkeit
- Services (Funktionalitäten)
- Struktur
- Wissensressourcen
- Technische Anforderungen

Für die Analyse wurde ein detailliertes Frageschema entwickelt. Dazu wurden die fünf Bereiche in Kategorien, diese wiederum in verschiedene Kriterien und in die zu bewertenden Items unterteilt. Dieses Vorgehen wird anhand des folgenden, aus dem Fragebogen der Anforderungsanalyse entnommenen, Beispiels erläutert:

1. **Bereich:** Services (Funktionalitäten)
    1.1 **Kategorie:** Retrieval (Suchen und Finden von Wissensressourcen)
        i. **Kriterium:** Suche nach Wissensressourcen

    Fragestellung:
    Wie wichtig ist die Suche nach Wissensressourcen anhand von:
    (zu bewertende Items)
    - Stichwörtern und/oder Stichwortkombinationen?
    - Phrasen bzw. Trunkierung von Suchbegriffen?
    - thematischen Kategorien?
    - dem Erstellungsdatum?
    - dem letzten Zugriff)
    - usw.

Unter den genannten Items hatten die Teilnehmenden vorerst eine bestimmte vorgegebene Anzahl von Items zu bestimmen, die sie anschliessend bewerten mussten (Prioritätensetzung). Zur Bewertung standen die beiden Optionen «sehr wichtig» und «wichtig» zur Verfügung. Prozentangaben, die im Verlauf dieses Kapitels genannt werden, beziehen sich also auf diese Gewichtungen. Leergelassene Felder bedeuteten in dieser Analyse, dass das entsprechende Item bzw. die entsprechende Anforderung als unwichtig eingestuft worden ist. Deshalb wurde den Befragten keine weitere entsprechende Bewertungsmöglichkeit mehr gegeben.

3.3.4. Auswertung der Anforderungsanalyse des Projektes «Athene»

Im Folgenden werden die Resultate der Anforderungsanalyse, die im Rahmen des Projektes «Athene» durchgeführt wurde, kurz ausgeführt. Erwähnt werden dabei lediglich diejenigen Anforderungen, denen gemäss den Befragten höchste Priorität zukommt. Die detaillierten Analyseresultate sind im Anhang dieser Publikation einzusehen.

Benutzeroberfläche

Bei der Benutzeroberfläche hat die Anforderung der intuitiven Bedienbarkeit erste Priorität, gefolgt vom Zugang zum Extranet sowie der Portalfunktionalität.

Services

Retrieval

Die Suche nach den Wissensobjekten soll in erster Linie über Stichwörter bzw. Stichwortkombinationen möglich eingeschränkt werden können auf bestimmte Quellen. Zur Unterstützung der Suche sollen Schlagwortlisten sowie Thesauri und Wörterbücher dienen.

Visualising

Die Wissensressourcen sollen vor allem anhand ihres Themenbezugs bewertet und kategorisiert werden können. Ihre Filterung soll in Abhängigkeit der zuvor ausgeführten Tätigkeiten vollzogen werden. Bei den möglichen Darstellungsformen steht die Sortierung anhand der Bewertungskriterien bzw. Kategorien an erster Stelle [Epp97; Gur01].

Collaborating

Bei den Möglichkeiten, das Wissen zu teilen, kommt die erste Priorität dem passiven Teilen zu, also der automatischen Zustellung von Wissensobjekten gemäss definierten Kriterien. Die Identifikation der Empfänger der Wissensressourcen soll vorzugsweise mithilfe von Wissensbestands- und Wissensstruktur-Karten erfolgen. Der Teilungsprozess soll von einer teilungsobjektbasierten Steuerung, d.h. beispielsweise auf der Basis von definierten Metakategorien, unterstützt werden.

Organising

Die Identifikation und die Pflege der Wissensobjekte soll in erster Linie auf der Basis der Bewertungen der Objekte durch andere Nutzer erfolgen. Ferner sollen Pflegeaktionen protokolliert und die Wissensressourcen mithilfe von Metastrukturen archiviert werden können [Hab99].

Struktur

Die Strukturierung der Wissensobjekte soll anhand definierter Themenbereiche vorgenommen werden können. Als Wissensobjekte sollen in erster Linie

Projekte, Best Cases und Praxisbeispiele archiviert werden. Bei den Prozessen, die die Form und den Weg der Speicherung sowie das Abrufen und die Identifikation der Objekte unterstützen, hat die Aktualisierung des Wissens erste Priorität.

Wissensressourcen

Die wichtigsten Arten von Quellen, die als Wissensressourcen archiviert werden sollen, sind Projektberichte und Best-Practice-Beispiele. Unter den verschiedenen nutzbaren Systemen haben Content- und Dokumentenmanagement-Systeme erste Priorität. Die Wissensobjekte sollen zudem in erster Linie anhand ihres Themenbezugs identifiziert werden können.

Technische Anforderungen

Das Wissensmanagement-System soll in erster Linie mittels einer Web-Integration unterstützt werden können. Das System soll ferner flexibel und vor allem hinsichtlich seiner Performanz (Durchsatz, Antwortzeit, Zuverlässigkeit etc.) leistungsstark sein. Die Verwaltung der Benutzer und der Rechte soll vorzugsweise zentral erfolgen können.

3.3.5. Zusammenfassung der Anforderungsevaluation von «Athene»

Die Auswertung der Analyse zeigt, dass die Prioritäten der Befragten auf die folgenden Funktionalitäten gesetzt werden:
- Bereich Benutzeroberfläche: Intuitive Bedienbarkeit
- Bereich Services:
  o Suche nach Wissensressourcen anhand von Stichwörtern und/oder Stichwortkombinationen (Retrieval)
  o Bewertung und Darstellung der Wissensressourcen anhand ihres Themenbezugs (Visualising)
  o Passives Teilen (Collaborating)
  o Identifikation (und Pflege) der Wissensobjekte anhand der Bewertungen durch die Nutzer; die Verantwortung der Pflege soll dabei einem Knowledge-Manager obliegen (Organising).
- Bereich Struktur: Strukturierung anhand von Themenbereichen
- Bereich Wissensressourcen: Identifikation der Wissensobjekte anhand ihres Themenbezugs
- Bereich technische Anforderungen: Performanz und Ausfallsicherheit

Diese Aspekte sind somit bei der Umsetzung des Projektes «Athene» zuerst zu verwirklichen. In einem zweiten Schritt sollte das System allerdings mit denjenigen Funktionalitäten erweitert werden, die in der Analyse als weniger wichtig eingestuft worden sind. Für die Systemkonzeption und -auswahl bedeutet das, dass bereits in dieser Phase diese Ausbaumöglichkeiten mit berücksichtigt werden müssen.

4. Marktanalyse

4.1. Ziel und Vorgehen

Ziel der Marktanalyse ist es, einen umfassenden Überblick über den Wissensmanagementmarkt zu gewinnen und die angebotenen Systeme miteinander zu vergleichen. Im Folgenden wird wiederum anhand des Wissensmanagement-Projektes «Athene», das am CC eGov entwickelt worden ist, beispielhaft aufgezeigt, auf welche Weise eine Marktanalyse vorgenommen werden kann.

4.2. Methodik

Ausgehend von der Anforderungsanalyse wurde ein detaillierter Fragebogen erarbeitet, mit dem Informationen über verschiedene Aspekte von Wissensmanagementlösungen sowie über die Anbieter solcher Lösungen gewonnen und miteinander verglichen werden können. Diese Aspekte werden weiter unten in Zusammenhang mit dem Aufbau des Fragebogens genauer erläutert.

4.3. Auswahl der Anbieter

Der Wissensmanagementmarkt ist ein dynamischer Markt. Daher konnte bei der Auswahl der Anbieter nicht allein auf bestehende Publikationen und Studien zurückgegriffen werden, da die dort enthaltenen Informationen teilweise bereits veraltet waren. Verschiedene Anbieter haben sich beispielsweise mit anderen zusammengeschlossen (Allianzen), sind vom Markt verschwunden oder bieten kein eigenes Produkt mehr an. Die Auswahl der Anbieter, deren Produkte bzw. Wissensmanagementlösungen in der vorliegenden Marktanalyse untersucht werden, setzt sich daher folgendermassen zusammen:

- Anbieter, deren Produkte in bereits publizierten Studien, Analysen und Forschungsberichten vorgestellt und diskutiert werden[5]
- Anbieter, die an der Internet-Expo 2002 in Zürich oder an der Cebit Hannover 2002 vertreten waren
- Anbieter, die über die Suchmaschine Google gefunden worden sind (Suchbegriffe: Knowledge Management Solutions, Knowledge Management Providers, Wissensmanagement)
- Anbieter, die den Projektmitarbeitern bekannt waren.

Auf diese Weise sind für die Analyse und den Vergleich der Wissensmanagementsysteme 110 Anbieter erhoben worden. Eine tabellarische Übersicht über die ausgewählten Anbieter und deren Produkte befindet sich im Anhang.

An diese 110 Anbieter wurde per E-Mail ein Fragebogen versandt, mit der Bitte, diesen ausgefüllt an das CC eGov zu retournieren. Einzelnen Anbietern konnte kein Fragebogen zugestellt werden, weil sie entweder kein eigenes Produkt vertreiben oder weil neben dem Firmennamen keine weiteren Informationen (Kontaktdresse, etc.) zu finden waren. Eine Übersicht über die betreffenden Unternehmen findet sich ebenfalls im Anhang dieser Publikation.

---

[5] Die Studien, Analysen und Forschungsberichte sind: [MaKl99], [SeEp01].

4.4. Aufbau des Fragebogens

Der Fragebogen für die Anbieter gliedert sich in die fünf Themenbereiche:
- Generelle Anbietermerkmale (z.B. Alter des Produkts, Referenzprojekte in der Schweiz und im Ausland, etc.)
- Schulung, Unterstützungs- und Wartungsleistungen
- Lizenzpolitik und Preis
- Sprache
- Anforderungen an das System in den Bereichen Technik, Wissensrepräsentation, Collaborating und Organising

Die Fragen zu diesen einzelnen Aspekten wurden mehrheitlich so formuliert, dass die Anbieter mit ja oder nein antworten konnten. Zur Beantwortung der übrigen Fragen wurden feste Kategorien vorgegeben, unter denen die Befragten die entsprechende anwählen konnten (geschlossene Fragen). Auf offene Fragen wurde aufgrund der schlechteren Vergleichbarkeit der Antworten weitgehend verzichtet. Der vollständige Fragebogen findet sich im Anhang dieser Publikation.

4.5. Datenauswertung

Von den 110 angefragten Anbietern sahen 25 ihr Produkt als nicht geeignet, um ein Wissensmanagement, wie es im Projekt «Athene» charakterisiert wird, zu unterstützen. Eine Auflistung dieser Anbieter findet sich im Anhang. Von den 85 übrigen Anbietern haben 55 den Fragebogen nicht oder nicht vollständig ausgefüllt zurückgeschickt. Diese sind ebenfalls im Anhang aufgelistet. Somit konnten 30 Anbieter bzw. Produkte in die detaillierte Analyse einbezogen werden. Dies entspricht einer Rücklaufquote von 33%.

Im Folgenden wird in einem ersten Schritt ein Vergleich unter den Anbietern vorgenommen und dargestellt, inwieweit die Anforderungen, die im Fragekatalog aufgelistet werden, von den einzelnen Anbietern erfüllt werden. In einem weiteren Schritt werden diejenigen Anbieter ausführlich charakterisiert, deren Produkte alle Anforderungen, die im Fragebogen formuliert worden sind, erfüllen.

4.5.1. Vergleich unter den Anbietern

Im Folgenden werden die Angaben der 30 Anbieter, die den Fragebogen vollständig ausgefüllt haben, miteinander verglichen. Dabei werden an dieser Stelle nicht alle Fragen einzeln, sondern nur diejenigen betrachtet, bei denen die Antwort in der einen oder anderen Hinsicht interessant ist. Die vollständige Auswertung des Fragebogens findet sich im Anhang dieser Publikation.

Ist Ihr Wissensmanagement-System in Klein- und Mittelbetrieben und/oder in Grossbetrieben einsetzbar?

Alle Anbieter geben an, dass ihre Wissensmanagement-Lösung in kleinen und mittleren Betrieben (bis zu 1'000 Nutzer) einsetzbar ist. Und bis auf eine einzige können alle Lösungen ebenfalls in Grossbetrieben eingesetzt werden (ab 1'000

Nutzern). Bei diesem Anbieter, der noch kein Projekt in Grossbetrieben durchgeführt hat, handelt es sich um die Firma Multicentric Technology.

Können die Lösungen den Bedürfnissen der Nutzer/Kunden angepasst werden (Customizing)?

Sämtliche betrachteten Lösungen können mittels eines Customizing den individuellen Bedürfnissen der jeweiligen Organisation angepasst werden.

Führen Sie während der Lebensdauer des Systems Software-Anpassungen durch, und bieten Sie regelmässige Updates an?

Abgesehen von nur einem führen alle Anbieter während der Lebensdauer des Systems Software-Anpassungen durch. Beim Anbieter, der diesen Service nicht im Angebot hat, handelt es sich um WizdomLive!. Etwas mehr als die Hälfte (57%) der Anbieter geben dabei an, dass durch diese Anpassungen für den Nutzer keine zusätzlichen Kosten anfallen. Ferner führen alle der betrachteten Anbieter regelmässige Updates durch bzw. bieten diese an.

Ist Ihr Produkt verfügbar in Deutsch / Französisch / Englisch, und ist eine parallel mehrsprachige Lösung vorhanden:

80% der betrachteten Wissensmanagement-Lösungen werden in Deutsch angeboten, 63% in Französisch, 83% in Englisch, wobei dasselbe Produkt meistens in mehreren Sprachen (oft z.B. D / E) erhältlich ist. Viele Anbieter führen zudem parallel mehrsprachige Systeme.

Verfügt Ihr System über Portalfunktionalität?

Abgesehen von einer Lösung verfügen alle der betrachteten Wissensmanagement-Lösungen über Portalfunktionalität bzw. können in ein bestehendes Portal integriert werden. Bei der Lösung, die diese Möglichkeit nicht hat, handelt es sich um den Metatext-Server der Firma Inxight.

Besteht die Möglichkeit zur Web-Integration?

Sämtliche betrachteten Lösungen ermöglichen die Web-Integration oder sind in vielen Fällen sogar durchgängig Web-basiert.

Wird die zentrale Verwaltung der Benutzer und Benutzergruppen unterstützt?

Die meisten der angebotenen Systeme unterstützen die zentrale Verwaltung der Benutzer des Systems. Lediglich zwei Lösungen bieten diesen Service nicht. Die sind der Metatext-Server der Firma Inxight sowie die Schema-Forms und der Web-Publisher der Firma Multicentric Technology.

Besteht die Möglichkeit zur Schaffung von Rollenmodellen?

Auch die Schaffung von und das Arbeiten mit Rollenmodellen wird von fast allen der betrachteten Systeme unterstützt. Lediglich zwei Systeme, die Schema-Forms und der Web-Publisher von Multicentric Technology sowie der Metatext-Server von Inxight, verfügen nicht über diese Funktion.

Ist Ihr System modular aufgebaut?

Alle der betrachteten Systeme sind modular aufgebaut, was die Anpassung an individuelle Kundenbedürfnisse erheblich unterstützt.

Ist die Gruppierung / Sortierung der Wissensobjekte anhand von Bewertungskriterien möglich?

Die Gruppierung der Wissensobjekte anhand bestimmter Kriterien wird von allen Systemen unterstützt. Die Sortierung der Objekte (nach der Suche) wird nur von einer der betrachteten Lösungen nicht unterstützt. Dabei handelt es sich um den Metatext-Server von Inxight.

Ist die Wissensrepräsentation mit Hilfe von Wissensstruktur- und Wissensbestandskarten möglich?

Bei 25 der betrachteten Systeme besteht die Möglichkeit, das Wissen in Form von Wissensstruktur- und/oder Wissensbestandskarten darzustellen. Die übrigen Systeme unterstützen diese Darstellungsform nicht. Welche Anbieter diese Anforderung nicht erfüllen können, wird aus der Tabelle zur Detailauswertung der Marktanalyse im Anhang ersichtlich.

Werden Push- / Pull-Teilungsformen unterstützt?

Pull-Teilungsformen werden von allen betrachteten Systemen unterstützt. Hingegen verfügen einige Systeme nicht über die Funktionalität der Push-Teilungsform. Dabei handelt es sich um den Metatext-Server von Inxight, das Knowledgebase.net der Firma Knowledgebase sowie die Schema-Forms und der Web-Publisher von Multicentric Technology.

Ist die Bewertung (Rating) der Wissensressourcen möglich, und werden Hilfestellungen für die Bewertung der Wissensressourcen angeboten?

Die Bewertungen bzw. ein Rating der Wissensobjekte ist bei drei der betrachteten Systeme nicht möglich. Dies sind die Lösungen WizdomLive! von Wizdom, die Schema-Forms und der Web-Publisher von Multicentric Technology sowie der Metatex-Server von Inxight. Hilfestellungen zur Bewertung werden neben diesen genannten Anbietern von weiteren Systemen nicht erbracht. Um welche es sich dabei handelt, wird ebenfalls aus der Tabelle im Anhang (Detailauswertung der Marktanalyse) ersichtlich.

Wird der Pflegeprozess von Objekten unterstützt?

Von den betrachteten Lösungen verfügen alle über Möglichkeiten zur Unterstützung der Pflege der Wissensobjekte.

Werden die Objekte bzw. deren Veränderungen protokolliert?

Eine Protokollierung von Veränderungen an den Wissensobjekten kann nur von einem System nicht vorgenommen werden, nämlich vom Metatext-Server von Inxight.

Besteht die Möglichkeit zur Personalisierung des Systems?

Zwei Systeme verfügen nicht über die Möglichkeit, das System zu personalisieren. Dabei handelt es sich um die beiden Anbieter Inxight und Multicentric Technology.

4.5.2. Zusammenfassung

Die Resultate der Analyse zeigen unter anderem Folgendes:
- Viele Anbieter erfüllen fast alle Anforderungen, die im Fragekatalog des Wissensmanagement-Projekts «Athene» formuliert worden sind.
- 15 der 30 genauer betrachteten Anbieter bzw. Lösungen erfüllen alle diese Anforderungen. Dass diese Zahl an Anbietern relativ tief ist, ist nicht erstaunlich: Der Fragekatalog mit den Anforderungen, der den Anbietern zugestellt worden ist, basiert auf einer sehr detaillierten Anforderungsanalyse, die mit den zukünftigen Nutzergruppen des Systems vorgenommen worden war. Über die Leistungen, die eine Wissensmanagement-Lösung umfassen soll, herrschte also bereits vor Beginn der Marktanalyse deutliche Klarheit.
- Alle betrachteten Systeme sind modular aufgebaut: Meist steht eine Standardlösung zur Verfügung, die je nach Kundenbedürfnis bzw. Funktion der Lösung innerhalb der Organisation mit Modulen erweitert werden kann. Auf diese Weise können alle 30 Anbieter die Kundenwünsche relativ präzise abdecken.
- Eine genauere Betrachtung der Systeme zeigt, dass sich die grössten Unterschiede nicht etwa bei der Leistung der Lösungen befinden. Breite Streuungen sind hingegen bei folgenden Punkten zu entdecken:
  o Alter der Produkte
  o Zeitlicher Aufwand für die technische Installation der Lösungen
  o Zusätzliche Kosten, die für den Kunden bei Softwareanpassungen anfallen
  o Lizenzpolitik
  o Preis
- Auffallend ist, dass folgende drei Leistungen von mehreren Systemen nicht erbracht werden können:
  o die Wissensrepräsentation mit Hilfe von Wissensbestands- und Wissensstrukturkarten
  o die Unterstützung von Push-Teilungsformen
  o Hilfestellungen zur Bewertung der Wissensobjekte durch die Nutzer des Systems

4.6. Charakterisierung von Anbietern bzw. Produkten

Von den 34 Anbietern, die den Fragebogen vollständig ausgefüllt retourniert haben, erfüllen 15 all jene Anforderungen, die im Rahmen des Wissensmanagement-Projekts «Athene» formuliert worden sind. Die entsprechenden Lösungen dieser Anbieter werden im Folgenden ausführlicher vorgestellt.

Seite	Anbieter	Name der Wissensmanagement-Lösung
31	BroadVision	BroadVision's InfoExchange Portal 7.0
35	Comma Soft	Infonea
39	Danet GmbH	KNet – The Knowledge Network
43	Documentum	Documentum 4i WCM
47	Egain	eGain Knowledge 5.3
51	Hummingbird	Hummingbird KnowledgeServer und SearchServer 4.1
55	Hyperwave	Hyperwave eKnowledgeSuite
59	InfoCodex	InfoCodex
62	Netegrity	SiteMinder
66	Open Text Cooperation	Livelink
71	Plumtree	Plumtree Corporate Portal
75	PROMATIS	INCOME Suite
79	Stellent	Stellent Content Server
83	USU	USU KnowledgeMiner
88	Webfair	Community Engine 5.0

Tabelle 2: Anbieter, die alle Anforderungen gemäss «Athene» erfüllen

Name des Herstellers	BroadVision
Name des Produkts	BroadVision's InfoExchange Portal 7.0

Kontakt:

David Fuss
Manager Field Operations Switzerland
Gewerbepark
5506 Mägenwil
david.fuss@broadvision.com
www.broadvision.com

Kurzbeschreibung:

Die BroadVision-Software-Architektur ist modular aufgebaut und basiert auf offenen Standards. Dies erlaubt es, die optimalen Lösungen / Komponenten leicht in die Gesamtlösung zu integrieren sowie vorhandene Module zu erweitern. Die Offenheit von BroadVision wird durch dessen Vier-Schichten-Architektur unterstützt. Die Architektur ist in eine Datenschicht, eine Businessschicht, eine Applikationsschicht sowie eine Präsentationsschicht unterteilt. Dadurch ist es möglich, in einer Schicht Änderungen vorzunehmen, ohne dabei die anderen Schichten zu beeinflussen. Die nahtlos miteinander verbundenen Schichten bilden eine vollständige End-zu-End-Lösung, wobei jede Schicht für funktionale Anpassungen und Integrationen offen ist.

Die Haupteigenschaften der vier Architekturschichten sind:

- Jede Schicht kann unabhängig von den andern geändert werden, was eine Aufteilung in verschiedene Verantwortlichkeitsrollen erlaubt.

- Jede Schicht ist offen für Anpassungen / Integration und unterstützt verschiedene Standards.

- Jede Schicht ist modular aufgebaut und mit gut definierten funktionalen Applikationseinheiten versehen.

- Jede Schicht unterstützt J2EE

Generelle Anbietermerkmale:

BroadVision wurde 1993 gegründet und beschäftigt heute weltweit 1'100 Mitarbeiter in 50 Niederlassungen. Der Hauptsitz befindet sich in Redwood City (Kalifornien, USA), der Schweizer Sitz in Mägenwil.

Das Produkt *BroadVision's InfoExchange Portal* ist heute bereits in der Version 7.0 erhältlich. Die erste Applikation wurde 1995 lanciert, danach laufend erweitert und ergänzt. Die neuste Generation des One-To-One-Portals kam im Juni 2002 auf den Markt.

Schweizer Kunden von BroadVision sind z.B. Hilti, Holcim, LeShop, Metler Toledo, Swatch, Swisscom, World Health Organisation, yelowworld, Banque Cantonale Vaudoise, Banque Cantonale Neuchâteloise, Banque Cantonale de Genève, Credit Suisse, Credit Suisse Private Banking, Walliser Kantonalbank, Sandoz FF, Banque Edouard Constant, Anker Bank. Ein Besuch der Referenzkunden ist nach Absprache möglich.

BroadVision arbeitet sowohl mit global tätigen als auch mit lokalen Consulting-Unternehmen zusammen (Globale Consulting-Unternehmen sind z.B. CSC, Deloitte Consulting, PwC, Accenture etc.; lokale Partner sind ELCA und Crealogix). BroadVisions eigene Consulting-Gruppe bietet ihren Partnern und Kunden massgeschneiderte Unterstützung über den gesamten Life-Cycle des Projektes an, um sicherzustellen, dass die Erfahrungen in aktuelle Projekte einfliessen können.

Die Portale von BroadVision sind beliebig skalierbar und können in KMU oder auch in einzelnen Abteilungen von Grossbetrieben eingesetzt werden. Durch die Skalierbarkeit kann in einzelnen Bereichen eines Unternehmens in kleinem Rahmen gestartet und ohne Änderungen an der Portallösung die Anzahl der Benutzer vergrössert werden. BroadVision hat Lösungen im Einsatz, die von einigen 100 Benutzern genutzt werden, hat aber auch Kunden, die Lösungen für mehrere 100'000 Benutzer betreiben.

Schulung, Unterstützungs- und Wartungsleistungen:

BroadVision hat verschiedenste Trainings im Angebot, um den Administrator, den Business-Manager und den technischen Entwickler zu schulen. Der Endanwender wird falls nötig durch das beteiligte Consulting-Unternehmen oder von BroadVision Consulting in individuell zusammengestellten Modulen trainiert. Der Schulungsaufwand beträgt dabei für den Administrator fünf, für den Business-Manager vier und für den technischen Entwickler acht Tage. Daneben bietet BroadVision auch einen Hotline-Support bzw. einen Helpdesk an.

Die rein technische Installation erfolgt direkt ab CD. Von grosser Relevanz ist das Customizing: Die Lösung kann in den verschiedenen Bereichen an die aktuellen Bedürfnisse des Unternehmens angepasst werden. Weitere Funktionalitäten können realisiert werden, da die Lösung auf J2EE basiert. Weiterentwicklungen können daher mit Standard-Java-Entwicklungsumgebungen erfolgen.

Lizenzpolitik / Preis:

Die Lizenzkosten basieren auf der Anzahl verwendeter CPU. Die Lösung ist in das Preissegment ab 50'000 CHF einzuordnen, wobei sich der Preis nach der Anzahl der verwendeten CPU richtet.

Sprache:

Das Produkt ist ausschliesslich in Englisch verfügbar.

Funktionalität: Technische Anforderungen

Portalfunktionalität: *BroadVision's InfoExchange Portal* bietet die Möglichkeit, in kurzer Zeit ein Self-Service-Portal umzusetzen. Der persönliche Desktop des Mitarbeiters, des Partners oder des Lieferanten ermöglicht den Zugriff auf sämtliche Daten eines Unternehmens. Diese sind auf die Funktion sowie die Vorlieben des Benutzers zugeschnitten. *Portlets* ermöglichen zudem den Zugriff z.B. auf Applikationen wie Kalender, E-Mails, Tasks etc. Microsites vereinfachen die Standardisierung von Prozessabläufen und verhelfen zu einem virtuellen Raum, in dem die Zusammenarbeit, auch über Unternehmensgrenzen hinweg, vereinfacht wird.

Web-Integration: Die Software basiert auf Web-Technologie und unterstützt die heutigen, international akzeptierten Standards.

Benutzerverwaltung und Rollenmodelle: Die Administrationsfunktionen können sowohl zentral als auch dezentral wahrgenommen werden. Der Administrator kann z.B. einer Partnerorganisation die Möglichkeit geben, eigene Benutzer und Inhalte mit verschiedenen Berechtigungen selbst zu verwalten. Der Administrator erstellt für die verschiedenen möglichen Rollen sogenannte *User Templates* (Zugriffsberechtigungen, Qualifiers, Homepages etc.), die den entsprechenden Nutzern zugeordnet werden. In Kombination mit der Organisation lassen sich Rollenmodelle abbilden.

Aufbau des Systems: BroadVision-Applikationen sind modular aufgebaut (siehe dazu die Kurzbeschreibung).

Erweiterung des Systems: Daten werden persistent im RDBMS verwaltet. Ein Set von Database-Accessoren ermöglicht den externen Zugriff auf die BroadVision-Tabellen. Um die bereits vorhandenen Systeme integrieren zu können, steht ein weiteres Set an Accessoren zur Verfügung. Damit wird es einfach, auf externe Datenquellen zuzugreifen und diese in einer für den Zugriff transparenten Art zu verwenden. So können z.B. das Benutzerprofil oder Inhalte in externen Datenbasen verwaltet und durch BroadVision genutzt werden. Zur Zeit sind die Accessoren auf relationale Datenbanken wie Oracle, Sybase, Microsoft SQL Server, DB2 und Informix verfügbar.

Sicherheit: Zwecks Zugriffssicherheit müssen sich die Benutzer mit einer User-ID und einem Passwort identifizieren, um auf das Portal zugreifen zu können. Zur Datensicherheit: BroadVision unterstützt SSL. Solange die Verschlüsselungsverfahren transparent sind, können aber auch Fremdprodukte eingesetzt werden. Betriebssicherheit: Konzepte zur Ausfallsicherheit werden durch die Applikationen unterstützt.

Funktionalität: Wissensrepräsentation

Für die Repräsentation der Wissensobjekte ist es möglich, diese anhand von Bewertungskriterien zu gruppieren. Die Gruppierung der Inhalte erfolgt dabei über die Verwendung von Qualifiers und Quantifiers innerhalb des *Info-Exchange Portals*. Zudem kann die Wissensrepräsentation über Wissensbestands- und Wissensstrukturkarten erfolgen. Die Inhalte können nach den gewünschten Kriterien aufbereitet und durch den Nutzer nach verschiedenen Kriterien sortiert werden.

Die Wissensrepräsentation wird durch eine auf den Benutzer zugeschnittene Navigationshierarchie unterstützt. Ferner ist es möglich, eine Sitemap aufzurufen. Bei Bedarf kann eine grafische Anzeige der Wissensstruktur mithilfe externer Tools abgedeckt werden.

Funktionalität: Collaborating

Die BroadVision-Software unterstützt sowohl Push- wie auch Pull-Teilungsformen. Das Abonnieren von Push- und Pullfunktionen ist gemäss Teilungsobjektbasierter wie auch zeitlicher Steuerung möglich.

Funktionalität: Organising

Mithilfe eines Feedback-Mechanismus können die Benutzer die Inhalte bewerten. Dabei werden Hilfestellungen zur Bewertung angeboten.

Die Personalisierung und das One-To-One-Marketing sind die Grundlage von BroadVision-Applikationen. Die Software eröffnet daher verschiedene Möglichkeiten, die Personalisierung der Inhalte zu unterstützen. Unterschiedlichste Benutzer können mit differenzierten Inhalten (strukturierte/unstrukturierte, interne/externe etc.) beliefert werden.

Datenpflege: Der Prozess der Pflege der Wissensobjekte wird vom System unterstützt. Die Administration und die Pflege können sowohl zentral als auch dezentral erfolgen. Es ist möglich, den Nutzern Tools zuzuordnen, die sie benutzen dürfen, wie z.B. Publizieren und Pflegen von Content, Pflege der Benutzerdaten, Personalisierung von Content etc. Die Veränderung der Objekte wird protokolliert und kann ausgewertet werden.

Strukturelle Anforderungen:

Systeme, die angebunden werden können: Siebel, Oracle, Genesys, Pegasystems, E.Piphany, Broadbase, Macromedia und andere sowie Legacy- und ERP-Systeme.

Name des Herstellers	Comma Soft
Name des Produkts	infonea 3.0

Kontakt:
Comma Soft AG
Pützchens Chaussee 202–204a
53229 Bonn
info@comma-soft.com
www.comma-soft.de

Kurzbeschreibung:

infonea ist eine Architektur für das Generieren und Publizieren von Wissen im Intra-, Extra- und Internet. Die vollständig browsergestützte Steuerung des Wissensmanagements gewährleistet dabei eine hohe Benutzerfreundlichkeit. Die Lösung ist modular aufgebaut und gut skalierbar. Dadurch lassen sich Lösungen zur Abbildung von Mitarbeiterwissen ebenso wie für Abteilungs-, Projekt-, Stabs- und Unternehmerwissen realisieren. Die Beschreibungen der Objekte (Metainformationen) werden dynamisch gehandhabt. Auf diese Weise sind der Autor und weitere wichtige Informationen zum Dokument sofort ersichtlich. Bei Reorganisationen werden Datenbestände ganzer Abteilungen über Metainformationen kurzerhand neu organisiert und zugeordnet. Elektronische Zertifikate für autorisierte Benutzer bieten wirksamen Schutz vor unberechtigtem Zugriff.

Technische Merkmale:

- *infonea* basiert komplett auf Internet-Technologien. Die Oberfläche für das Informationsmanagement ist der Internetbrowser. Damit ist der Zugriff unabhängig von Geräteplattform, Betriebssystem, Uhrzeit und Ort gewährleistet.
- Als Datenbankplattformen dienen Microsoft SQL Server und Oracle.
- *infonea* ist eine modulare Architektur. Die verschiedenen Serverkomponenten können durch Multi-Tier-Technologie auf mehrere Server verteilt werden.
- Jedes Informationsobjekt wird mit Metainformation codiert, die als Grundlage für alle Operationen des Wissensmanagements dient.

Generelle Anbietermerkmale:

Comma Soft wurde 1989 gegründet. Die Entwicklung des Wissensmanagement-Systems *infonea* hat mehrere Jahre in Anspruch genommen. Seit dem Herbst 2000 ist die Lösung auf dem Markt, heute besteht bereits das dritte Release.

Der Hauptsitz der Firma befindet sich in Bonn, weitere Niederlassungen werden in Berlin und Bad Homburg geführt. Eine Schweizer Geschäftsstelle existiert nicht. Insgesamt beschäftigt Comma Soft rund 125 Mitarbeitende.

Comma Soft vertreibt seine Wissensmanagement-Lösung selbst. Auf der Ebene der Konzeption, der Planung und der Umsetzung von Wissensmanagement-Lösungen sind gegenwärtig Allianzen im Aufbau.

Referenzkunden sind beispielsweise: Axa, Commerzbank, Sparkasse Bonn, Bundesverband der Deutschen Industrie. Besuche der Referenzkunden sind nach Absprache möglich. Kontakt: felix.harling@comma-soft.de.

Das Produkt *infonea* ist sowohl in Klein- und Mittelbetrieben (bis zu 1'000 Mitarbeiter) als auch in Grossbetrieben (ab 1'000 Mitarbeitern) einsetzbar.

Schulung, Unterstützungs- und Wartungsleistungen:

Auf Wunsch werden Schulungen angeboten, wobei für die Anwenderschulung mit einem zeitlichen Aufwand von einem halben Tag, für die Administratorenschulung mit zwei bis drei Tagen gerechnet werden muss.

Ein Hotline-Support bzw. ein Helpdesk wird angeboten. Der Umfang des Services wird dabei im Wartungsvertrag festgehalten.

Der Aufwand für die rein technische Installation beträgt je nach Projekt zwischen einem und drei Tagen.

Eine Kernfunktionalität von *infonea* ist das Customizing: Die Lösungen werden kundenspezifisch realisiert. Dafür bildet *infonea* die Standard-Software, welche die Architektur für die Wissenskommunikation zur Verfügung stellt. Auf dieser werden individuelle Lösungen modelliert. Der damit zusammenhängende Aufwand ist abhängig von der Komplexität der gewünschten Lösung.

Während der Lebensdauer des Systems werden Softwareanpassungen durchgeführt. Die Update- und Upgradekosten werden im Wartungsvertrag festgelegt. Für die Spezifikationsanpassungen muss mit einem Aufwand von einem halben bis zu mehreren Tagen gerechnet werden (je nach Komplexität der Lösung).

Eine Demo-Version steht nicht zur Verfügung. Auf Anfrage besteht aber die Möglichkeit einer Testinstallation mit Rückgaberecht.

Lizenzpolitik / Preis:

Comma Soft vergibt serverbasierte (CPU-abhängige) Lizenzen.

Einfache Lösungen von Comma Soft können in das mittlere Preissegment (zwischen 50'000 bis 150'000 CHF), komplexere Lösungen in das höchste Preissegment (ab 150'000 CHF) eingeordnet werden.

Sprache:

Das Produkt ist verfügbar in Deutsch und als parallel mehrsprachige Lösung. Auf Wunsch können die Lösungen über eine französisch- oder englischsprachige Oberfläche verfügen.

Funktionalität: Technische Anforderungen

Die Portalfunktionalität ist eine weitere Kernfunktionalität von *infonea*.

Web-Integration: Die Klientenseiten werden serverbasiert generiert und nach HTML-Standard 3.2 aufgebaut. Der Endnutzer kann jeden Browser benützen, der HTML 3.2 unterstützt.

infonea unterstützt die zentrale Verwaltung von Benutzern und Benutzergruppen. Die Schaffung von Rollenmodellen ist dabei eine Kernfunktionalität: Die Lösung besteht aus Einheiten, die in die Portaloberfläche und miteinander vernetzt werden. Jeder Nutzergruppe kann eine eigene Sicht auf die Informationen zugeteilt werden.

Aufbau des Systems: *infonea* ist modular aufgebaut.

Erweiterbarkeit des Datenmodells: Das Datenmodell ist um neue Objektklassen, Assoziationen und Attribute erweiterbar. Dafür wird der *Object Model Editor* benutzt. Änderungen im Datenmodell haben Änderungen des Anwendungsmodells zur Folge, die mit dem *Application Model Editor* gepflegt werden. Im Vergleich zu einer programmierten Anwendung sind Änderungen bei *infonea* dank der Modellierung erheblich einfacher durchzuführen.

Sicherheitskonzept: *infonea* unterstützt die NT-Sicherheitsmechanismen für die Authentifizierung der Nutzer. Ferner existiert ein Rollen-, Regel- und Rechtekonzept, das auf dem Objektmodell basiert. Dieses wird jeweils für jede Lösung einzeln und gemäss den Kundenwünschen modelliert. Alle Objektlassen, Assoziationen und Attribute lassen sich für eine differenzierte Modellierung des Rollen-, Regel- und Rechtemodells verwenden. Da die benötigten Funktionalitäten von den *infonea*-Modellierungstools zur Verfügung gestellt werden, können die individuellen Anforderungen der Kunden vollumfänglich berücksichtigt und implementiert werden.

Performanz: Jede Lösung wird im Hinblick auf ihre Performanz getestet. Die Response-Time ist abhängig von der Server- und der Netzwerkkonfiguration.

Funktionalität: Wissensrepräsentation

Gruppierung und Sortierung der Wissensobjekte anhand von Bewertungskriterien: Die Sortierung und die Gruppierung sind anhand aller vorhandenen Attribute möglich, die Gruppierung sogar über mehrere Relationen hinweg.

Die Repräsentation des Wissens anhand von Wissensbestands- und Wissensstrukturkarten gehört zu den Kernfunktionalitäten von *infonea*: Mit *Visual*

Search können über beliebige Objektklassen hinweg dynamische Bestands- und Strukturkarten erstellt werden. Nach jedem Mausklick passen sich diese dem neu geschaffenen Kontext an.

Funktionalität: Collaborating

infonea unterstützt sowohl die Push- als auch die Pull-Teilungsform: Beispielsweise wird bei der Neuanlegung eines Objekts bestimmter Art der Nutzer per E-Mail darüber informiert. Ferner kann der Endnutzer auch bestimmte Informationstypen abonnieren. Die Regeln für die Push- und Pull-Teilung können definiert werden, wobei die teilungsobjektbasierte sowie die zeitliche Steuerung dieses Prozesses möglich sind.

Funktionalität: Organising

Zur Bewertung der Wissensressourcen stehen mehrere Möglichkeiten zur Verfügung: Bewertung als Attribut zu einer Objektklasse (z.B.: «Wie bewerten Sie diesen Artikel?»), Bewertung in Form eines Kommentars oder Bewertung als statistische Funktion (z.B.: «Welche Dokumente haben keine Attributwerte?»). Die vielfältigen Bewertungsmöglichkeiten vermitteln einen sofortigen Überblick über die Qualität der vorhandenen Wissensressourcen.

Für die Bewertung werden Hilfestellungen angeboten bzw. ist es möglich, jeder Klasse von Wissensobjekten als eigener Objektklasse Bewertungshilfen zuzuordnen.

Unterstützung des Prozesses der Pflege von Wissensobjekten: Alle Objekte sind von den dazu berechtigten Nutzern über reine HTML-Web-Frontends editierbar.

Personalisierung des Systems: In der Konzeptionsphase kann festgelegt werden, welche Informationstypen von welchen Endanwendergruppen genutzt werden. Der Endanwender erhält nur diejenigen Informationen, die er für seinen definierten Arbeitskontext benötigt. Ferner besteht die Möglichkeit, *myPortals* zu definieren.

Veränderungen an den Wissensobjekten werden protokolliert.

Strukturelle Anforderungen:

Systeme, die angebunden werden können: *infonea* unterstützt DCOM und OLE-DB für Erweiterungen und Systemintegration. Die LDAP-Schnittstelle folgt in Kürze. Messaging-Systeme werden mittels MAPI-Schnittstelle angebunden. Als Datenbankplattformen dienen Microsoft SQL Server und Oracle.

Name des Herstellers	Danet GmbH
Name des Produkts	KNet – The Knowledge Network

Kontakt:

Danet GmbH
Gutenbergstraße 10
D-64331 Weiterstadt
info@danet.de
www.danet.de

Kurzbeschreibung:

KNet ist eine Java-basierte, skalierbare und individuell anpassbare Lösung für das Management von Wissen und Information im Internet/Intranet. Schwerpunkte von *KNet* sind Informationssuche (Navigation und Orientierung), Informationspflege (Autoren- und Redaktionssystem) und Informationsverwaltung (Organisation und Klassifikation).

KNet besteht aus mehreren Modulen, die in Schichten angeordnet sind. Sie halten die Lösungsplattform schlank, erweiterbar und anpassungsfähig. *KNet* ist dadurch ein flexibles System: die Autoren- und Redakteursprozesse können frei definiert und die Seiten den Kundenwünschen entsprechend gestaltet werden. Ferner wird mit einem erweiterten Rollen- und Rechtemodell gearbeitet.

Strategische und organisatorische Ziele im Wissensmanagement werden durch die integrierten Module *Customer Relationship Mangement* (CRM), individuell konfigurierbare Portale, webbasierte Trainings, Skills-Management und Management-Informationssysteme erreicht.

Generelle Anbietermerkmale:

Der Hauptsitz von Danet steht in Weiterstadt (D). Daneben gibt es weitere Standorte in Europa (Deutschland, England, Frankreich, Österreich und Litauen) sowie in den USA. Insgesamt umfasst der Betrieb rund 900 Mitarbeitende.

Die Lösung *KNet – The Knowledge Network* existiert bereits seit fünf Jahren und wird von der Firma selbst vertrieben. Für die Konzeption, Planung und Umsetzung der Lösung arbeitet Danet mit verschiedenen anderen Anbietern zusammen, so z.B. mit AltaVista, Inxight, Xtramid, Semio, Oracle, IBM und Nokia.

Zu den Referenzkunden gehören DaimlerChrysler, die Allianz und viele andere. Die Referenzkunden können besucht werden.

KNet ist sowohl in kleinen und mittleren Betrieben (bis zu 1'000 Nutzer) wie in Grossbetrieben (ab 1'000 Nutzern) einsetzbar.

Schulung, Unterstützungs- und Wartungsleistungen:

Die nötigen Schulungen werden von Danet selbst durchgeführt. Dabei wird eine Nutzerschulung als nicht erforderlich betrachtet. Der Schulungsaufwand für Autoren / Redakteure ist optional und beträgt rund einen Tag. Ferner wird ein Helpdesk bzw. ein Hotline-Support angeboten.

Der zeitliche Aufwand für die rein technische Installation der Lösung beträgt zwischen einem und fünf Tagen, je nach Konfiguration und den Anforderungen an die Integration in die Kundenumgebung.

Die Anpassung der Lösung an die individuellen Kundenbedürfnisse (Customizing) bildet das eigentlich typische Szenario.

Während der Lebensdauer des Systems werden nötigenfalls Software-Anpassungen durchgeführt, wobei für den Kunden dadurch zusätzliche Kosten anfallen. Der zeitliche Aufwand für Spezifikationsanpassungen ist kundenspezifisch.

Regelmässige Updates werden angeboten.

Eine Demo-Version wird nur für Teilprodukte bzw. im Rahmen eines *Proofs of concept* angeboten, da es sich bei *KNet* nicht um eine Out-of-the-box-Lösung handelt. Die Möglichkeit einer Testinstallation mit Rückgaberecht besteht nicht.

Lizenzpolitik / Preis:

Danet vergibt Serverlizenzen: Die *KNet*-Plattform wird nach Servern lizenziert, unabhängig von der Zahl der Nutzer und der CPU. Integrierte Produkte (z.B. Datenbanken, Search-Engines, Categorization und Clustering) werden anders lizenziert, nämlich nach Anzahl der Dokumente, User, CPU und Server.

Danet bietet Lösungen in allen Preissegmenten an (ab 50'000 CHF bis zu 150'000 CHF und mehr). Der Preis steht in Abhängigkeit zum Funktionsumfang.

Sprache:

KNet unterstützt beliebige (auch asiatische) Sprachen und ist somit auch verfügbar in Deutsch, Englisch, Französisch sowie als parallel mehrsprachige Lösung.

Funktionalität: Technische Anforderungen

Die Portalfunktionalität ist einer Grundfunktion des Systems. Dabei wird auch die mobile Kommunikationstechnologie (WAP, SMS, MMS etc.) unterstützt.

KNet ist 100% Web-basiert, weshalb die Web-Integration kein Problem darstellt.

Die Lösung unterstützt die zentrale Verwaltung von Benutzern und Benutzergruppen, wobei die Verwaltung in einem LDAP-Dienst, einer Datenbank oder im System selbst erfolgt. Ferner besteht dank einem flexiblen Berechtigungsmodell die Möglichkeit, Rollenmodelle zu schaffen, die den Kundenanforderungen angepasst werden können.

Aufbau des Systems: *KNet* ist modular aufgebaut.

Erweiterbarkeit des Datenmodells: Es ist jederzeit möglich, beliebige Attribute hinzuzufügen.

Sicherheitskonzept: Die Informationsobjekte werden mit einer *Access Control* versehen: Autorisierte Benutzergruppen können diese über autorisierte Zugriffsmethoden übers Web abrufen.

Performanz: Die Lösung ist skalierbar. Zur Steigerung der Performanz ist das sogenannte *Catching* bzw. *Web-switching* einsetzbar. Die Leistung auf einer typischen Sun Ultra mit 4 CPU und 1 GB RAM pro CPU umfasst durchschnittlich 50 dynamische Seiten pro Sekunde. Die Leistung hängt dabei ab von der Anzahl statischer Seiten sowie von der Komplexität der dynamischen Seiten.

Funktionalität: Wissensrepräsentation

Sowohl die Gruppierung als auch die Sortierung der Wissensobjekte anhand bestimmter Kriterien ist möglich. Optional kann eine Autokategorisierung und/oder ein dynamisches Clustering der Dokumente integriert werden.

KNet unterstützt die Darstellung des Wissens mithilfe von Wissensbestands- und Wissensstrukturkarten.

Funktionalität: Collaborating

Die Lösung unterstützt sowohl die Push- als auch die Pull-Teilungsform: Die Push-Teilung wird mithilfe von E-Mails, SMS und persönlichen Homepages vorgenommen, die Pull-Teilung über das Polling anderer Systeme (z.B. Lotus Domino, Content-Provider, File-Systeme, FTP-Server, Web-Server und Web-Services).

Der Prozess der Wissensteilung kann teilungsobjektbasiert und zeitlich gesteuert werden.

Funktionalität: Organising

Die Bewertung der Wissensobjekte ist möglich, wobei Bewertungshilfen zur Verfügung gestellt werden. Diese können vom Kunden selbst definiert werden.

Der Prozess der Pflege der Wissensobjekte wird unterstützt und läuft vollumfänglich Web-basiert ab.

Die Möglichkeit zur Personalisierung des Systems gehört zu den Grundfunktionen der Lösung *KNet*.

Veränderungen an den Wissensobjekten werden in einer Logdatei, einer Datenbank oder über einen separaten Service für einen *Audit Trail* protokolliert.

Strukturelle Anforderungen:

KNet ist ein System, das auf offenen Standards aufbaut. Daten werden in relationalen Datenbanken wie JDBC, Dateisysteme LDAP-Verzeichnisdiensten verwaltet. Integrationsagenten binden mit ihren Schnittstellen externe Applikationen an.

Name des Herstellers	Documentum
Name des Produkts	Documentum 4i WCM

Kontakt:
Jörg Dokupil
Inselkammerstrasse 2
D – 82008 Unterhaching
joerg.dokupil@documentum.com
www.documentum.de

Kurzbeschreibung:

Grundidee der *Documentum-4i*-Lösung ist die Trennung des Contents von der Darstellung. Der Content kann auf einfache Weise auf der Basis von Formularen erfasst werden, wobei der Redakteur über keine speziellen (HTML-)Kenntnisse verfügen muss. Bereits beim Erfassen werden alle Informationen bezüglich der Content-Klassifizierung (tagging) definiert und gespeichert. Die Formulare werden in Form von XML in Documentum abgelegt, stellen Dokumentenvorlagen dar, haben ihren eigenen Life-Cycle, können Gegenstand von Workflows sein und sind durch Authentifikationsmechanismen geschützt.

Generelle Anbietermerkmale:

Documentum wurde 1990 gegründet und war der erste Anbieter einer Lösung für unternehmensweites Dokumentenmanagement. Heute werden weltweit mehr als 950 Mitarbeitende beschäftigt. Der Hauptsitz befindet sich in Pleasanton (Kalifornien, USA), die Schweizer Kunden werden von München aus betreut, da es keine eigene Schweizer Niederlassung gibt.

Das Produkt *Documentum 4i* ist bereits seit 12 Jahren auf dem Markt.

Zu den Kunden von Documentum gehören z.B. United Airlines, AT&T, France Télécom, UBS Warburg, Ericsson etc. Die Referenzkunden können besucht werden.

Documentum vertreibt zwar seine Produkte selbst, arbeitet aber daneben sowohl für den Betrieb als auch für die Konzeption, die Planung und die Umsetzung von Wissensmanagement-Lösungen mit verschiedenen Partnern zusammen. Insgesamt existieren weltweit über 400 Allianzen.

Documentum 4i kann sowohl in kleineren und mittleren als auch in Grossbetrieben eingesetzt werden. Beim Einsatz der Lösung in KMU ist allerdings anzumerken, dass die Lösungen in die obere Preisklasse gehören.

Schulung, Unterstützungs- und Wartungsleistungen:

Documentum führt die Anwenderschulung selbst durch, wobei mit einem Schulungsaufwand von zwei bis fünf Tagen gerechnet werden muss. Daneben wird ein Hotline-Support bzw. ein Helpdesk angeboten.

Der zeitliche Aufwand für die Basisinstallation der Lösung beträgt rund eine Woche, die Installation des Setups ist abhängig von der jeweiligen Aufgabenstellung.

Ein Customizing, also eine Anpassung der Lösung an spezifische Bedürfnisse, ist möglich: Die Taxonomien sind beinahe beliebig definierbar.

Während der Lebensdauer des Systems werden Softwareanpassungen durchgeführt, die durch die Supportleistungen abgedeckt sind. Das heisst, für den Nutzer fallen dadurch keine zusätzlichen Kosten an. Der zeitliche Aufwand für Spezifikationsanpassungen ist abhängig vom Setup und variiert deshalb. Ferner werden regelmässige Updates angeboten.

Eine Demo-Version wird zur Verfügung gestellt, wobei das Consulting im Rahmen der Implementation kostenpflichtig ist. Eine Testinstallation des gesamten Systems (mit Rückgaberecht) wird nicht angeboten.

Lizenzpolitik / Preis:

Documentum vergibt ausschliesslich Einzelplatz-Lizenzen.

Die Lösung muss in das oberste Preissegment (ab 150'000 CHF) eingeordnet werden.

Sprache:

Das Produkt ist in den drei Sprachen Deutsch, Französisch und Englisch erhältlich. Eine parallel mehrsprachige Lösung existiert bis heute nicht.

Funktionalität: Technische Anforderungen

Portalfunktionalität: *Documentum 4i Portal CM Edition* unterstützt die Nutzer von Portalen einerseits mit essenziellen Contentmanagement-Komponenten. Anderseits bietet die Lösung selbst ein Portal, das einen nahtlosen Zugang herstellt zu internetgestütztem Contentmanagement sowie zu anderen internetgestützten Diensten, welche die Zusammenarbeit unterstützen.

Web-Integration: Verschiedene Tools unterstützen die Herstellung, das Managing sowie das Publishing von Web-Content. Mit dem *Documentum Web-Publisher* beispielsweise wird den Nutzern eine Schnittstelle zum Web geboten, die einfach zu handhaben ist. Die Contentmanagement-Plattform wird ausgeweitet, indem es möglich gemacht wird, Content herzustellen und auf Unternehmensseiten zu publizieren.

Benutzerverwaltung: Die Benutzer können zentral verwaltet werden: *Documentum 4i* bietet einen einzigen Zugangspunkt, von dem aus alle Speicher, Server, Nutzer und Gruppen unabhängig von deren Ort verwaltet werden. Indem eine zentralisierte Plattform für die Administration freigegeben wird, stellt der Administrator die Integrität des unternehmensweiten Wissens sicher.

Sicherheit und Rollenmodelle: Zur Kontrolle des Zugangs zu den Wissensobjekten arbeitet Documentum mit *Object-level Permissions*, d.h. jedem Nutzer können bestimmte Rechte zugeteilt werden, um auf verschiedene Dokumente zuzugreifen und diese zu verändern. Diese *Permissions* werden dem Objekt bei dessen Herstellung zugewiesen. Insgesamt gibt es sieben verschiedene Zugangsstufen, welche die Rechte «none», «browse», «read», «relate», «version», «write» und «delete» umfassen. Die Zugriffsrechte auf der Ebene der Folder werden bereits im Stadium der Installation festgelegt. Auf der Basis dieser Rechte können verschiedene Rollen definiert werden.

Aufbau des Systems: Das System ist in Modulen aufgebaut, die es durch Kombination ermöglichen, das Unternehmenswissen zu managen. Der modulare Aufbau ermöglicht es, den Kunden Wissensmanagement-Systeme anzubieten, die genau auf deren Bedürfnisse zugeschnitten sind.

Das Datenmodell ist beliebig erweiterbar. Die umfangreichste Installation hat Documentum bei einem Kunden mit 156'000 Sitzen vorgenommen.

Die Performanz (Durchsatz und Antwortzeit) des Systems ist abhängig von der Grösse der Objekte und der Performanz der Hardware.

Funktionalität: Wissensrepräsentation

Gruppierung: Die Wissensobjekte können anhand bestimmter, frei wählbarer Kriterien gruppiert werden.

Sortierung: Das System ermöglicht sowohl eine Sortierung während des Speicherprozesses als auch eine Sortierung nach der Suche. Sortiert werden kann anhand von Metadaten oder anhand des Inhalts. Zusätzlich steht ein Workflow-System zur Verfügung, das die Sortierung gemäss den Arbeitsprozessen erlaubt.

Darstellung: Die Form der Repräsentation des Wissens ist frei wählbar. Darstellungen als Wissensstruktur- und Wissensbestandskarten sind möglich.

Funktionalität: Collaborating

Die Form der Teilung kann ebenfalls frei definiert werden. Sowohl die Push- als auch die Pull-Teilungsform wird vom System unterstützt.

Auch die Steuerung der Teilung (teilungsobjektbasiert, zeitlich etc.) kann frei definiert werden.

Funktionalität: Organising

Bewertung der Wissensobjekte: Die Bewertung von Wissensressourcen ist möglich, wobei der Bewertungsprozess von den *Content Personalization Services (CPS)* unterstützt wird. CPS rationalisieren das langwierige Identifizieren und Kategorisieren von Inhalt, indem die Inhalte automatisch analysiert und mit geeigneten Keywords als Identifikationsmerkmale versehen werden. Der Nutzer kann aus einer standardisierten Liste diejenige Bewertungsform auswählen, die dem aktuellen Bedürfnis entspricht. Es ist aber auch möglich, für diese Liste eigene Kriterien festzulegen.

Personalisierung: Sowohl für die Benutzer als auch für die Autoren bzw. Urheber der Wissensressourcen, die Web-Publisher und die Kunden kann der Zugang personalisiert werden.

Pflege der Wissensressourcen: Bei der Änderung eines Dokuments, das sich im Status «aktiv» befindet, wird eine neue Version des Dokuments erzeugt. Die alte Version bleibt solange auf dem Produktionsserver, bis der neuen der Status «aktiv» verliehen wird, sodass sie auf dem Produktionsserver publiziert werden kann.

Strukturelle Anforderungen:

Systeme, die angebunden werden können: SMTP Gateway für Mailsysteme, FTP Gateway für Editor Tools, XML für den Datenaustausch, ODBC für Datenbankverbindungen, Reporting Gateway für Reporting Tools, ODMA Office Tools, API open, eConnectors für ATG Dynamo, BEA WebLogic, IBM WebSphere, JDBC, Lotus Notes Mail, SAP, Siebel eBusiness und Virage VideoLogger.

Name des Herstellers	eGain
Name des Produkts	eGain Knowledge 5.3

Kontakt:
Michael Gorny
Professional Service
Garather Schlossallee 19
D- 40595 Düsseldorf
mgorny@egain.com
www.egain.com

Kurzbeschreibung:

eGain bietet mit seiner Customer-Service-Automation-Software verschiedene Möglichkeiten (Telefon, Internet, E-Mail) für die Kommunikation mit dem Kunden. Die Systeme können einzeln oder in Kombination miteinander eingesetzt werden, lassen sich aber auch extern integrieren. Zu diesen Systemen gehört auch das *eGain Knowledge*, die virtuelle Beratung über das Internet und die Wissensdatenbank für das Kontakt-Center.

eGain Knowledge ist stark kundenorientiert. Im Zentrum steht der Anspruch, den Kundendienstmitarbeitern sowie den Kunden mehr und spezifischer zugeschnittene Informationen zur Verfügung stellen zu können. Mit Hilfe von Profilen kann festgelegt werden, auf welche Bereiche des Organisationswissens die Kunden unmittelbar zugreifen können sollen. Damit kann ein Unternehmen seinen Kunden rund um die Uhr einen Self-Service-Support anbieten. Dafür setzt *eGain Knowledge* auf die Verarbeitung natürlicher Sprache bzw. auf neue linguistische Spracherkennungsverfahren.

Die Architektur ist auf das Internet abgestimmt. Die Mehr-Ebenen-Architektur gestattet den Betrieb von Komponenten auf einem einzigen oder auf mehreren Servern. Je nach Erfordernissen ist es also möglich, aufzurüsten, um Spitzenbelastungen abfangen zu können.

Leistungsfähige Administrations-Tools ermöglichen es zudem, *eGain Knowledge* zu jeder Zeit und von jedem beliebigen Ort via LAN, WAN oder Internet zu warten.

Generelle Anbietermerkmale:

eGain wurde 1997 gegründet und fusionierte im Jahr 2000 mit der Inference Corp. Heute beschäftigt eGain weltweit rund 450 Mitarbeiter. Der Hauptsitz befindet sich in Kalifornien (USA), eine eigene Schweizer Niederlassung existiert nicht. Die Produkte werden durch ein Partnerunternehmen, die QBITS AG in Embrach, vertreten.

Die Entwicklung von *eGain Knowledge* begann im Jahr 1987. Die heutige Version (5.3) ist etwa ein Jahr alt.

Weltweit zählt eGain über 850 Kunden in verschiedenen Sprachen, davon rund 200 in Europa. Bekannte Beispiele dafür sind die Deutsche Bank, British Telecom, Deutsche Telekom, America Online, Ford, Mazda, Daimler Chrysler, Canon, IBM, Sony, Toshiba etc. Besuche bei den Referenzkunden sind nach Absprache möglich.

eGain betreibt eine eigene Vertriebsorganisation, wobei der Vertrieb durch Partner nicht ausgeschlossen ist. Zudem deckt eGain das gesamte Spektrum von Konzeption, Planung und Umsetzung von Wissensmanagement-Lösungen selbst ab, verfügt aber zusätzlich über ein bewährtes Partnerschaftskonzept für die Implementation und den Betrieb des Systems.

Das System kann sowohl in Klein- und Mittelbetrieben (bis 1'000 Mitarbeiter) als auch in Grossbetrieben (ab 1'000 Mitarbeitern) eingesetzt werden.

Schulung, Unterstützungs- und Wartungsleistungen:

Die Anwenderschulung wird von eGain selbst vorgenommen. Der Schulungsaufwand ist dabei abhängig von der Komplexität der installierten Lösung. Zudem wird ein Hotline-Support bzw. ein Helpdesk angeboten.

Für die technische Installation muss mit einem zeitlichen Aufwand von zwei bis drei Tagen gerechnet werden. Die Lösung wird dabei den jeweiligen Bedürfnissen angepasst (Customizing).

Während der Lebensdauer des Systems werden Anpassungen durchgeführt, wobei dies kostenmässig abgedeckt ist durch die obligatorische Maintenance- und Support-Vereinbarung. Der zeitliche Aufwand für Spezifikationsanpassungen hängt dabei vom vereinbarten Umfang ab. Regelmässige Updates werden angeboten.

Lizenzpolitik / Preis:

Die Vergabe von Lizenzen basiert auf der Anzahl von Nutzern und Servern, denen gleichzeitig Zugriff gewährt werden soll (concurrent users and servers).

eGain bietet Lösungen in allen Preissegmenten an.

Sprache:

Das Produkt ist in Deutsch, Französisch und Englisch sowie als mehrsprachige Lösung erhältlich.

Funktionalität: Technische Anforderungen

Portalfunktionalität und Web-Integration: Das System verfügt über Portalfunktionalität. Zudem ist aufgrund der vollständigen Web-Basiertheit von *eGain Knowledge* die Integration in jede beliebige Website möglich.

Benutzerverwaltung und Rollenmodelle: Die eGain-Produkte gestatten die zentrale Verwaltung von Benutzern und Benutzergruppen sowie von aufgaben- und rollenorientierten Rechteprofilen. User IDs und Passwörter werden mit dem *Knowledge Server Administration Tool* angelegt.

Aufbau des Systems: *eGain Services Enterprise* ist eine Client-/Server-Produkt-Plattform in 3-Tier-Architektur. Der *eGain Knowledge Server* ist dabei der zentrale Anwendungsserver. Weitere Module sind der *Knowledge Gateway*, der *Knowledge Self-Service*, und der *Knowledge Agent* sowie Module zur Echtzeit-Webinteraktion und zum E-Mail-Management.

Erweiterung des Datenmodells: Lediglich Standard-Calls der Datenbankhersteller (Microsoft, Oracle) werden verwendet, um eine einfache Integration von Drittsystemen zu gewährleisten. Das Datenmodell kann auf Wunsch offengelegt werden.

Sicherheitskonzept: Das Sicherheitskonzept basiert auf Passwortverschlüsselung. Passworte und User IDs werden mit dem *Knowledge Server Administration Tool* angelegt. Der Systemadministrator weist den Anwendern Authority-Levels, Skill-Sets und andere Systemberechtigungen zu. Differenzierungen in den Berechtigungen (Lese- und Schreibrechte, Neuanlegungen, Ausführungen und Löschrechte) sind möglich. Unterstützt wird ferner eine Verschlüsselung der Kommunikation mit der Anwendung durch SSL oder durch Standard-Webserver-Protokolle.

Performanz: Die Performanz (Durchsatz und Response Time) ist abhängig von der eingesetzten Hardware, der Datenbankumgebung, dem Datenvolumen und dem Datenmanagement. Verfügbare Datenbankmanagement-Systeme sind MS SQL Server 7 und 2000 unter MS Windows sowie Oracle 8i für Solaris-Systeme. Je nach Strukturierung der Daten und je nach Content können andere Anforderungen erfüllt werden. eGain nimmt im Rahmen der Feinkonzeption zusammen mit dem Kunden eine Analyse der benötigten technischen Anforderungen vor.

Funktionalität: Wissensrepräsentation

Gruppierung und Sortierung der Wissensobjekte: eGain nutzt *Case Based Reasoning* sowie *Conceptual Mapping* für die wahrscheinlichsten Frage-/Antwort-Kombinationen. Dabei wird automatisch ein Ranking der möglichen Antworten erstellt. Die Präsentation des Wissens mit Wissensstruktur- und Wissensbestandskarten ist möglich.

Funktionalität: Collaborating

In den Modulbereichen Collaboration und E-Mail-Management werden Push und Pull sowohl zum Queue-Blending als auch zur E-Mail-Zuteilung genutzt. Das System bietet den Anwendern die Möglichkeit, Änderungen bereitzustellen, diese über den Systemadministrator zu publizieren und so anderen Nutzern (unabhängig von deren Zugriffsberechtigung) zur Verfügung zu stellen.

Die Bereitstellung und auch die Zurücknahme von neuen oder geänderten Inhalten kann zeitgesteuert erfolgen. Das System kann zudem die Anwender aktiv über Änderungen informieren. Die teilungsobjektbasierte Steuerung von Teilungsprozessen ist Standardbestandteil aller eGain-Knowledgemanagement-Lösungen.

Funktionalität: Organising

Bewertung von Wissensressourcen: Innerhalb des von *eGain Knowledge* verwendeten *Case Based Reasoning* wird automatisch eine Bewertung der einzelnen Wissensobjekte erstellt. Die Antwortvorschläge sowie das Ranking sind dabei kontextbezogen und flexibel.

Unterstützung des Prozesses der Pflege von Wissensobjekten: Updates von Objekten können automatisiert oder manuell durchgeführt werden. Je nach Berechtigung kann ein Anwender selbst Inhalte ins System stellen, die dann vom Systemadministrator freigegeben werden können.

Für die Protokollierung von Veränderungen stehen Protokolldateien zur Verfügung, die an bestimmte Ereignisse (z.B. an Veränderungen von Wissensobjekten) gebunden werden können. Ausserdem ist es möglich, zu protokollieren, welche Informationen abgerufen werden.

Personalisierbarkeit des Systems: eGain nutzt Profile, um Anwendern bestimmte Web-Vorlagen zuzuweisen. Jedes Profil ist mit anpassbaren Vorlagen verbunden, um «look and feel» des Systems zu personalisieren oder um verschiedene Benutzergruppen mit verschiedenen Anforderungen zu unterstützen.

Strukturelle Anforderungen:

Systeme, die angebunden werden können: eGain-Produkte verfügen über Standardschnittstellen und Integrationen mit Drittprogrammen, wie z.B. Oracle, Siebel, SAP, Remedy, Clarify, Aspect, Siemens und Rockwell sowie bereits erstellte Anbindungen über COM, XML, ODBC, JDBC etc.

Name des Herstellers	Hummingbird
Name des Produkts	Hummingbird KnowledgeServer / SearchServer 4.1

Kontakt:
Silvana Salerno
Sales Manager Finance
av. Louis-Casaï 84
1216 Genf-Cointrin
silvana.salerno@hummingbird.com
www.hummingbird.com

Kurzbeschreibung:

Hummingbird bietet zwei verschiedene Produkte an, die untenstehend detailliert betrachtet werden: Den *Humminbirg KnowledgeServer* sowie den *Hummingbird SearchServer 4.1.*:

Die Kernelemente des *KnowledgeServers* sind:

- *Federated Search*: Informationsquellen können unabhängig von ihrem Datenformat eingesehen werden, wobei die Nutzer sowohl in unstrukturierten als auch in strukturierten Speichern suchen können.

- *Advanced Information Retrieval*: Die eingegebenen Suchbegriffe werden in den Dokumenten hervorgehoben, die gefundenen Objekte nach ihrer Relevanz sortiert etc.

- *Enterprise Table of Contents*: Die Hummingbird-KM-Technologie sucht alle Informationen eines Unternehmens nach ihrer Hierarchie ab und präsentiert die Resultate ähnlich dem Inhaltsverzeichnis eines Buches.

- *Document Summarization*: Grosse Dokumente können in einer Vorschau in der Art eines Abstracts angesehen werden. Auf diese Weise wird das gefundene Objekt in einen Kontext gesetzt.

Das Kernelement des *SearchServers 4.1* ist das *Streamlined Information Retrieval*: Die Architektur des *SearchServers* unterstützt die rasche und zuverlässige Suche nach aktuellen Informationen und reduziert dabei die Antwortzeit, denn der Server speichert nicht die kompletten Dokumente, sondern einen Index mit Stichwörtern, die für die Suche von Informationen genutzt werden. Die Indizes können in Echtzeit oder im Batch-Verfahren aktualisiert werden.

Generelle Anbietermerkmale:

Hummingbird wurde bereits 1984 gegründet, beschäftigte sich allerdings zuerst mit der Entwicklung und dem Verkauf von PC-X-anschlussfähiger Software. Heute beschäftigt Hummingbird weltweit rund 1'300 Angestellte und zählt mehr als 33'000 Kunden. Der Hauptsitz befindet sich in Toronto (Kanada), Schweizerische Sitze befinden sich in Genf und La Chaux-de-Fonds. Der *Hummingbird KnowledgeServer* ist seit 1996 auf dem Markt, den *Hummingbird SearchServer* gibt es heute bereits in der Version 4.1.

Zu den Schweizer Kunden gehören z.B. die KPMG, die Rentenanstalt, die Swisscom IT Services und der Schweizerische Versicherungsverband. Besuche bei den Referenzkunden sind möglich.

Die Wissensmanagement-Lösungen werden von Hummingbird selbst vertrieben. Eine Zusammenarbeit besteht in den Bereichen Konzeption, Planung und Umsetzung der Lösungen. Partner von Hummingbird sind CGI, CSC, EDS, JD Edwards, NCR Teradata, Satyam und Siebel.

Die Wissensmanagement-Lösungen von Hummingbird sind sowohl in kleinen und mittleren Betrieben (bis 1'000 Mitarbeitende) als auch in Grossbetrieben (ab 1'000 Mitarbeitenden) einsetzbar.

Schulung, Unterstützungs- und Wartungsleistungen:

Die Anwenderschulung wird von Hummingbird selbst vorgenommen, wobei mit einem Schulungsaufwand von ca. fünf Tagen gerechnet wird. Zudem wird ein Hotline-Support bzw. ein Helpdesk angeboten.

Die Lösung kann mittels eines Customizings speziellen Kundenbedürfnissen angepasst werden. Während der Lebensdauer des Systems werden zudem Software-Anpassungen vorgenommen. Für den Kunden entsteht beim Erwerb der neuen Versionen kein zusätzlicher finanzieller Aufwand, sofern ein Wartungsvertrag abgeschlossen worden ist.

Auf Anfrage stellt Hummingbird eine Demo-Version zur Verfügung. Auch eine Testinstallation (mit Rückgaberecht) ist möglich, wobei der Aufwand der Berater für die Installation, Konfiguration und Schulung aber verrechnet wird.

Lizenzpolitik / Preis:

Hummingbird bietet sowohl Einzelplatz- als auch Serverlizenzen an.

Die hier vorgestellten Hummingbird-Produkte sind in das mittlere Preissegment (50'000 bis 150'000 CHF) einzuordnen.

Sprache:

Der *Hummingbird KnowledgeServer* ist in den Sprachen Deutsch, Französisch und Englisch erhältlich. Zur Zeit in Abklärung sind parallel mehrsprachige Lösungen.

Funktionalität: Technische Anforderungen

Portalfunktionalität und Web-Integration: Die Benutzeroberfläche ist Webbasiert und nennt sich *WebFind*. Diese Funktion ist auch über das *Hummingbird EIP Portal* erhältlich. Die mögliche Web-Integration gehört bereits zu den Standards der Hummingbird-Knowledgemanagement-Produkte.

Benutzerverwaltung und Rollenmodelle: Benutzer und Benutzergruppen können zentral verwaltet werden. Es besteht die Möglichkeit, Rollenmodelle zu schaffen.

Aufbau des Systems: Das System ist modular aufgebaut. Zu den Modulen gehören: *Web Crawler, Indexing, Searching, Active Agents, Administration* etc.

Erweiterung des Datenmodells: Der *Hummingbird SearchServer* ist vollständig an individuelle Kundenwünsche anpassbar.

Sicherheitskonzepte: Das Produkt unterstützt die Sicherheit der Quelle, wie z.B. MS-Exchange, sowie die Sicherheit der Daten.

Die Performanz (Durchsatz, Antwortzeit etc.) des Produkts beträgt mehr als drei Terabytes Daten. Die Skalierbarkeit wurde mit mehr als 100'000 Nutzern getestet.

Funktionalität: Wissensrepräsentation

Die Wissensobjekte können anhand von Bewertungskriterien gruppiert werden. So kann der Administrator beispielsweise sogenannte *Knowledge Folders* oder *Enterprise Table of Contents* kreieren, um die gefundenen Informationen auf dieser Grundlage zu gruppieren.

Die Sortierung der Wissensressourcen ist ebenfalls möglich, und zwar nach Relevanz, Quelle, Dokumentenname, Autor etc. Nach der Suche kann eine Gruppierung, genannt *Result List Clustering*, vorgenommen werden.

Die Wissensobjekte können mithilfe von *Knowledge Folders* repräsentiert werden. Dies ist ein Konzept zur Darstellung von Wissen, das den Wissensstruktur- und Wissensbestandkarten ähnlich ist.

Funktionalität: Collaborating

Die aktiven Agenten des Systems unterstützen sowohl Push- wie Pull-Teilungsformen. Der Teilungsprozess kann dabei sowohl teilungsobjektbasiert als auch zeitlich gesteuert werden.

Funktionalität: Organising

Bewertung von Wissensressourcen: Das System nutzt sogenannte *Knowledge Maps*, die eine hierarchische Sicht auf die Wissensquellen und -objekte ermöglichen. Der *KnowledgeServer* unterstützt daneben weitere Sichtweisen auf die Wissensressourcen: Eine physische und eine logische Sicht sowie die Sicht gemäss dem *Enterprise Table of Content*.

Das System unterstützt Prozesse zur Pflege der Wissensressourcen. Mit dem *KnowledgeServer* wird eine Indexierung der Inhalte vorgenommen. Die veränderten Objekte sowie die jeweilige Form der Veränderung werden protokolliert.

Beide Systeme, sowohl der *KnowledgeServer* als auch der *SearchServer*, können personalisiert werden.

Strukturelle Anforderungen:

Systeme, die angebunden werden können: Über den *Knowledge Activator* ist es möglich, verschiedene Wissensquellen, wie z.B. File-Systems (NT, W2K, Unix), MS-Exchange Mailbox und Folders, Lotus Notes, Web Server, Hummingbird-Document-Management sowie Datenbanken über ODBC anzubinden.

Marktanalyse

Name des Herstellers	Hyperwave
Name des Produkts	Hyperwave eKnowledege Suite, bestehend aus verschiedenen Modulen: Hyperwave IS/6, eKS [eKnowledge Suite], eKP [eKnowledge Portal], eLS [eLearning Suite], IKC [Interactive Knowledge Center], HTW [Hyperwave Teamworkspace], WFM [Workflow-Modul]

Kontakt:
Karsten Seliger
Key Account Manager
Humboldtstrasse 10
D – 85609 München-Dornach
karsten.seliger@hyperwave.de
www.hyperwave.com

Kurzbeschreibung:
Die *Hyperwave eKnowledge Suite* ist keine Out-of-the-box-Lösung, sondern modular aufgebaut. Das System ist also explizit zur Customization vorgesehen. Die Kernelemente des Systems sind folgende:

- Personalisierter Zugriff über ein Portal. Der Zugriff erfolgt per Web-Browser, Windows Explorer oder direkt aus der Applikation.
- Hohe Sicherheit durch Zugriffsrechte.
- Persönliche Agenten informieren automatisch über neue relevante Inhalte. Zudem werden die (personalisierten) Suchergebnisse dank dem Relevance Feedback-Mechanismus ständig verbessert.
- Konzept-Suche und Suche nach ähnlichen Dokumenten.
- Beliebige Dokumentenformate.
- Das Einfügen neuer Inhalte kann Web-basiert oder per E-Mail unabhängig vom Standort erfolgen.
- Integrierte Mechanismen zur Versionskontrolle und zur Archivierung unterstützen die Dokumentenverwaltung.
- Intelligentes Speichern der Inhalte dank automatischer Kategorisierung und der Möglichkeit zur intuitiven Strukturierung der Dokumente.
- Garantierte Information: Das dynamische Link-Management verhindert Verknüpfungen, die ins Leere führen.
- Workflow-Mechanismen erlauben das einfache Auffinden von Freigabeprozessen.
- Vermehrung des Wissens dank integrierter Diskussionsforen und Chatrooms.

Generelle Anbietermerkmale:

Die Hyperwave GmbH hat universitäre Wurzeln, die bis 1990 zurückreichen. Die *Hyperwave eKnowledge Suite* ist seit der Firmengründung 1997 auf dem Markt erhältlich. Heute beschäftigt Hyperwave rund 200 Mitarbeiter in Europa sowie den USA und zählt über 180 internationale Kunden.

Zu den Schweizer Kunden gehören die OSEC, NAZ, UBS sowie die Mobiliar. Die Referenzkunden können im Rahmen von Projekten und nach Absprache besucht werden.

Der Firmenhauptsitz der Hyperwave GmbH befindet sich in München. Eine Niederlassung in der Schweiz existiert nicht.

Der Vertrieb der Produkte erfolgt sowohl direkt als auch durch Partner. Auch hinsichtlich der Konzeption, der Planung und der Umsetzung ihrer Lösungen kann sich Hyperwave auf ein breites Partnerschaftsnetzwerk stützen, dem Consulting-, Technologie-, Content-, Implementierungs- sowie Trainingspartner angehören. Beispiele dafür sind CSC Ploenzke, Siemens SBS und IBM Global Services.

Das Wissensmanagement-System von Hyperwave ist in kleinen, mittleren sowie in Grossbetrieben einsetzbar. Zu prüfen ist allerdings das Kosten-/Nutzen-Verhältnis: Die Anwendungen sind typischerweise erst ab 100 bis 300 Nutzern sinnvoll.

Schulung, Unterstützungs- und Wartungsleistungen:

Der Aufwand für die Schulung ist stark vom Customizing abhängig. Da es sich bei den Wissensmanagement-Lösungen von Hyperwave nicht um Out-of-the-Box-Applikationen handelt, können Inhalt und Umfang der Schulung nur bezogen auf ein konkretes Projekt sinnvoll definiert werden. Schulungen werden nur teilweise von der Hyperwave GmbH selbst durchgeführt (Standardschulungen für Administratoren und Entwickler). Anwenderschulungen werden in der Regel aber vom Partnerunternehmen durchgeführt, das die Customization vornimmt. Die Schulung eines Administrators (kompletter Ausbildungspfad inkl. Zertifikat) nimmt acht Tage in Anspruch, die Schulung eines Entwicklers (ebenfalls kompletter Ausbildungspfad inkl. Zertifikat) zehn Tage.

Ein Hotline-Support bzw. ein Helpdesk wird angeboten.

Der zeitliche Aufwand für die technische Installation ist abhängig vom jeweiligen Projekt bzw. vom Umfang der Customization und von einer eventuellen Integration von Drittsystemen.

Während der Lebensdauer des Systems werden Softwareanpassungen vorgenommen, wobei zu unterscheiden ist zwischen Software-Updates, die im Rahmen des Wartungsvertrags durchgeführt werden, und den fortlaufenden Anpassungen (Customization). Die Kosten für die fortlaufenden Anpassungen sind vom entsprechenden Aufwand abhängig.

Da die Hyperwave-Wissensmanagement-Lösung stark modular aufgebaut ist, werden keine Demo-Versionen abgegeben. Testinstallationen mit Rückgaberecht sind dagegen nach Vereinbarung möglich.

Lizenzpolitik / Preis:

Hyperwave vergibt sowohl Einzelplatz- als auch Serverlizenzen.

Die Wissensmanagement-Lösungen bewegen sich im mittleren Preissegment (50'000 – 150'000 CHF).

Sprache:

Die Produkte sind in den Sprachen Deutsch, Französisch und Englisch verfügbar. Ferner ist eine parallel mehrsprachige Lösung erhältlich.

Funktionalität: Technische Anforderungen

Portalfunktionalität: Mit dem (optionalen) Modul *eKnowledge Portal* kann eine Portalfunktion (im Sinne eines Enterprise-Portals) eingerichtet werden.

Web-Integration: Das System ist durchgängig webbasiert.

Benutzerverwaltung und Rollenmodelle: Hinsichtlich der Benutzerverwaltung sind mehrere Lösungen denkbar bzw. stehen mehrere Möglichkeiten offen: Hyperwave-interne Benutzerverwaltung, Anbindung an NT-Domain (ohne Gruppen) oder Anbindung an LDAP-Server oder Microsoft Active Directory über LDAP-Gateway. Das Schaffen von Rollenmodellen ist möglich.

Aufbau des Systems: Modularer Aufbau. Zu den Modulen gehören der *Hyperwave Server* und die IS/6-Basislizenz, die *eKnowledge Suite* und die *eLearning Suite*, das *eKnowledge Portal* sowie diverse Optionen (Teamworkspace, Workflowmodul, SSL, LDAP-Gateway etc.).

Erweiterbarkeit des Datenmodells: Das Handling der Daten in der zugrunde liegenden Datenbank ist vorgegeben. Völlig frei hingegen ist die Gestaltung der virtuellen Datenstrukturen, mit denen das System sich gegenüber dem Nutzer präsentiert.

Sicherheit: Zum Sicherheitskonzept gehört die SSL-Verschlüsselung, verteilte Systeme (inner- und ausserhalb der Firewall), ein nutzerabhängiges Rechtekonzept sowie die Integration einer digitalen Signatur (projektbezogen).

Performanz: Das System verfügt über mehrere mögliche Skalierungsmechanismen (Mehr-CPU-Unterstützung, parallele Applikationsserver, verteilte Systeme und Serverpool) und kann auf diese Weise auch sehr grosse Nutzerzahlen (10'000 Nutzer und mehr) bedienen.

Funktionalität: Wissensrepräsentation

Gruppierungen und Sortierungen: Das System ist attributgesteuert; Gruppierungen bzw. Sortierungen der Wissensobjekte anhand von Attributen sind möglich. Optional ist das Modul des Auto-Kategorisierers von Autonomy. Das System verfügt zudem über eine Voting-Funktionalität.

Die Repräsentation des Wissens kann mithilfe von Treeviews, Tracks und optional mit Workspaces erfolgen.

Funktionalität: Collaborating

Teilungsformen: Sowohl die Push- als auch die Pull-Teilungsform wird unterstützt. Die Art und Weise der Steuerung des Teilungsprozesses wird vom Nutzerkreis selbst bestimmt, indem eigene Agents eingerichtet werden können.

Funktionalität: Organising

Die Bewertung der Wissensressourcen kann mit der Voting-Funktion vorgenommen werden.

Pflege der Wissensressourcen: Der Pflegeprozess wird unterstützt mit standardisierten TimeOpen- bzw. TimeExpire-Attributen. Die Pflege der übrigen Ressourcen ist den jeweiligen Autoren überlassen.

Veränderungen an den Objekten werden protokolliert, sofern das Modul der Visionierung (im Standardumfang der Lösung enthalten) eingesetzt wird.

Personalisierung: Das System kann personalisiert werden.

Strukturelle Anforderungen:

Systeme, die angebunden werden können: Die Anbindungen sind abhängig vom jeweiligen Projekt. Beispiele dafür sind Datenbanken über ODBC/Liveconnect, Suche in Lotus-Notes- und Exchange-Datenbanken, Outlook-Integration, SAP-Connect, Framemaker-Integration (Hyperframe) etc.

Name des Herstellers	InfoCodex
Name des Produkts	InfoCodex

Kontakt:
P. Wälti
InfoCodex SA
18, avenue Louis-Casaï
1209 Genève
p.waelti@infocodex.com
www.InfoCodex.com

Kurzbeschreibung:

Die Lösung *InfoCodex* basiert auf einem Web-fähigen InfoCodex-System, d.h. auf Software sowie einer linguistischen Datenbank, die auf einem Unix-, Lunix- oder Windows-Server installiert werden können. Die Nutzer können mit einem Standard-Web-Browser auf das System zugreifen, benötigen also keine spezielle Client-Software.

InfoCodex kann die Dokumente ohne menschliche Intervention klassifizieren und überschaubar darstellen. Zudem ist es das bisher einzige System, das gleichzeitig mehrsprachige Dokumenten-Kollektionen handhaben kann.

Zu den besonderen Eigenschaften von *InfoCodex* gehören:

- Selbstklassifizierung, d.h. die vollautomatische Organisation (Gruppenbildung) von Dokumentensammlungen.
- Hohe Performanz und Qualität auch bei mehreren Millionen Dokumenten.
- Fundierte Wissensbasis durch die Abstützung auf führende semantische Wörterbücher.
- Gleichzeitige Handhabung deutscher, englischer, französischer und italienischer Dokumente.
- Einfache und rasche Installation sowie einfache und transparente Systembedienung.
- Triage bzw. Klassifikation neuer Dokumente nach frei definierbaren Inhalts-Filtern.

Generelle Anbietermerkmale:

Die InfoCodex SA ist im Januar 2002 nach mehrjähriger Entwicklungszusammenarbeit zwischen der MSI Dr. Wälti AG, Buchs (gegründet 1981) und Dr. C.A. Trugenberger gegründet worden. Der Hauptsitz befindet sich in Genf, weitere Zweigstellen und Vertriebspartner hat InfoCodex in Buchs (SG), Deutschland und Italien.

Da es sich bei *InfoCodex* um ein ganz neues Produkt handelt, können noch keine Referenzkunden genannt werden. Der Vertrieb des Produkts wird von der InfoCodex SA selbst und durch deren Vertriebspartner vorgenommen. Weder für die Konzeption noch die Umsetzung von Wissensmanagement-Lösungen besteht eine Zusammenarbeit mit Partnern.

InfoCodex kann sowohl in Klein- und Mittelbetrieben (bis zu 1'000 Nutzer) als auch in Grossbetrieben (ab 1'000 Nutzer) eingesetzt werden.

Schulung, Unterstützungs- und Wartungsleistungen:

Auf Wunsch führt die InfoCodex SA eine Anwenderschulung durch. Zudem wird ein Hotline-Support bzw. ein Helpdesk angeboten.

Für die rein technische Installation muss lediglich mit der Dauer von einer Stunde gerechnet werden. Die Lösung kann mit einem Customizing individuellen Kundenbedürfnissen angepasst werden.

Während der Lebensdauer des Systems werden Softwareanpassungen (regelmässige Updates) angeboten und vorgenommen, wobei dadurch für den Kunden keine zusätzlichen Kosten anfallen. Der zeitliche Aufwand für Spezifikationsanpassungen variiert mit den Projektanforderungen.

Eine Demo-Version wird abgegeben. Bevorzugt wird aber eine Demonstration des Systems vor Ort beim Kunden. Eine Testinstallation wird gegen eine Gebühr von 1'000 CHF zur Verfügung gestellt.

Lizenzpolitik / Preis:

InfoCodex arbeitet ausschliesslich mit Einzelplatzlizenzen.

Das Produkt wird in der mittleren Preisklasse (50'000 bis 150''000 CHF) angesiedelt.

Sprache:

Das Produkt ist in den Sprachen Deutsch, Englisch, Französisch und Italienisch sowie als parallel mehrsprachige Lösung verfügbar.

Funktionalität: Technische Anforderungen

Portalfunktionalität: Mithilfe des integrierten *Application Builders* wird Portalfunktionalität erreicht.

Web-Integration: Das ganze InfoCodex-System ist Web-fähig.

Benutzerverwaltung und Rollenmodelle. Das System unterstützt die zentrale Benutzerverwaltung sowie das Arbeiten mit Rollenmodellen.

Aufbau des Systems: Das System ist modular aufgebaut.

Erweiterbarkeit des Datenmodells: Mithilfe des *Application Builders* werden Metadaten aufgenommen. Ferner ist optionales Keyword-Setting bzw. eine optionale Vorgabe von Klassifikationsstrukturen möglich.

Sicherheit: Auf Benutzerebene existiert ein Zugriffsschutz, als zusätzliches Sicherheitselement dient eine Verschlüsselung.

Performanz: Mit der Verwendung der *Widas-Software* (als «abgekapselte Datenbank») wird eine sehr hohe Performanz erreicht (vgl. dazu die Benchmarks unter http://www.widas.com).

Funktionalität: Wissensrepräsentation

Wissensrepräsentation: Die Möglichkeiten zur Gruppierung und zur Sortierung der Wissensobjekte sowie die verschiedenen möglichen Darstellungsformen (z.B. als Wissensbestands- und Wissensstrukturkarten) können als wesentliche Stärke des *InfoCodex* angesehen werden: Durch Kombination von linguistischen und statistischen Analysen sowie von selbstorganisierten neuronalen Netzen werden die Dokumente vollautomatisch klassifiziert und nach thematischen Gesichtspunkten angeordnet. Auf dieser Basis können sogenannte Informations-Landkarten erstellt werden. Für die Suche kann die Abfrage als freier Text eingegeben werden, wodurch die Informations-Landkarte entsprechend der inhaltlichen Ähnlichkeit mit der jeweiligen Abfrage gefärbt wird. Beim Rollover über die Landkarte werden die Felder dynamisch mit den wichtigsten Stichwörtern charakterisiert. Per Mausklick erhält man einen gezielten Zugang zu detaillierten Informationen.

Funktionalität: Collaborating

Teilungsformen: Sowohl Push- wie auch Pull-Teilungsformen werden vom System unterstützt.

Die Steuerung des Teilungsprozesses kann sowohl teilungsobjektbasiert als auch zeitlich erfolgen.

Funktionalität: Organising

Eine Bewertung der Wissensobjekte ist möglich: Dem Benutzer stehen über 100 Filter zur Verfügung, um spezifische Inhalte von besonderem Interesse zu definieren. Der Vergleich neuer Dokumente mit diesen Filtern führt zu einer vollautomatischen Identifizierung relevanter Texte. Ferner werden die Dokumente durch die Kombination von linguistischen und statistischen Analysen sowie von selbstorganisierten neuronalen Netzen vollautomatisch klassifiziert.

Pflege der Wissensressourcen: Die Originaldokumente werden vom System nur gelesen, nicht aber geändert.

Möglichkeiten zur Personalisierung des Systems bestehen.

Strukturelle Anforderungen:

Systeme, die angebunden werden können: ODBC-Schnittstelle, Embedded SQL mithilfe des integrierten *Application Builders*.

Name des Herstellers	Netegrity
Name des Produkts	SiteMinder

Kontakt:
Ute Hoell
Netegrity South Germany / Austria
Landsberger Str. 302
D – 80687 München
uhoell@netegritiy.com
www.netegrity.com

Kurzbeschreibung:

Mit der «Single Sign-On»-Technologie bietet der *SiteMinder* von Netegrity eine Grundlage für die sichere Verwaltung von Objekten und Anwendungen. Folgende Aspekte bzw. Fragen stehen dabei im Mittelpunkt:

- Ist die Ressource abgesichert?
- Ist der Benutzer authentifiziert?
- Ist der Benutzer autorisiert? Welche Rechte hat er?
- *SiteMinder* ermöglicht die Personalisierung des Inhalts gemäss dem jeweiligen Benutzerprofil.
- Protokollierung des Zugriffs auf Ressourcen.

Mit zusätzlichen Tools kann die Funktionalität des *SiteMinders* erweitert werden. Diese Tools haben folgende Funktionen:

- *MobileMinder*: Hierbei handelt es sich um eine Lösung für die Benutzerrechte-Verwaltung und Authentifizierung mobiler Anwender. Mit dem *MobileMinder* können Anwender auch mit Mobiltelefonen, PDA und Pagern durchgängig auf speziell gesicherte Ressourcen zugreifen.
- *Delegated Management Services (DMS):* Die Organisation kann damit die Verwaltung der Benutzerdaten an Geschäftspartner und/oder Endbenutzer delegieren. Je nach Status der Anwender lassen sich unterschiedliche Administrationsprivilegien festlegen, was den zentralen Verwaltungsaufwand erheblich verringert.
- Der *Secure Reverse Proxy Server* stellt einen sicheren Zugang zu einer Website dar. Sämtliche Web-Ressourcen-Anfragen werden zentral gesammelt und dann an diesen weitergeleitet. Damit verlagert sich die Nutzerverwaltung weg von den empfindlichen Backend-Systemen auf den Proxy-Server. Mithilfe des *Secure Reverse Proxy Servers* können Organisationen, die Proxy-Server-basierte Anwendungen einsetzen, die *SiteMinder*-Plattform von Netegrity in vollem Funktionsumfang nutzen.

Generelle Anbietermerkmale:

Netegrity ist weltweit tätig und beschäftigt rund 400 Mitarbeitende. Der Firmenhauptsitz ist in Waltham (Massachusetts, USA), weitere Niederlassungen finden sich in den ganzen USA, Kanada, Japan, England, Deutschland, Finnland, Dänemark und Australien. Eine Niederlassung in der Schweiz gibt es nicht – Schweizer Kunden werden vom Sitz in Deutschland aus betreut.

Der *SiteMinder* von Netegrity ist seit einem Jahr als Netegrity-Produkt auf dem Markt und war zuvor während drei Jahren als DataChannel-Produkt erhältlich.

Das Produkt wird zum Teil durch Netegrity selbst, zum Teil durch Partner vertrieben, wie z.B. PwC, Accenture, T-Systems oder Deloitte&Touche. Mit diesen Partnern arbeitet Netegrity auch für die Umsetzung ihrer Lösungen zusammen. Zudem führt Netegrity weltweit über 500 Partnerschaften mit Partnern aus allen Bereichen der IT.

Zu den Referenzkunden von Netegrit gehören z. B. AT&T, Bank of America, Cisco, Stadt Stockholm, Exodus, Medtronic, Staat Utah und Unisys. Insgesamt zählt Netegrity weltweit über 660 Kunden. Auf Anfrage können die Referenzkunden besucht werden.

Der *SiteMinder* von Netegrity kann sowohl in kleineren und mittleren Betrieben (bis zu 1'000 Nutzer) als auch in Grossbetrieben (ab 1'000 Nutzern) eingesetzt werden.

Schulung, Unterstützungs- und Wartungsleistungen:

Anwenderschulungen werden von Netegrity selbst nur in London und in den USA, in den übrigen Regionen von Partnern durchgeführt. Je nach Umfang und Tiefe der Schulung muss dabei mit einem Aufwand von einer bis drei Wochen gerechnet werden. Zudem wird ein Helpdesk bzw. ein Hotline-Support angeboten.

Die rein technische Installation des *SiteMinders* umfasst einen Tag.

Die Wissensmanagement-Lösung von Netegrity kann durch Customizing den individuellen Kundenbedürfnissen angepasst werden.

Während der Lebensdauer des Systems werden Softwareanpassungen vorgenommen. Für die Kunden fallen dadurch keine zusätzlichen Kosten an. Der zeitliche Aufwand für Spezifikationsanpassungen beträgt ein bis zwei Tage.

Eine Demo-Version sowie eine Testinstallation (mit Rückgaberecht) werden den Kunden zur Verfügung gestellt.

Lizenzpolitik / Preis:

Lizenzen werden pro genanntem User berechnet.

Der *SiteMinder* gehört in das oberste Preissegment (ab 150'000 CHF).

Sprache:

Das Produkt ist heute ausschliesslich in Englisch erhältlich. Eine deutsche und eine französische Version sowie eine parallel mehrsprachige Lösung sollten im Jahr 2003 auf den Markt gelangen.

Funktionalität: Technische Anforderungen

Portalfunktionalität: Mit dem *Netegrity Interaction Server* kann Portalfunktionalität erreicht werden. Allerdings handelt es sich dabei eher um eine Portallösung mit Wissensmanagement-Funktion als um eine Wissensmanagement-Lösung mit Portalfunktionalität.

Web-Integration: Auf das Portal kann vom Standard-Webbrowser aus sowie über mobile Endgeräte (WAP/i-mode-Mobiltelefone, Handhelds etc.) zugegriffen werden.

Benutzerverwaltung und Rollenmodelle: Netegrity offeriert Tools mit einer funktionsstarken und delegierbaren Möglichkeit, Benutzer und Benutzergruppen zu verwalten (*Delegates Management Services, Identity Management Services*). Die Möglichkeit, Rollenmodelle zu schaffen, besteht.

Aufbau des Systems: Sowohl das Portal, die Benutzerverwaltung als auch die Zugriffskontrolle können flexibel erweitert werden. Diese drei Module bauen aufeinander auf und interagieren miteinander.

Erweiterbarkeit des Datenmodells: Das System erlaubt es, beliebige Dokumentenarten und damit Datenstrukturen zu erzeugen. Die berechtigten Benutzer können frei definieren, welche Metadaten ein Dokument beschreiben sollen.

Sicherheit: Auf der Basis der Rollen kann für jedes Objekt eine Zugriffskontrolle aufgebaut werden. Dabei werden zusätzlich die Sicherheitslevels der Authentifizierung berücksichtigt.

Performanz: Die Performanz-Indikatoren, die im Fragebogen des Projektes «Athene» verwendet worden sind, hängen aus der Sicht von Netegrity stark von der verwendeten Hardware, den Netzstrukturen und den Back-End-Systemen ab.

Funktionalität: Wissensrepräsentation

Gruppierung und Sortierung von Wissensobjekten: Die Dokumente können in unterschiedlichen Topics gepflegt werden. Durch die Integration von Suchmaschinen wird zudem eine beliebige Sortierung sowie die Wissensrepräsentation anhand von Wissensstruktur- und Wissensbestandeskarten erreicht.

Funktionalität: Collaborating

Das System unterstützt sowohl die Push- als auch die Pull-Teilungsform. Das Abonnieren dieser Funktionen gemäss teilungsobjektbasierter Steuerung ist ebenfalls möglich: Die Benutzer können auf beliebige Topics sogenannte *Watchdogs* setzen, die Benachrichtigungen aussenden, sobald ein neues Dokument eingestellt worden ist.

Mit zusätzlichen Java-Beans, die das NIS erweitern, ist es auch möglich, die Steuerung des Teilungsprozess zeitlich vorzunehmen.

Funktionalität: Organising

Die Bewertung der Wissensressourcen ist möglich, indem Metadaten zu einem Objekt eingegeben und abgelegt werden. Java-Beans bieten eine gewisse Hilfestellung bei der Bewertung der Wissensobjekte.

Unterstützung des Pflege der Objekte: Das Standardsystem ermöglicht es, bestimmte Objekte nur für einen bestimmten Zeitraum verfügbar zu machen. Da die Netegrity-Produkte aber erweiterbar sind, können zusätzlich Java-Beans eingesetzt werden, welche die automatische Pflege der Objekte übernehmen. Eine Versionierung ermöglicht die Protokollierung aller Veränderungen an den Dokumenten.

Das System kann personalisiert werden.

Strukturelle Anforderungen:

Systeme, die angebunden werden können: ODBC-Datenquellen, LDAP-Verzeichnisse, EAI-Produkte, Web-Services sowie eine Vielzahl weiterer Systeme (SAP, Siebel etc.)

Name des Herstellers	Open Text Cooperation
Name des Produkts	Livelink

Kontakt:
Thomas Stringari
Open Text AG
Hechtackerstrasse 41
9014 St. Gallen
tstringa@opentext.com
www.opentext.com

Kurzbeschreibung:

Open Text bietet mit *Livelink* eine der weltweit führenden Software-Applikationen im Bereich Wissensmanagement an. Die Anwendung ist standardisiert, was aus der Sicht von Open Text ein kritischer Erfolgsfaktor ist für das Web-basierte Dokumenten- und Projekt-Management sowie für Workflow- und Intranet-/Extranet-Lösungen. Kurze Implementationszeiten stehen zusammen mit der hohen Wirtschaftlichkeit und Benutzerakzeptanz im Vordergrund.

Livelink ist eine vollständig Web-basierte und hochskalierbare Plattform für den Einsatz von Intranets, Extranets und eCommunities.

In der Standardapplikation *Livelink* werden folgende Grundapplikationen als Out-of-the-box-Funktionalitäten angeboten:

- Dokumentenmanagement: *Livelink* umfasst eine zentrale und sichere Wissensdatenbank (Knowledge Repository), welche eine Vielzahl unterschiedlicher Informationen verwalten kann (einfache wie komplexe Dokumente, Zeichnungen, Suchanfragen, Hyperlinks und Quelldateien unterschiedlicher Formate). Der Zugriff darauf erfolgt über den Web-Browser.

- *Virtual Team Collaboration* (Projekt): Gruppen und Teams wird mit *Livelink* ein gesicherter Arbeitsbereich zum Ideenaustausch bereitgestellt. Ferner werden den einzelnen Teammitgliedern aktuelle und projektrelevante Informationen zur Verfügung gestellt. Projektbibliotheken, Arbeitsabläufe und Aufgaben werden effizient verwaltet.

- *Information Retrieval* (Suche): *Livelink* ermöglicht den zügigen Aufbau einer Wissensdatenbank und stellt einen Index für die rasche Informationsrecherche über Dokumente, Dateien (egal welchen Formats) und andere Objekte bereit.

- *Business Process Automation* (Workflow): Ein Workflow-Editor (basierend auf Java-Technologie) hilft, Arbeitsabläufe zu definieren und stellt jedem Anwender die Aktivitäten, Daten und Informationen zur Verfügung, die er benötigt, um seine Aufträge zu erledigen.

Generelle Anbietermerkmale:

Open Text hat seinen Hauptsitz in Waterloo (Kanada), verfügt über weitere Niederlassungen in der Schweiz, Deutschland, Grossbritannien, Frankreich und Italien und beschäftigt insgesamt rund 1'200 Mitarbeitende. Die Schweizer Niederlassung befindet sich in St. Gallen.

Das Produkt *Livelink* ist seit 1996 auf dem Markt erhältlich und wird über lokale Vertriebsorganisationen flächendeckend auf der ganzen Welt vertrieben. In der Schweiz verfügt die Open Text AG in St. Gallen über die alleinigen Betriebsrechte. Ausserhalb der Schweiz wird die Open Text AG hingegen teilweise durch Partner vertrieben.

Die Implementierung von *Livelink* (Erteilung der Nutzungslizenzen, komplementäre Leistungen wie Professional Services, Unterstützung bei der Systemeinführung und Projektplanung etc.) nimmt die Open Text AG ohne Einbezug von Partnern vor. Open Text arbeitet aber auch eng mit lokalen Partnern zusammen und nimmt dabei die Rolle des Technologielieferanten ein.

In der Schweiz kann die Open Text AG über 30, weltweit über 4'500 Referenzprojekte vorweisen. Zu den Schweizer Kunden gehören z.B. die UBS, Hoffmann-La Roche (Pharma, Vitamins), die Verbindung Schweizer Ärzte, die Winterthur Insurance und die Zürcher Kantonalbank. Ein Besuch dieser Kunden ist möglich nach Absprache mit den Verantwortlichen von Open Text.

Livelink kann sowohl in Klein- und Mittelbetrieben (bis 1'000 Mitarbeitende) als auch in Grossbetrieben (ab 1'000 Mitarbeitenden) eingesetzt werden.

Schulung, Unterstützungs- und Wartungsleistungen:

Die Open Text Trainingsabteilung bietet eine Vielzahl von Trainingskursen für Endnutzer, Administratoren und Entwickler an. Für die initiale Schulung muss lediglich mit einem Aufwand von einem halben Tag gerechnet werden. Für die Schulung eines sogenannten Power-User sieht Open Text ein Training von zwei Tagen vor.

Es gibt eine Reihe von Möglichkeiten, wie die Trainings vorgenommen werden können: Regelmässig stattfindende Kurse bei den Open-Text-Niederlassungen, Kurse, die vor Ort beim Kunden abgehalten werden, internetbasierte Fernkurse mit Anleitung sowie internetbasierte Kurse für selbstständiges Lernen. Daneben wird ein Hotline-Support bzw. ein Helpdesk angeboten.

Die rein technische Installation von *Livelink* beträgt ca. eine Stunde. Daneben kann die Lösung mittels eines Customizing den individuellen Kundenbedürfnissen angepasst werden. Spezifikationsanpassungen dauern zwischen zwei und zehn Tagen.

Für die Software-Anpassungen während der Lebensdauer des Systems bietet Open Text Service-Packs an. Für den Kunden fallen damit keine zusätzlichen Kosten an. Jährlich werden zwei Updates angeboten.

Eine kostenlose Demo-Version für *Livelink* wird von Open Text zur Verfügung gestellt. Es handelt sich dabei um ein *Trial Login* (via Web).

Lizenzpolitik / Preis:

Für *Livelink* werden ausschliesslich Einzelplatzlizenzen vergeben.

Die Lösung ist in das mittlere Preissegment (50'000 bis 150'000 CHF) einzuordnen.

Sprache:

Livelink ist verfügbar in Deutsch und Englisch.

Funktionalität: Technische Anforderungen

Portalfunktionalität: Informationen, Projekte und Ressourcen sind in *Livelink* in drei eigene Arbeitsbereiche unterteilt: «Unternehmen», «Projekt» und «Persönlich». Mit *myLivelink* (Unternehmensportal) werden diese drei Arbeitsbereiche in einem anpassbaren gemeinsamen Portal verknüpft.

Livelink ist eine reine Web-Applikation.

Die zentrale Benutzerverwaltung gehört zu den *Livelink*-Standardfunktionalitäten. Berechtigungen können einzelnen Nutzern oder ganzen Gruppen zugeteilt werden.

Livelink arbeitet mit Rollenmodellen. Den verschiedenen Rollen können unterschiedliche Berechtigungen zugeteilt werden (siehe dazu die Informationen zum Sicherheitskonzept).

Aufbau des Systems: Die Architektur von *Livelink* ist vollständig Web-basiert, umfasst drei Stufen und ist modular aufgebaut. Zudem ist es auf jeder Stufe möglich, Anpassungen vorzunehmen. Die drei Stufen bzw. Schichten sind: Zugriffs-, Server- und Datenschicht. Die Zugriffsschicht unterstützt die Standard-Web-Browser und ermöglicht es jedem Nutzer (mit entsprechender Berechtigung), auf das *Livelink*-Intranet oder Extranet zuzugreifen. Die Server-Schicht besteht aus *Livelink*-Diensten: Virtuelle Teamzusammenarbeit, Automatisierung von Geschäftsprozessen, Gruppen-Terminplanung und Informationsabfrage. Die Server-Schicht bietet durch die vielfältige Verknüpfung und höchst skalierbare Architektur eine hohe Leistung. Die Daten-Schicht unterstützt die bekanntesten relationalen Datenbank- und Ablagesysteme.

Erweiterbarkeit des Datenmodells: *Livelink* unterstützt die bekanntesten relationalen Datenbanksysteme. Das System ist offen und erlaubt, die gegenwärtigen und zukünftigen Technologie-Investments zu maximieren.

Zum Sicherheitskonzept gehört die Benutzerauthentifizierung: Jeder Benutzer hat einen eindeutigen Benutzernamen und ein privates Passwort. Nach der Authentifizierung sichert *Livelink* den Zugriff und die Berechtigung für jede Datei und jedes Dokument. Jedes Wissensobjekt ist mit speziellen Berechtigungsstufen für die einzelnen Benutzer versehen. Im ganzen stehen neun Berechtigungsstufen zur Verfügung: «See», «See Contents», «Modify», «Add», «Edit», «Attributes», «Edit Permissions», «Delete Versions», «Delete» und «Reserve». Mit dem SSL-Protokoll (Secure Socket Layer) wird sichergestellt, dass nur autorisierte Benutzer Informationen einsehen, ändern oder manipulieren können.

Performanz: Die modulare Architektur von *Livelink* ermöglicht eine Skalierbarkeit von einfachen bis zu sehr weiten Unternehmensanwendungen mit einigen hunderttausend Anwendern.

Funktionalität: Wissensrepräsentation

Sowohl die Gruppierung als auch die Sortierung von Wissensobjekten gehören zu den *Livelink*-Standardfunktionalitäten. Die leistungsstarken Suchmöglichkeiten (z.B. gleichzeitige Volltext- und Metadatensuche) schliessen eine intelligente Relevanzordnung und Boolean-Suche mit ein. Mithilfe eindeutiger Indizes kategorisierter Informationen (Slices) kann die Suche eingeschränkt und so garantiert werden, dass die Ergebnisse relevant sind und nur sachdienliche Informationen ausgegeben werden. Suchergebnisse und häufig genutzte Suchanfragen können gespeichert werden.

Mithilfe eines zusätzlichen Informationsabfrage-Tools (*Livelink LiveReport*) wird Einblick in die detaillierten Aktivitäten der Organisation gewährt: Umfassende Berichte geben Einsicht in den Fortschritt von Prozessen und Workflows und gewähren Zugang zu Informationen, die mit herkömmlichen Methoden nur über Monate zusammengestellt werden können.

Funktionalität: Collaborating

Push- und Pull-Teilungsformen werden ebenso wie die teilungsobjektbasierte und zeitliche Steuerung des Teilens unterstützt: Wichtige Ereignisse, die in einer *Livelink*-Datenbank auftreten, werden ständig «überwacht». Die Benutzer können dabei individuell festlegen, welche Ereignisse für sie von Interesse sind. Damit bestimmen sie die Art von Ereignissen, über die sie benachrichtigt werden. *Livelink* informiert die Benutzer, dass Ereignisse von Interesse stattgefunden haben. Die Benutzer können festlegen, ob sie den Bericht dazu per E-Mail zu einer festgelegten Zeit erhalten oder ob sie das Ereignis selbst ansehen wollen. Ereignisse, die überwacht und über welche die Benutzer informiert werden können, sind zum Beispiel:

- Hinzufügen eines Nachrichtenelements, einer Antwort, eines Themas, einer neuen Version etc.

- Hinzufügen eines Benutzers zu einem Projekt oder einer Gruppe
- Die Zuweisung einer Aufgabe oder eines Workflow-Schritts
- Überfällige Aufgaben, Workflows oder Workflow-Schritte
- Abschluss eines Workflows

Funktionalität: Organising

Bewertung von Wissensressourcen: Das System unterstützt Mehrwert-Attribute. Dies sind Attribute, denen mehr als ein Wert für ein bestimmtes Objekt zugewiesen wird. Ferner können die *Livelink*-Benutzer und Benutzergruppen Kategorien und Attribute ihren spezifischen Anforderungen gemäss selbst erstellen, wobei das System zahllose Attribute und Dokumentenbezeichnungen verwalten kann. Die Bearbeitung von Kategorien und Attributen unterliegt dann aber einer Zugriffskontrolle.

Protokollierung von Veränderungen: Die umfassende Protokollfunktion von *Livelink* erfasst automatisch Datum und Zeit einer Aktion, die ausführende Person, Beschreibungen der Aktionen etc. (insgesamt 15 protokollierbare Ereignisse). Für die einzelnen Objekte kann ferner eine Begrenzung hinsichtlich der Anzahl Versionen definiert werden. Versionen können gesichert und damit ungewolltes Löschen verhindert werden. Ferner ist es möglich, Versionen zu reservieren, damit keine anderen Benutzer daran weiterarbeiten oder unerwünschte weitere Versionen einfügen kann.

Strukturelle Anforderungen:

Systeme, die angebunden werden können: Durch die Verwendung von Industriestandards sichert *Livelink* die Einbindung beliebiger Systeme über die Standardschnittstellen, wie z.B. XML.

Name des Herstellers	Plumtree
Name des Produkts	Plumtree Corporate Portal

Kontakt:
Peter Roth
Plumtree Software GmbH
Metallstrasse 9a
6304 Zug
PeterR@plumtree.com
www.plumtree.com/de

Kurzbeschreibung:

Das *Plumtree Corporate Portal* bietet eine leistungsstarke organisationsweite Plattform für Mitarbeiter, Partner und Kunden, um mit Dokumenten, Applikationen und grundlegenden Services zu interagieren. Das Portal nutzt eine Web-Services-Architektur, um Suchmaschinen, Dokumente, Applikationen und Nutzer diverser Systeme zusammenbringen zu können. Das *Plumtree Corporate Portal* unterstützt die folgenden relevanten Nutzeranforderungen: Personalisierte Benutzeroberfläche, *Community Portal Pages*, ein organisationsweites Dokumenten-Directory sowie eine Web-basierte Administration.

Der hauptsächliche Nutzen des Portals ist die eigenständige Nutzung von Applikationen sowie das Finden von Dokumenten in einem. Da es möglich ist, das System für jeden einzelnen Mitarbeiter der Organisation zu personalisieren, können Support- und Trainingskosten reduziert, die Produktivität sowie der Kundenservice hingegen gesteigert werden. Ferner können die Entwicklungskosten gesenkt und die Verwaltung vereinfacht werden, da mit dem Portal eine einzige organisierte Umgebung angeboten wird, in die Dutzende oder Hunderte von Intra- und Extranets und Web-basierten Applikationen integriert werden können. Dieser Aspekt garantiert auch, dass die Nutzer alle elektronisch zur Verfügung stehenden Ressourcen finden, die organisationsweit generiert werden.

Generelle Anbietermerkmale:

Plumtree wurde 1996 gegründet und beschäftigt heute weltweit rund 200 Mitarbeiter. Der Hauptsitz steht in San Francisco (Kalifornien, USA), die Schweizer Niederlassung in Zug. Der erste Release des *Plumtree Corporate Portals* erfolgte 1998, der jüngste im Mai 2002. Das Produkt ist heute in der Version 4.5 auf dem Markt erhältlich.

Zu den Schweizer Kunden von Plumtree gehören u.a. die Swiss Re sowie das Bundesamt für Bauten und Logistik. Weltweit kann Plumtree über 400 Referenzkunden vorweisen. Ein Besuch bei den Referenzkunden ist nach Absprache mit Plumtree möglich.

Plumtree vertreibt seine Lösung sowohl selbst als auch über Partner. Zu den Partnern, mit denen in verschiedenen Bereichen eine Zusammenarbeit besteht, gehören beispielsweise Microsoft, Lotus, Documentum, Open Text, BackWeb und PeopleSoft.

Das Plumtree Corporate Portal ist sowohl in Klein- und Mittelbetrieben (bis 1'000 Mitarbeitende) als auch in Grossbetrieben (ab 1'000 Mitarbeitenden) einsetzbar.

Schulung, Unterstützungs- und Wartungsleistungen:

Für Schulungen muss mit folgendem Aufwand gerechnet werden: Standard-User ein bis zwei Tage, Content-Provider drei bis fünf Tage, Administrator sechs bis acht Tage. Der Umfang der Schulung hängt allerdings stark von der realisierten Lösung ab. Die Nutzerschulung wird stets in Zusammenarbeit mit dem Trainer/Prozess-Owner des Kunden durchgeführt. Ein Helpdesk bzw. ein Hotline-Support wird angeboten.

Der zeitliche Aufwand für die rein technische Installation beträgt je nach Komplexität des Projekts eine bis vier Wochen. Client-Installationen sind nicht erforderlich.

Die Anpassung des Systems an die Kundenbedürfnisse (Customizing) wird von Plumtree als zwingend erachtet. Während der Lebensdauer des Systems werden zu fixen Maintenance-Kosten Softwareanpassungen durchgeführt, die auch das Upgrade umfassen. Für Spezifikationsanpassungen wird mit einer Dauer von zehn bis 15 Tagen gerechnet. Upgrades werden i.d.R. alle 12 bis 18 Monate durchgeführt.

Eine Demo-Version ist über das Web unter http://portal.plumtree.com frei zugänglich. Eine Testinstallation mit Rückgaberecht wird nicht zur Verfügung gestellt.

Lizenzpolitik / Preis:

Plumtree vergibt ausschliesslich Einzelplatzlizenzen.

Die Lösung kann dem mittleren Preissegment (50'000 bis 150'000 CHF) zugeordnet werden

Sprache:

Das Produkt ist ausschliesslich in Englisch verfügbar.

Funktionalität: Technische Anforderungen

Portalfunktionalität: Das *Plumtree Corporate Portal* ist ein unabhängiges, offenes, horizontales Portal. Die Portalfunktionalität ist damit Kern des Produktes und Fokus von Plumtree.

Das System ist Web-basiert. Dies schliesst die gesamte Administration (Portalfunktion, User und Content) mit ein.

Für die Benutzerverwaltung wird LDAP eingesetzt. Zusätzlich können im Portal feinere Benutzer-Strukturen definiert werden. Die Verwaltung von Benutzern, die nicht in einem Directory geführt werden (z.B. Externe oder Geschäftspartner), kann im Portal gehostet werden.

Das Schaffen und Arbeiten mit Rollenmodellen (benutzergruppenspezifische Inhalte, Präsentationen, Zugriffsrechte und Auswahl an Funktionalitäten) gehört zu den Grundfunktionalitäten des *Plumtree Corporate Portals*.

Das System ist modular aufgebaut: Es kann verteilt aufgebaut und mit neuen sowie bestehenden Quellen und Applikationen vernetzt werden. Voraussetzung dafür ist, dass die Maschine, auf der die Quellen und Applikationen residieren, mit dem Intranet oder dem Internet verbunden ist.

Erweiterbarkeit des Datenmodells: Da das *Plumtree Corporate Portal* ein horizontales Portal ist, ist es nicht von einem Datenmodell abhängig, sondern kann verschiedene Datenquellen (unabhängig von deren Modell) integrieren. Plumtree hat dafür eine hochstehende und offen dokumentierte Technologe entwickelt.

Plumtree unterstützt die gängigen Sicherheitskonzepte: Benutzeridentifikation, Dokumenten-, Applikations- und Zugriffsrechte, Single-Sign-On-Methoden, Security-Tracking-per-User sowie verschlüsselte Verbindungen.

Performanz: Das *Plumtree Corporate Portal* ist in seiner Skalierbarkeit bis zu einer Million Nutzern erfolgreich getestet worden. Um diese hohe Skalierbarkeit zu erreichen, nutzt Plumtree eine spezielle Technologie, die *Massively Parallel Portal Engine*. Entscheidend dabei ist, dass auf Seiten des Kunden, abgesehen von einem Standardbrowser, keine weitere Software erforderlich ist.

Funktionalität: Wissensrepräsentation

Die Gruppierung der Wissensobjekte anhand von Bewertungskriterien ist möglich, und zwar mit einer frei definierbaren Taxonomie. Für die Bestimmung der Bewertungskriterien steht ein Set an Funktionen und Methoden zur Verfügung.

Die Sortierung der Wissensobjekte ist nach Kriterien und Prioritäten möglich.

Die Präsentation der Wissensressourcen in Form einer Wissensbestands- oder Wissensstrukturkarte erfolgt auf der Basis der zuvor definierten Taxonomie.

Funktionalität: Collaborating

Teilungsformen: Die Teilungsformen «push», «pull» und «subscribe» werden unterstützt und sind anwendbar auf Einzelbenutzer, Benutzergruppen und frei definierbare Collaboration-Teams.

Das Abonnieren von Push-Funktionen ist im Standard nicht als Parameterfunktion enthalten, kann aber mithilfe einer entsprechenden Filterfunktion mit einem Parametrisiergadget realisiert werden. Bei der Push-Funktion sind verschiedene Levels vorhanden, die der Benutzer bestimmen kann: «Push to My-Page», «Push to E-Mail» etc.

Das *Plumtree Corporate Portal* bietet spezielle Funktionalitäten und Methoden, um die qualitativ hochwertigen Informationen aus der grossen Masse an Informationen herauszufiltern. Die Bewertung der Wissensressourcen ist ein wichtiger Teil innerhalb dieses Vorgangs.

Funktionalität: Organising

Der Prozess der Pflege der Objekte wird einerseits vom System unterstützt, ist aber anderseits auch dem Einzelnen überlassen: Für Spezifikationsanpassungen wird mit einer Dauer von 10 bis 15 Tagen gerechnet. Einerseits müssen die Standards der Organisation sichergestellt werden können, auf der anderen Seite ist aber das Self-Service-Konzept entscheidend für die Administrationskosten. Die Möglichkeiten und Grenzen sind dem Einzelnen überlassen, sind aber konfigurierbar (Benutzerrechte).

Die Möglichkeit zur Personalisierung des Systems gehört zu den Kernfunktionalitäten des Systems.

Die Veränderungen, die an Wissensobjekten vorgenommen werden, werden protokolliert.

Als Hilfestellung zur Bewertung der Wissensobjekte stehen verschiedene Funktionalitäten und Methoden zur Verfügung, die in der Standardversion enthalten sind (z.B. das Handling von Metadaten). Dank der Offenheit des Systems lassen sich weitere Funktionalitäten integrieren, wenn dies notwendig ist.

Strukturelle Anforderungen:

Systeme, die angebunden werden können: Die *Gadget WEB Services Technology*, die Plumtree verwendet, erlaubt die Integration nahezu aller denkbaren Applikationen. Datenbanken sind sowohl native wie auch über ODBC integrierbar. Sofern die entsprechenden Maschinen mit dem Intranet oder Internet verbunden sind, erlaubt die Technologie auch die Integration von Legacy-Applikationen.

Name des Herstellers	PROMATIS
Name des Produkts	INCOME Suite

Kontakt:
Gaston Russe
PROMATIS Consulting AG
Hagenholzstrasse 81a
8050 Zürich
gaston.russi@promatis.ch
www.promatis.com

Kurzbeschreibung:

Die *Promatis INCOME Suite* ermöglicht den Zugriff auf das Organisationswissen aus verschiedenen Perspektiven. Promatis geht dabei davon aus, dass für ein umfassendes Wissensmanagement-System alle der folgenden Zufgriffsarten berücksichtigt werden müssen. Dafür bietet Promatis die Module *INCOME Document Center, INCOME Process Designer, INCOME Knowledge Browser, INCOME Data Marts, INCOME Monitor* an:

- Themenbezogener Zugriff: Mit dem *INCOME Document Center* werden die Informationen, die zu einem Thema vorhanden sind, verwaltet. Informationen zu einem bestimmten Thema können über Schlagwörter gefunden werden. Mitarbeiter, die über Spezialwissen zu einem Thema verfügen (Wissensträger), werden mit dem *INCOME Process Designer* verwaltet.
- Prozessbezogener Zugriff: Prozessinformationen werden ebenfalls mit dem *INCOME Process Designer* dokumentiert. Über den *INCOME Knowledge Browser* ist der Zugriff auf das Prozesswissen organisationsweit möglich.
- Datenbezogener Zugriff (Informationen über allgemeine und besondere Unternehmenskennzahlen, deren Inhalte und Zusammenhänge): Dateninformationen können über die *INCOME Data Marts* abgerufen werden.
- Ereignisbezogener Zugriff: Ereignisse, ihre Ursachen und Wirkungen werden mit dem *INCOME Monitor* definiert.
- Kontextbezogener Zugriff auf Wissensträger: Mitarbeiter und ihre Fähigkeiten werden in *INCOME Process Designer* dokumentiert und können jederzeit mit dem *INCOME Knowledge Browser* abgerufen werden.
- Anwendungsbezogener Zugriff: Neben den Auskünften, die von den Anwendungen selbst geliefert werden, sind Informationen zu Anwendungen auch in den anderen Zugriffsvarianten enthalten.

Generelle Anbietermerkmale:

Promatis ist im Jahre 1990 als Spin-off-Gründung aus der Universität Karlsruhe hervorgegangen. Während der letzten Jahre hat sich die AG zu einer international tätigen Unternehmensgruppe entwickelt und beschäftigt heute rund 280 Mitarbeitende. Der Firmenhauptsitz steht in Karlsbad (D), der Schweizer Sitz in Zürich. Daneben gehören weltweit zehn weitere Niederlassungen zur Promatis-Gruppe.

Die *Promatis INCOME Suite* gibt es bereits 10 Jahre. Die Tools der *INCOME Suite* werden im Rahmen der Planung, der Entwicklung und des Betriebs von eBusiness-Lösungen eingesetzt. Die Tools sind schwerpunktmäßig auf der Ebene des strategischen Unternehmensmanagements und des Geschäftsprozessmanagements angesiedelt. Der Einsatzbereich erstreckt sich aber bis in die Implementierung der eBusiness-Prozesse hinein, die in der Regel in Form von Unternehmensportalen erfolgt.

Schweizer Referenzkunden sind beispielsweise: VP-Bank, WIR-Bank, National Versicherung, Charles Vögele, Bon appétit Group (Pick Pay) etc. Besuche bei den Referenzkunden sind möglich.

Den Vertrieb ihrer Wissensmanagement-Lösungen führt Promatis vor allem selbst. Daneben gibt es aber zahlreiche Partner, welche die Lösungen ebenfalls vertreiben. Je nach Projekt arbeitet die Promatis auch für die Konzeption, Planung und Umsetzung von Wissensmanagement-Lösungen mit Partnern zusammen. Dazu gehören z.B. die Quaicon AG, PricewaterhouseCoopers und CSC.

Die Lösungen, die Promatis anbietet, sind sowohl in Klein- und Mittelbetrieben (bis 1'000 Mitarbeitende) als auch in Grossbetrieben (ab 1'000 Mitarbeitenden) einsetzbar.

Schulung, Unterstützungs- und Wartungsleistungen:

Die Anwenderschulung wird von Promatis selbst durchgeführt. Dabei muss mit einem zeitlichen Aufwand von bis zu einem Tag gerechnet werden. Ferner steht ein Hotline-Support bzw. ein Helpdesk zur Verfügung.

Die rein technische Installation nimmt zwischen einem und fünf Tagen in Anspruch. Die effektive Dauer hängt ab von der gewählten Gesamtlösung. Diese kann mit einem Customizing den spezifischen Wünschen und Bedürfnissen der Kunden angepasst werden.

Während der Lebensdauer des Systems werden (auf Wunsch des Kunden) Produkte-Updates oder auch Änderungen durchgeführt. Die regelmässigen Updates sind im Wartungsvertrag einberechnet – für den Kunden entstehen dadurch also keine zusätzlichen Kosten. Die Dauer der Spezifikationsanpassungen ist abhängig vom jeweiligen Projekt.

Marktanalyse 77

Für die Dauer von 30 Tagen wird eine Demo-Version zur Verfügung gestellt. Daneben besteht die Möglichkeit, die *INCOME Suite* als ASP-Lösung (Application Service Providing) zu nutzen sowie eine Testinstallation mit Rückgaberecht vorzunehmen.

Lizenzpolitik / Preis:

Promatis vergibt ausschliesslich Einzelplatzlizenzen.

Die *INCOME Suite* kann in das tiefste Preissegment (bis zu 50'000 CHF) eingeordnet werden.

Sprache:

Das Produkt ist verfügbar in den Sprachen Deutsch, Französisch und Englisch. Ferner ist auch eine parallel mehrsprachige Lösung realisierbar.

Funktionalität: Technische Anforderungen

Portalfunktionalität: Die Lösung von Promatis unterstützt die automatisierte Integration in ein Portal. Die Wissensobjekte werden in einem zentralen Repository abgelegt, auf das von überall her zugegriffen werden kann.

Web-Integration: Die *INCOME Suite* ist im 4. Release komplett in Java entwickelt. Sie ist also 100% Web-fähig, mit direktem Repository-Zugriff sowohl über eine Java- als auch über eine HTML-basierte Oberfläche.

Benutzerverwaltung und Rollenmodelle: Die Benutzer und Benutzergruppen können zentral verwaltet werden. Die Administrationskomponente sichert die Zugriffsberechtigungen und unterstützt Rollenkonzepte.

Aufbau des Systems: Die *INCOME Suite* ist modular aufgebaut: Sie besteht aus aufeinander abgestimmten Komponenten, die einzeln oder als homogene Gesamtlösung genutzt werden können.

Erweiterbarkeit des Datenmodells: Zu jedem Wissensobjekt können strukturierte Zusatzfelder definiert werden. Die Daten sind dabei transparent in einer Oracle-Datenbank abgelegt.

Sicherheitskonzept: Die *INCOME Suite* ist auf eine Oracle-Datenbank gestützt, womit alle Zugriffs-, Back-up- und Recovery-Mechanismen zur Verfügung stehen. Die Rechte für den Zugriff auf Projekt- und Diagrammebene sind nach Lese- und Schreibrechten getrennt. Daneben besteht zusätzlich ein feingranulares Rechtekonzept.

Performanz: Die Response-Time im täglichen Betrieb beträgt in der Regel weniger als drei Sekunden.

Funktionalität: Wissensrepräsentation

Gruppierung und Sortierung der Wissensobjekte: Die Objekte können nach unterschiedlichen Kriterien kategorisiert und bewertet werden. Dasselbe gilt für die Sortierung der Wissensressourcen.

Es existieren verschiedene Modelle, nach denen die Wissensobjekte grafisch dargestellt werden können. Referenzierungsbeziehungen zwischen Objekten und Rollen, Ressourcen, Organisationseinheiten oder anderen Business-Elementen sind darstellbar.

Funktionalität: Collaborating

Push- und Pull-Teilung: Pull-Mechanismen werden durch anwendungsadäquate Wissensrepräsentationen unterstützt. Push-Mechanismen können über Redaktions-Workflows oder automatisiert aus dem System heraus generiert werden. Das Abonnieren von Informationsobjekten ist dabei anhand verschiedenster Kriterien, d.h. teilungsobjektbasiert, aber auch nach Zeitpunkten oder Zeiträumen möglich.

Funktionalität: Organising

Die Bewertung der Wissensressourcen ist möglich und erfolgt bei der Zuordnung von Wissen zu Wissensträgern.

Die Durchführung von Pflegeprozessen kann überwacht werden. Ferner wird die Verwaltung verschiedener Versionen von Objekten durch deren zentrale Ablage erleichtert. Die letzte Veränderung bzw. die Ersterstellung von Objekten wird abgelegt.

Personalisierung: Grundsätzlich kann erst nach vorheriger Benutzeridentifikation mit dem System gearbeitet werden. Dabei existieren verschiedene Benutzer- und Projekteinstellungen.

Das System verfügt über Auswertungen, mit deren Hilfe Wissensobjekte bewertet werden können (z.B. Häufigkeit der Referenzierung).

Strukturelle Anforderungen:

Systeme, die angebunden werden können: Das System erlaubt die Einbindung von beliebigen externen Dokumenten und Web-Verweisen sowie von Daten aus operativen Systemen über Datenbank-Zugriff, Programmaufruf etc.

Marktanalyse

Name des Herstellers	Stellent
Name des Produkts	Stellent Content Server

Kontakt:
Jens Lusebrink
Stellent GmbH
Claudiastrasse 2b
D – 51149 Köln
lusebrink@stellent.de
www.stellent.de

Kurzbeschreibung:

Der *Stellent Content Server* ist eine integrierte End-to-end-Contentmanagement-Lösung, mit der sich inhaltsorientierte skalierbare Websites (z.B. Unternehmensportale) schnell bereitstellen lassen. Der Content-Server umfasst eine Vielzahl von Funktionalitäten, wie z.B. eine Bibliothek, ein Revisionskontrollverfahren, Subskriptionsdienste, Sicherheitsmechanismen, Suchmaschinenfunktionen, Archivverfahren, eine Content-Replikation etc.

Das Stellent-Contentmanagement weist sich durch folgende Leistungsmerkmale aus:

- Das System enthält eine auf den J2EE-Standard abgestimmte Enterprise-JavaBean-Komponente. Diese verbindet die Applikationsserver-Anwendungen auf einfache Weise mit dem Stellent-Contentmanagement.
- Das System integriert die Contentmanagement-Funktionen sowie die Funktionen für mobile Endgeräte in andere eBusiness-Anwendungen, die Applikations-Infrastrukturen nutzen.
- Das Produkt kann auf folgenden Applikationsservern integriert werden: iPlanet Application Server, Sybase Application Server, IBM WebSphere und BEA WebLogic.

Generelle Anbietermerkmale:

Stellent wurde in Marktanalysen (z.B. von Gartner Dataquest) als einer der drei besten Contentmanagement-Anbieter evaluiert. Stellent hat weltweit mehr als 1'500 Kunden und beschäftigt rund 490 Mitarbeitende. Der Firmenhauptsitz steht in Eden Prairie (Minnesota, USA), weitere Niederlassungen befinden sich in den USA, Europa sowie in Asien. Eine Schweizer Niederlassung gibt es noch nicht, die Schweizer Kunden werden vom Deutschen Sitz in Köln aus bedient.

Zu den Schweizer Referenzkunden gehören die Bank Julius Bär, der Kanton Jura sowie die Rolex SA. Nach Absprache sind Besuche bei diesen Kunden möglich.

Die Stellent GmbH vertreibt ihr Lösungen selbst. Daneben haben eine Reihe von Integrationspartnern die Möglichkeit, im Rahmen ihrer Projekte Stellent-Produkte auszuliefern. Neben den Partnerschaften in Beratung und Integration arbeitet Stellent auch mit Technology Partners, Value Added Resellers und Application Providers zusammen.

Die Lösung von Stellent ist sowohl in kleinen und mittleren Betrieben (bis 1'000 Nutzer) als auch in Grossbetrieben (ab 1'000 Nutzern) einsetzbar. Beispiele dafür sind: ScottsCounty mit nur zwei Mitarbeitern und allen Bürgern des Bezirks als User oder das Extranet von Merrill Lynch mit 10'000 Mitarbeitern und 50'000 externen Nutzern.

Schulung, Unterstützungs- und Wartungsleistungen:

Stellent bietet verschiedene Schulungsgänge an, die verschiedene Nutzerprofile (z.B. Administratoren) zum Zielpublikum haben. Daneben gibt es ein Web-basiertes Training, das eine Simulation des *Stellent Content Servers* nutzt, um die Nutzer anzuregen, die wesentlichen Funktionen zur Content-Beisteuerung und Content-Nutzung zu erkunden.

Der Hotline-Support ist Teil des Wartungsvertrags, in dem wählbar ist zwischen dem Standard-Support (Büro-Öffnungszeiten) und dem Extended-Support (rund um die Uhr).

Der zeitliche Aufwand für die rein technische Installation hängt stark vom jeweiligen Projekt ab und kann von fünf Tagen bis zu sechs Wochen reichen.

Die Lösung kann durch ein Customizing den individuellen Bedürfnissen angepasst werden.

Während der Lebensdauer des Systems werden Software-Anpassungen durchgeführt. Diese werden im Rahmen des Wartungsvertrags automatisch ausgeliefert. Für Spezifikationsanpassungen muss mit einem zeitlichen Aufwand von mindestens einem Tag gerechnet werden. Updates werden regelmässig angeboten. Eine Demo-Version wird nicht zur Verfügung gestellt, dafür aber eine Testinstallation mit Rückgaberecht.

Lizenzpolitik / Preis:

Stellent vergibt Einzelplatz- und Serverlizenzen.

Das Produkt ist in das höchste Preissegment einzuordnen (ab 150'000 CHF).

Sprache:

Das Produkt ist verfügbar in Deutsch, Französisch und Englisch. Ferner wird eine parallel mehrsprachige Lösung angeboten.

Funktionalität: Technische Anforderungen

Portalfunktionalität: Der *Stellent Content Server* verfügt über einen eigenen Portalbereich.

Web-Integration: Stellent ist in der Lage, bestehende Web-Auftritte zu übernehmen. Layout-Elemente wie Bilder und Dokumente des bestehenden Projekts werden in das Stellent-Contentmanagement-System übertragen. Struktur und Aufbau der Website werden in den *Stellent Content Publisher* übernommen und mit den Inhalten verknüpft.

Benutzerverwaltung: Das Stellent-Contentmanagement verfügt über eine LDAP-Schnittstelle für die Integration zentraler Benutzerverwaltungssysteme, womit eine zentrale Benutzerverwaltung gewährleistet werden kann.

Rollenmodelle: Der *Stellent Content Server* bietet ein Rollen- und Gruppen-Sicherheitsmodell an, mit dem sämtliche Sicherheitsstrukturen abgebildet werden können.

Aufbau des Systems: Das System ist modular aufgebaut. Neben den Out-of-the-Box-Funktionalitäten des *Content Servers* werden noch zusätzliche Module für spezielle Anforderungen angeboten. Dies sind beispielsweise: Der *Collaboration Server* zur Etablierung von Arbeits- und Projektgruppen oder der *Report Parser* mit erweiterten Funktionen zur Analyse von Berichten etc.

Erweiterbarkeit des Datenmodells: Das Datenmodell kann für jegliche Anforderungen angepasst bzw. erweitert werden. Dabei können beliebig viele benutzerdefinierte Metadatenfelder einfach über ein *Graphical User Interface* (GUI) erstellt und definiert werden.

Sicherheitskonzept: Das Berechtigungssystem basiert auf einem Rollen-/Gruppen-Konzept: Jedem Benutzer wird mindestens eine Rolle und damit verschiedene Rechte zugewiesen (Leserecht, Schreibrecht, Administration, Löschen etc.). Die Rechtevergabe für Funktionen wird ebenfalls über Rollen gesteuert. Um mehr Flexibilität und Granularität in der Sicherheitsstruktur zu erreichen, können jedem Nutzer ein oder mehrere Konten zugewiesen werden. Diese Konten fungieren als zusätzliche Filter, um den Zugriff auf den Content zu steuern.

Die Performanz des Systems ist abhängig von den jeweiligen Hardware-Voraussetzungen.

Funktionalität: Wissensrepräsentation

Gruppierung der Wissensressourcen: Die *Stellent Content Server Library* erlaubt die Gruppierung anhand beliebiger Metadatenabfragen.

Sortierung der Wissensressourcen: Die Ergebnisse der Abfrage lassen sich nach Übereinstimmungsfaktoren sortieren.

Formen der Wissensrepräsentation: Über ein GUI können beliebig viele benutzerdefinierte Metadatenfelder erstellt und definiert werden. Beispiele für diese Metadatenfelder sind Wissensstruktur-, Wissensbestands- und Wissensträgerkarten.

Funktionalität: Collaborating

Das Abonnieren von Push- und Pull-Teilungsformen ist Bestandteil der Stellent Standard-Lösung, ebenso wie die teilungsobjektbasierte und zeitliche Steuerung des Teilungsprozesses. Beide Teilungsformen (push und pull) werden vom System mehrfach unterstützt. Es ist beispielsweise möglich, Workflows einzurichten oder Subscriptions für den jeweiligen Content zu definieren.

Funktionalität: Organising

Die Bewertung von Wissensressourcen erfolgt, indem den Wissensressourcen beim Check-in entsprechende Metadaten zugewiesen werden. Das Metadatenmodell ist dabei beliebig erweiterbar.

Das System unterstützt den Pflegeprozess der Wissensobjekte während deren gesamtem Lifecycle.

Personalisierung des Systems: Mit der Lösung von Stellent ist Zugriff auf den ganzen Web-Auftritt personalisiert möglich. Zusätzlich stehen den Nutzern folgende Modifikationsmöglichkeiten zur Verfügung: Auswahl der Bediensprache, gespeicherte Abfragen, eine persönliche URL oder das Hinterlegen von Systemverknüpfungen. Mithilfe weiterer Stellent-Komponenten können auch noch weitere Anforderungen abgedeckt werden.

Protokollierung der Veränderungen: Jede Veränderung an einem Objekt führt zu einer neuen Version mit einer neuen Versionsnummer. Von den älteren Versionen kann eine beliebige Anzahl gespeichert und abgerufen werden.

Hilfestellungen zur Bewertung von Wissensressourcen: Das System stellt unterschiedliche Hilfestellungen zur Verfügung, die von einfachen Eingabehilfen bis zu grafischen Darstellungen der Benutzungshäufigkeit reichen.

Strukturelle Anforderungen:

Die gesamten Funktionen sind über die Java API freigelegt. Auf diese Weise können für die Integration in andere Systeme alle Funktionen des Contentmanagement-Systems einbezogen werden.

Name des Herstellers	USU
Name des Produkts	USU KnowledgeMiner mit den beiden Modulen USU Optimizer und USU Builder

Kontakt:
Sven Kolb
USU AG
Spitalhof
D – 71696 Möglingen
skolb@usu.de
www.usu.de

Kurzbeschreibung:

Der *USU KnowledgeMiner* passt sich ganz der vorhandenen Umgebung an. Die Struktur des vorhandenen Intranets kann beispielsweise vollständig abgebildet werden. Ausserdem kann über nur einen Zugang auf alle Daten zugegriffen werden, wobei deren Kategorisierung nicht nötig ist: Der *KnowledgeMiner* bringt diese automatisch in eine sinnvolle Struktur. Die drei Kernkomponenten des *KnowledgeMiners* sind folgende:

- Visualisierung des Wissens: Beim Zugriff auf die Informationen sind semantische Themennetze (Topic-Maps) entscheidend. Der USU *TopicMapsBuilder* ist konform zum ISO-Standard 13250, der die Abbildung von Wissensstrukturen beschreibt. Eine Topic-Map stellt Kernpunkte (Knoten) des Wissen als mehrdimensionales Netz grafisch dar. Durch sogenannte Kanten werden die Beziehungen zwischen den Themen dargestellt. Der Anwender erkennt dadurch die Zusammenhänge zwischen den Wissensobjekten.

- Knowledge-Retrieval: Der *USU KnowledgeMiner* ist eine semantische Metasuchmaschine und erschliesst das in Dokumenten festgehaltene individuelle, aber oft wenig strukturierte Wissen einer Organisation. Im Vergleich mit den gängigen Suchmaschinen unterstützt der *KnowledgeMiner* den Nutzer, seine Suchanfrage im jeweiligen thematischen Kontext klarer zu definieren.

- Wissens-Controlling: Das System ist in der Lage, mit der Nutzung zu wachsen. Zu sämtlichen Suchanfragen werden anonymisierte Protokolle erstellt, die vom *USU Optimizer* analysiert werden. Darauf bietet der *KnowledgeMiner* Vorschläge an, wie die Topic-Map erweitert werden kann. Auf diese Weise kann die Aktualität der Wissensstruktur einer Organisation dauerhaft gesichert werden.

Generelle Anbietermerkmale:

USU wurde im Jahre 1977 als GmbH gegründet und begann 1988 mit ersten Produktentwicklungen. 1999 startete sie als USU AG im neuen Geschäftsfeld Wissensmanagement. Der *USU KnowledgeMiner* ist seit vier Jahren auf dem Markt erhältlich. Der Firmenhauptsitz steht in Möglingen (D), weitere Niederlassungen befinden sich in Deutschland, Österreich und Lichtenstein. Die USU AG beschäftigt derzeit rund 270 Mitarbeitende.

Referenzkunden der USU AG sind beispielsweise die Bosch GmbH, Volkswagen, Bausparkasse Schwäbisch Hall, Volksfürsorge etc. Über Schweizer Referenzkunden verfügt die USU AG noch nicht. Die Referenzkunden sind gerne bereit, das System vorzuführen.

Die USU AG hat einen eigenen Direktvertrieb, arbeitet daneben aber noch selektiv mit Partnern zusammen, welche die Produkte ebenfalls vertreiben können. Je nach Situation des Kunden bzw. je nach Projekt arbeitet die USU AG auch in den Bereichen Konzeption, Planung und Umsetzung mit Partnern zusammen. Zu ihnen gehören beispielsweise Hummingbird/Fulcrum sowie Variety für Suchmaschinen oder TextTEch als Joint-Venture-Partner im Bereich der Textanalyse.

Der USU *KnowledgeMiner* bietet sich für verschiedene Firmengrössen an: Er ist im Einsatz bei Kunden mit zwischen 50 und 30'000 Endusern.

Schulung, Unterstützungs- und Wartungsleistungen:

Je nach Kundensituation und -wunsch bietet die USU AG Anwenderschulungen an, wobei aber das Train-the-Trainer-Konzept favorisiert wird. Die Schulung der Endnutzer nimmt lediglich zwei bis drei Stunden in Anspruch: Das System ist sehr intuitiv bedienbar, und die Nutzung lässt sich vom Anwender rasch nachvollziehen. Ein Hotline-Support bzw. ein Helpdesk steht zur Verfügung.

Die Dauer für die rein technische Installation des Systems beträgt bei Standardinstallationen drei bis fünf Tage. Je nach Kundensituation variiert diese Zeitspanne.

Da es sich beim *USU KnowledgeMiner* um eine Client-Server-Anwendung handelt, ist ein Customizing problemlos möglich bzw. wird in der Regel den Kundenwünschen entsprechend realisiert.

In der Regel sind drei Releases pro Jahr geplant. Softwareanpassungen werden durch die Releases abgedeckt und sind in der Wartungsgebühr eingeschlossen. Die Release-Wechsel werden dabei von Consultants vor Ort vorgenommen. Der zeitliche Aufwand für Spezifikationsanpassungen hängt von der jeweiligen Kundensituation ab.

Eine Demo-Version wird in der Regel nicht angeboten, kann aber nicht per se ausgeschlossen werden. Dafür besteht die Möglichkeit, das System während rund acht Wochen als Testinstallation zu nutzen.

Lizenzpolitik / Preis:

Die USU AG vergibt sowohl Server- als auch Einzelplatzlizenzen.

Die Lösung liegt im mittleren Preissegment (50'000 und 150'000 CHF).

Sprache:

Der *USU KnowledgeMiner* ist in den Sprachen Deutsch, Englisch und Französisch verfügbar. Zudem ist eine parallel mehrsprachige Lösung erhältlich.

Funktionalität: Technische Anforderungen

Portalfunktionalität: Der *USU KnowledgeMiner* ist durch seinen modularen Aufbau zu Teilen oder ganz in ein Portal integrierbar.

Eine Web-Integration ist möglich: Die Wissensrepräsentation ist beispielsweise sowohl grafisch als auch hierarchisch in das Web-Portal der Stuttgarter Börse eingebunden worden (www.boerse-stuttgart.de).

Benutzerverwaltung: Der *USU KnowledgeMiner* verfügt über eine eigene Benutzerverwaltung, mit der einzelne Benutzer und/oder Benutzergruppen zentral verwaltet werden können. Die Benutzerverwaltung kann aber auch gänzlich z.B. über LDAP gesteuert und dabei über eine SSL-Verschlüsselung gesichert werden. Beide Schnittstellen sind vorhanden.

Rollenmodelle: Mit dem *KnowledgeMiner* wird dem Rollenkonzept Rechnung getragen. Standardmässig sind ein technischer sowie ein fachlicher Knowledge-Broker vorgesehen.

Aufbau des Systems: Der *KnowledgeMiner* ist komplett modular aufgebaut. Die Form der Wissensrepräsentation und die einzelnen Suchmodi können den Kundenwünschen angepasst werden. Neben der Kernkomponente, dem *KnowledgeMiner*, existieren der *TopicMapBuilder* zum Aufbau der Struktur und der *Optimizer* zur Verbesserung der Struktur.

Erweiterbarkeit des Datenmodells: Das zugrunde liegende Datenmodell ist durch die USU AG erweiterbar.

Sicherheitskonzept: Der *KnowledgeMiner* verfügt über ein Benutzer- und Gruppenkonzept, auf dem die Zugriffsberechtigungen beruhen (auch durch eine LDAP-Anbindung). Alle Datenquellen werden über externe Berechtigungen angebunden, wobei eine SSL-Verschlüsselung für alle Daten besteht, die über den Browser an den Anwender übertragen werden.

Performanz: Die Response-Time ist abhängig von der verwendeten Suchmaschine, beträgt aber durchschnittlich ca. fünf Sekunden.

Funktionalität: Wissensrepräsentation

Gruppierung der Wissensobjekte: In der Wissensrepräsentation ist es möglich, Gruppierungen nach Themen- und Datenbereichen vorzunehmen.

Sortierung der Wissensobjekte: Die Ergebnisliste des *KnowledgeMiners* wird sowohl nach Themen- als auch nach Datenbereich sortiert.

Formen der Wissensrepräsentation: Das Kontextwissen wird im *KnowledgeMiner* als Wissensbestands- und Wissensstrukturkarten grafisch und hierarchisch aufbereitet.

Funktionalität: Collaborating

Push- und Pull-Teilung: *Der KnowledgeMiner* verfügt über beide Teilungsformen. Die Push-Funktion funktioniert ähnlich wie ein Newsagent: In frei definierbaren zeitlichen Abständen werden vordefinierte Suchanfragen ausgeführt und per E-Mail zugeschickt. Diese Suchanfragen können von allen Nutzern abonniert werden.

Die teilungsobjektbasierte Steuerung des Teilungsprozesses ist möglich, indem die Suchanfragen sowohl anwender- wie gruppenbezogen bereitgestellt und definiert werden können. Der eingebaute Newscaster ist in der Lage, zu zeitlichen Intervallen, die der Nutzer selbst bestimmt, die definierte Funktion auszuführen. Damit ist auch die zeitliche Steuerung des Teilungsprozesses Teil des Systems.

Funktionalität: Organising

Das gefundene Wissen kann von den Nutzern in einem Kommentierungsfeld kommentiert und bewertet werden. Gleichzeitig sind über den *USU Optimizer* Auswertungen über die Interaktionen der Anwender möglich, womit die Wissensstrukturen dynamisch optimiert werden können.

Der Prozess der Pflege der Wissensobjekte kann sowohl vom einzelnen Nutzer in seiner persönlichen Vermittlungsstruktur als auch vom Knowledge-Broker für die allgemeine Vermittlungsstruktur vorgenommen werden. Die Vermittlungsstruktur wird automatisch durch den *TopicMapBuilder* erstellt. Dieser ist in der Lage, Zusammenhänge aus strukturierten (Datenbanken) und unstrukturierten Daten (Texte) zu gewinnen. Dieser Analyseprozess wird in regelmässigen Abständen durchgeführt, wobei die bestehende Struktur erweitert oder einem Relaunch unterzogen wird.

Personalisierung: Jeder Anwender bestimmt die Datenquellen selbst, in denen er Wissen suchen will. Zusätzlich kann er die von ihm gewünschte Vermittlungsschicht nutzen. Über eine LDAP-Funktion kann diese Personalisierung zentral gesteuert werden.

Protokollierung von Veränderungen: Der *USU Optimizer* misst die Interaktionen der Anwender mit dem System und stellt so die Dynamik sicher.

Strukturelle Anforderungen:

Systeme, die angebunden werden können: Es ist möglich, eine beliebige Anzahl Datenquellen anzubinden. Dabei spielt es keine Rolle, ob es sich um strukturierte Datenquellen (z.B. Datenbanken wie Oracle oder DB/2) oder um unstrukturierte Datenquellen (z.B. MS Office, PDF etc.) handelt. Ferner ist es möglich, in AutoCAD zu suchen.

Name des Herstellers	Webfair / eVantage
Name des Produkts	Community Engine 5.0

Kontakt:	Schweizer Vertretung:
Suzanne Ott Webfair AG Tumblingenstrasse 23 D – 80337 München s.ott@webfair.com www.webfair.com	Marcel Wyser eVantage GmbH Baarerstrasse 94 6300 Zug marcel.wyser@evantage.ch www.evantage.ch

Kurzbeschreibung:

Folgende Kernziele verfolgt Webfair mit der *Community Engine*:

- Informationen effektiv organisieren: Über eine einfach zu bedienende Oberfläche können schnell und übersichtlich Organisationsstrukturen und Wissensbäume erstellt werden.

- Informationen teilen: Der Zugang zum Wissen ist über einen Standard-Browser wie auch über Standardprodukte (z.B. MS Office) möglich. Jeder Anwender kann ohne spezielle HTML-Kenntnisse seine Beiträge publizieren.

- Informationen personalisieren: Jeder Nutzer kann seine eigene Portalseite anlegen. Die Qualität der Inhalte wird dadurch sichergestellt, dass die veröffentlichten Inhalte von den Nutzern selbst mit Punkten oder individuellen Bewertungen versehen werden.

- Einfach kommunizieren: Die Nutzer können Informationen beliebiger externer Applikationen ohne spezielle technische Kenntnisse integrieren.

- Feedback integrieren: Anwender können sofort auf existierende und neu publizierte Beiträge reagieren: Per E-Mail, Telefonkonferenz, Bewertung, Forum oder Einladung zum Business-Chat.

- Wissen aufbauen: Die Online-Diskussion ist ein weiteres Kommunikationselement: Experten beispielsweise können im direkten Austausch Probleme besprechen. Was per Business-Chat diskutiert wird, kann in der CE-Datenbank optional protokolliert werden.

- Suchen und auswerten: Unterschiedliche Suchfunktionen ermöglichen das Auffinden von Informationen, die über eine herkömmliche Verschlagwortung nicht auffindbar sind. Eine Vielzahl von Auswertungsmöglichkeiten gibt zudem einen Überblick über die Nutzung.

Generelle Anbietermerkmale:

Die Webfair AG wurde 1997 in München gegründet, wo sich auch der heutige Firmenhauptsitz befindet. Daneben wird eine Niederlassung in Atlanta, USA, geführt. Die Kunden in der Schweiz werden gemeinsam mit einem Schweizer Partner, der eVantage AG, von München aus betreut.

Schweizer Referenzkunden sind die EMPA sowie die SGCI. Weitere Kunden von Webfair sind z.B. das EDS, Volkswagen, Roche, Audi und Bertelsmann. In der Schweiz sowie in Deutschland sind Besuche bei den Referenzkunden möglich.

Die Wissensmanagement-Lösungen werden von Webfair selbst sowie durch ausgewählte Partner vertrieben. In den Bereichen Konzeption, Planung und Umsetzung arbeitet die Webfair ebenfalls mit Partnern zusammen. Dazu gehören beispielsweise eVantage, Avinci, Heaven21, IBM, Materna und verschiedene Hersteller von Suchmaschinen.

Webfair bietet sehr flexible Lösungen an, die deshalb sowohl in kleinen und mittleren Betrieben (bis zu 1'000 Nutzern) wie auch in Grossbetrieben (ab 1'000 Nutzern) Einsatz finden. Bei Volkswagen arbeiten beispielsweise rund 25'000 Nutzer mit dem System.

Schulung, Unterstützungs- und Wartungsleistungen:

Für Anwenderschulungen muss mit einem Aufwand von einem Tag gerechnet werden. Nach Bedarf ist auch eine umfassendere und zeitaufwändigere Schulung möglich. Die Administratorenschulung umfasst rund drei Tage. Die Schulungen werden von Webfair selbst oder von den Partnern durchgeführt.

Neben einem Hotline-Support bzw. einem Helpdesk steht den Kunden eine internetbasierte Self-Service-Anwendung, das *ServiceNet*, zur Verfügung.

Der zeitliche Aufwand für die rein technische Installation des Systems beträgt ein bis zwei Tage. Für das Customizing ist die Zeitdauer von zwei bis vier Wochen die Regel.

Ein Standard-Upgrade garantiert Software-Anpassungen während der Lebensdauer des Systems. Dadurch fallen für den Nutzer Kosten von rund 20% des Systempreises als Wartungsgebühr an. Für Spezifikationsanpassungen muss mit einer Zeitdauer von ein bis drei Tagen gerechnet werden. Updates werden ein- bis zweimal pro Jahr angeboten.

Eine Demo-Version wird nur nach Vereinbarung zur Verfügung gestellt. Nach Bedarf besteht zusätzlich die Möglichkeit einer Testinstallation (mit Rückgaberecht).

Lizenzpolitik / Preis:

Webfair vergibt Einzelplatz- und Serverlizenzen.

Die Lösung muss in das höchste Preissegment (ab 150'000 CHF) eingeordnet werden.

Sprache:

Das Produkt ist in den Sprachen Deutsch und Englisch verfügbar. Eine französische sowie eine parallel mehrsprachige Lösung stehen nicht im Angebot.

Funktionalität: Technische Anforderungen

Portalfunktionalität: Jeder User erhält eine persönliche Startseite (Portalseite), die er unter Berücksichtigung administrativer Beschränkungen seinen Bedürfnissen entsprechend inhaltlich gestalten kann. Diese persönliche Portalseite kann beispielsweise folgende Elemente umfassen: persönliche Linkliste, neuste Inhalte aus frei wählbaren Themen, die aktuellsten Inhalte definierbarer Communities, Beiträge aus Foren nach Wahl, Feedback zu selbst publizierten Themen bzw. Beiträgen in Foren, Volltextsuche etc. Die User sehen dabei nur diejenigen Links, zu deren Einsichtnahme sie eine Berechtigung besitzen.

Web-Integration: Webfair bietet Standardlösungen an, mit denen der Kunde seine Applikationen an das Web anbinden kann. Die *Community Engine* von Webfair ist eine Web-basierte Lösung.

Benutzerverwaltung und Rollenmodelle: Die Benutzer können zentral oder dezentral administriert werden. Der Administrator kann dabei beliebig viele Subadministratoren anlegen, welche die Benutzerverwaltung beispielsweise von Partnern, Filialen, Abteilungen etc. übernehmen. Das Konzept der Subadministration ermöglicht eine dezentrale Verwaltung der Community und garantiert dadurch Schnelligkeit und höchste Flexibilität. Die Subadministratoren wiederum können – im Rahmen ihrer Rechte – weitere Subadministratoren anlegen. Auf diese Weise sind auch Länder-, Bereichs-, Abteilungs- oder Projektadministratoren in der Lage, ihre eigenen Bereiche zu administrieren.

Aufbau des Systems: Das System besteht aus einzelnen Modulen. Der Kunde kann entscheiden, welche Module für ihn in Frage kommen.

Erweiterbarkeit des Datenmodells: Eine Erweiterung des Datenmodells ist in der Regel nicht notwendig, da alle wichtigen Bereiche (z.B. Objekt-Attribute) so realisiert sind, dass Ergänzungen (z.B. zusätzliche Attribute) keine Änderung des Datenmodells nach sich ziehen. Grundsätzlich kann das Datenmodell aber erweitert werden: Erweiterungen müssen bei Release-Updates allerdings manuell gepflegt werden. Anstatt einer Erweiterung des Datenmodells wird eine externe Datenbank empfohlen, die dann via JDBC integriert werden kann.

Sicherheitskonzept: Die Zugriffskontrolle erfolgt über den Usernamen sowie ein Passwort. Zugriffe (im Speziellen aus dem Administratorenbereich) können für alle kritischen Tools nur aus dem IP-Netz der Datenbank erfolgen. Zusätzlich sind eine HTTPS- bzw. eine SSL-Verschlüsselung möglich.

Performanz: Es gibt Webfair-Lösungen, die mit mehreren tausend Nutzern auf einem Server im Einsatz sind. Bei grösseren Installationen empfiehlt es sich möglicherweise, Unix statt Windows 2000 als Plattform einzusetzen. Die Lösung ist skalierbar und unterstützt Clustering sowohl im Datenbankbereich wie auf Applikationsebene.

Funktionalität: Wissensrepräsentation

Gruppierung und Sortierung von Wissensressourcen: Innerhalb der *Community Engine* werden die Wissensobjekte jeweils einem oder mehreren Topics zugeordnet (z.B. Wissensbereich, Teilbereiche etc.). Zur Präsentation können diese Topics beliebig zu Topic-Foldern zusammengefasst und die entsprechenden Informationen angezeigt werden. Die Topics können mehreren Foldern zugewiesen und die Topic-Folder beliebig verschachtelt werden. Auf diese Weise wird die Wissensrepräsentation sehr flexibel und die Gruppierung nach den unterschiedlichsten Betrachtungsweisen möglich. Zusätzlich können vom Nutzer bestimmbare Ratings definiert werden, mit denen die Informationen noch differenzierter gruppiert und sortiert werden können.

Die grafische Darstellung von Wissensbestands- und Wissensstrukturkarten wird von der *Community Engine* nicht direkt unterstützt. Das System ist aber volldynamisch, weshalb entsprechende Konzepte innerhalb kurzer Zeit realisiert werden können. Über die Gruppierungs- und Sortierungsmechanismen lassen sich beispielsweise Wissensbäumchen und TopicMaps realisieren. Die entsprechenden Relationen sind also vorhanden bzw. können von der *Community Engine* abgebildet werden.

Funktionalität: Collaborating

Push- und Pull-Teilung: Die Zuweisung von Informationen erfolgt beispielsweise über das Must-Read-Konzept: Jeder User kann anderen über den Vermerk «Must Read» eine Information zuweisen (push). Das Abonnieren von Inhalten (Topics) innerhalb des Portals ist möglich. Auf diese Weise können die aktuellsten Informationen für die abonnierten Bereiche immer angezeigt werden (pull).

Funktionalität: Organising

Die *Community Engine* unterstützt standardmässig das Bewerten von Wissensressourcen. Dafür stehen mehrere Ratings und Scorings zur Verfügung.

Für die Unterstützung des Prozesses der Pflege von Wissensobjekten gibt es verschiedene Möglichkeiten, wie z.B. über Workflows oder Gültigkeitsbereiche (Datum von ... bis).

Personalisierung des Systems: Mit der personalisierten Startseite ist es den Nutzern möglich, effizient auf die für sie relevanten Inhalte zuzugreifen. Die Struktur der persönlichen Seite kann optimal an die individuelle Arbeitsweise angepasst werden.

Im sogenannten *Action-Log* werden sämtliche Veränderungen an den Wissensobjekten protokolliert. Das *Action-Log* beinhaltet alle Workflow-Aktivitäten, Topic-Zuteilungen etc. Veränderungen an den Inhalten werden über die Versionisierung verfolgt.

Hilfestellungen zur Bewertung von Wissensressourcen: Beim Content-Rating werden die möglichen Optionen in Form von numerischen Werten und/oder passenden Beschreibungen, wie z.B. «sehr nützlich», «überflüssig» etc. angezeigt. Für alle Topics können zudem entsprechende Beschreibungen definiert und bei Bedarf als Hilfestellung angezeigt werden.

Strukturelle Anforderungen:

Die ganze Lösung basiert auf Java und ist somit sehr offen. Insbesondere besteht die Möglichkeit, über JDBC beliebige Datenbanken anzuschliessen. Externe Business-Logik kann beispielsweise über *Java Enterprise Beans* integriert werden. Für die Authentifizierung (z.B. Single-Sign-On) wird LDAP unterstützt. Auch der Import von NT-Benutzern ist möglich. Webservices können via SOAP integriert werden.

4.7. Pflichtenheft

Im Folgenden wird eine mögliche Version eines Pflichtenhefts vorgestellt. Es handelt sich dabei um die Zusammenstellung der Anforderungen, die auf der Basis der Anforderungsanalyse des Projekts «Athene» an Wissensmanagement-Systeme bzw. an die Anbieter der Lösungen formuliert worden sind. Dieses Beispiel soll als Grundlage dienen für die Erarbeitung eines Pflichtenheftes im Rahmen anderer Wissensmanagement-Projekte.

Pflichtenheft für die Erstellung, Implementierung und Wartung

einer Wissensmanagement-Lösung

für das Kompetenzzentrum eGovernment und seine Praxispartner

---

1. Zusammenfassung:

Mit dem Projekt «Athene» wird das Ziel verfolgt, eine Plattform für den Wissensaustausch zwischen dem Kompetenzzentrum für eGovernment (CC eGov) und seinen Partnerorganisationen sowie unter diesen zu entwickeln. Wichtige Anforderungsmerkmale sind bereits im Rahmen einer gemeinsamen Anforderungsanalyse festgelegt worden.

Auf diese Ausschreibung hin soll der Anbieter folgende Dienstleistungen offerieren:

- Bereitstellung einer Wissensmanagementlösung
- Implementierung dieser Lösung
- Schulung der Nutzer sowie der Administratoren

Die Offerte ist bis spätestens am **Datum** einzureichen.

Ihre Ansprechpartner sind:

Ansprechpartner 1	**Ansprechpartner 2**
Funktion	Funktion
E-Mail	E-Mail
Telefon	Telefon

2. Einleitung:

Ziel des Projektes: Aufbau eines Wissensmanagementsystems für das Kompetenzzentrum eGovernment

Im Projekt «Athene» soll ein Wissensmanagementsystem für das CC eGov sowie seine Partner aus Wirtschaft und Verwaltung aufgebaut werden. Das Kompetenzzentrum arbeitet mit verschiedenen Organisationen zusammen. Insgesamt müssen verschiedene Organisationen Zugang zum System haben.

Primäres Ziel ist die technologische Unterstützung der Suche und der Aufbereitung von Informationen und Wissen, des Wissenstransfers sowie der Zusammenarbeit zwischen den Mitarbeitern und Partnerorganisationen, um schneller bessere Arbeitsergebnisse erzielen und Synergien nutzen zu können.

In einem ersten Schritt soll fünf bis zehn Mitarbeitenden der einzelnen Organisationen Zugang zu diesem System gewährleistet werden. Die spätere Erhöhung der Anzahl der partizipierenden Mitarbeiter sowie der Anschluss neu hinzustossender Partner darf aber keinen erheblichen zusätzlichen Aufwand verursachen.

3. Form und Inhalt der Offerte

3.1 Management Summary

Die Offerte beginnt mit einem Management Summary. Darin werden auf maximal vier Seiten die wichtigsten Punkte der offerierten Lösung zusammengefasst. Folgende Punkte müssen zwingend enthalten sein:

- *Beschreibung des Basissystems:* Verlangt wird eine Beschreibung der offerierten Lösung. Dabei soll speziell auf betriebliche, funktionelle und technische Merkmale hingewiesen werden, die sich nach Meinung des Anbieters besonders für den Einsatz im vorliegenden Projekt eignen.
- *Übersichtsschema:* Die Lösung ist in einem Übersichtsschema darzustellen und zu erläutern. Dabei sind die wesentlichen Funktionsblöcke zu benennen. Detailaufstellungen in der Offerte sollen sich auf diese Übersicht beziehen.
- *Zusammenfassung der Kosten:* einmalige und wiederkehrende Kosten, Rabatte und Skonti abgezogen, inklusive Mehrwertsteuer
- *Terminplan:* Der Anbieter legt einen Zeitplan für die Realisierung bei. Daraus wird ersichtlich, wann welche Projektphasen umgesetzt werden und wann die Abnahme erfolgen kann. Dabei hat sich der Anbieter an den vorgegebenen Terminen zu orientieren (siehe dazu Punkt 8.1).

3.2 Beschreibung der Gesamtlösung (Basissystem und optionale Erweiterungen bzw. Module

In einer detaillierten Beschreibung ist auf die optionalen Erweiterungen des Basissystems einzugehen. Speziell hingewiesen werden soll beispielsweise auf mögliche einzurichtende Bibliothekssysteme oder andere Erweiterungen, die dem Anbieter sinnvoll scheinen. Detailaufstellungen sollen sich auf das Übersichtsschema im Management Summary beziehen.

3.3 Subunternehmen

Falls der Offertensteller seine Leistungen nicht alleine anzubieten gedenkt, muss eine vollständige Auflistung etwaiger Subunternehmen aufgeführt und deren Unternehmensprofil beigelegt werden.

3.4 Anforderungen des Anbieters an den Auftraggeber

Anforderungen des Anbieters an den Auftraggeber (Verfügbarkeit personeller Ressourcen etc.) sind zu nennen.

3.5 Detailliertes Angebot inkl. Preisliste

Das Angebot soll detailliert beschrieben werden. Dabei sind die technischen Funktionalitäten zu beschreiben.

Bei Lösungen, die eine Preisberechnung nach Anzahl Lizenzen oder nach Einführung des ganzen Paketes geben, bitten wir, dies so anzuführen.

3.6 Gewährleistung des Anbieters

Der Anbietende bestätigt, dass die Offerte vollständig ist.

Ferner sind Angaben zu machen über

- Versicherungen (Haftpflicht)
- Kapazitätsnachweis: Es ist nachzuweisen, dass die vorhandenen Kapazitäten, die für die Ausführung der Anforderungen gemäss vorliegendem Pflichtenheft benötigt wird, in ausreichendem Masse vorhanden sind.

3.7 Unternehmensprofil

Ein kurzes Firmenportrait des Anbietenden ist beizulegen. Darin müssen mindestens die folgenden Angaben enthalten sein:

- Allgemeine Angaben zum Anbieter
- Geschäftsbericht der letzten beiden Jahre
- Befolgte Qualitätsstandards und verfügbare Qualitätszertifikate

3.8 Referenzen

Referenzen zu ähnlichen Projekten sollen genannt werden (inkl. kurzer Beschreibung der Projekte).

4. Technisches Umfeld (Bestehende Infrastruktur)

4.1 Netzwerk

Die Partnerunternehmen sind folgendermassen ans Internet angeschlossen:

	Partner 1	Partner 2	Partner 3	Partner 4	Partner 5	CC eGov
Geschwindigkeit der Internet-Verbindung	1Mbps	T1	LAN	LAN	Standleitung	192 Kbps
Wie viele Teilnehmer benutzen diesen Anschluss?	250	ca. 30'000	200	ca. 30'000	300	15

4.2 Betriebssysteme

Folgende Betriebssysteme sind bei den Partnern im Einsatz:

- Partner 1: NT 4.0
- Partner 2: Windows 2000
- Partner 3: Windows 2000 Professional
- Partner 4: Windows 2000
- Partner 5: Windows NT 4
- CC eGov: Windows 2000

4.3 Anwendungssoftware

Als Anwendungssoftware wurden von allen Partnerunternehmen Office 2000 und Adobe angegeben.

4.4 Zu integrierende Dokumente

Eine Schätzung hat ergeben, dass heute eine Datenbasis besteht, die bereits zwischen 10'000 und 20'000 Dokumente umfasst. Die Formate hierbei sind: .pdf, .mmp, .htm, .doc, .txt, .ftp, .ppt. etc.

5. Funktionelle Anforderungen

Für die Zusammenstellung des vorliegenden Pflichtenhefts hat das CC eGov gemeinsam mit den Partnerorganisation eine Anforderungsanalyse vorgenommen. Die folgenden funktionellen Anforderungen sind prioritär:

5.1 Benutzerfreundlichkeit

- Intuitive Bedienbarkeit
- Zugang zum Extranet
- Portal-Funktionalität
- Objektverlinkung

5.2 Services / Funktionalitäten

Retrieval

Suche nach Wissensobjekten anhand von:

- Stichwörtern und Stichwortkombinationen
- thematischen Kategorien

Einschränkung der Suche nach Wissensressourcen auf:

- bestimmte Quellen
- Autoren / Bearbeiter / Herausgeber
- eine/mehrere bestimmte Sprache/n
- von anderen Nutzern bewertete Objekte

Unterstützung der Suche nach Wissensressourcen:

- Schlagwortliste
- Thesaurus bzw. Wörterbuch

Visualising

Bewertung der Wissensressourcen anhand:

- ihres Themenbezugs
- der Qualität
- der Autoren und Herausgeber

Filterung der Wissensressourcen:

- definierte Filterung (in Abhängigkeit von zuvor ausgeführten Tätigkeiten)
- regelmässige automatische Filterung

Darstellungsformen der Wissensressourcen:

- Sortierung anhand von Bewertungskriterien
- Gruppierung anhand von Bewertungskriterien
- Darstellung der Wissensressourcen als Positivliste
- Darstellung als Wissensbestands- und Wissensstrukturkarten
- Darstellung als Wissensträgerkarten

Collaborating

Formen des Teilens von Wissensressourcen:

- Passivteilen (automatische Zusendung von Wissensressourcen nach spezifizierten Kriterien, Push-Teilungsfunktion etc.)

Adressaten- / Empfänger-Identifikation:

- Wissensbestands- und Wissensstrukturkarten
- Wissensträgerkarten / Knowledge-Phonebooks

Steuerung der Wissensteilung:

- Teilungsobjektbasierte Steuerung

Organising

Identifikation und Pflege der Wissensressourcen aufgrund:

- der Bewertung durch andere Nutzer
- des Erstellungsdatums
- des Themenbezugs

Pflege von Wissensressourcen und Verantwortung für Pflegeaktionen:

- Protokollierung der Pflegeaktionen
- definierte automatische Pflege
- regelmässige Aufforderung zur Pflege

Steuerung des Archivierungsprozesses anhand:

- der Metastrukturen
- des Speicherzeitraum

5.3 Strukturelle Anforderungen

Metastrukturen

Kategorisierung nach den folgenden Themenbereichen:

- Wissenschaft / Bildung
- Technologie
- Wirtschaft
- Finanzen
- Politik / Gesellschaft
- Strategie / Planung

5.4 Wissensressourcen

Arten von Quellen

- Projektberichte, Best Practice (mit Bewertung)
- Vorträge und Präsentationen
- Zeitschriften- und Zeitungsbeiträge
- Gesetzestexte
- Linksammlungen
- Lizentiats- und Doktorarbeiten
- Bücher
- Web-Pages und Newsletter

Arten von Systemen und Server:

- Contentmanagement-Systeme
- Internet- / Intranet- / Extranet-Server
- Datenbanken
- Dateisysteme
- Mail- und Archivierungssysteme

Kriterien zur Identifizierung der Wissensobjekte

- Themenbezug
- Erstellungsdatum
- Autor / Bearbeiter / Herausgeber
- Sprache

5.5 Technische Anforderungen

Technische Plattform

Folgende Leistungen muss das System erbringen:

- Web-Integration
- Unterstützung gängiger Dateiformate
- Auf Standards aufbauen
- Ausschliessen zeitgleicher Bearbeitung
- Replikationsmechanismen

Performanz und Ausfallsicherheit

- Hoher Durchsatz, kurze Antwortzeit
- Ausfallsicherheit / Stabilität sowie Ausfallmechanismen
- Backup-Verfahren

Merkmale der Flexibilität des Systems und Möglichkeiten der Migration

- Flexibilität des Systems
- Modularer Aufbau des Systems
- Flexible Zuordnung der Inhalte

Benutzer- und Rechteverwaltung sowie Personalisierbarkeit

- Zentrale Benutzerverwaltung
- Arbeit mit Rollenmodellen
- Zentrale Rechteverwaltung nach Gruppen
- Möglichkeit der Benutzeridentifikation
- Personalisierbare Einstiegsseite
- Personalisierte E-Mail-Alerts

Administrationsfunktionen

- Import von Wissensressourcen aus externen Quellen
- Führen von Zugriffsstatistiken
- Möglichkeit zum Change-of-Ownership

Sprache

Da Mitarbeiter verschiedener Muttersprachen Zugang zum System haben und die Dokumente in unterschiedlichen Sprachen abgefasst sein werden, bitten wir Sie, in der Offerte auf diese Frage noch speziell einzugehen.

6. Nicht-funktionelle Anforderungen

6.1 Sicherheit

Authentifizierung

Die Authentifizierung muss auf Benutzerebene erfolgen. Es soll ebenfalls möglich sein, mittels Rollenmodellen Benutzerrechte zu vergeben.

6.2 Sicherheitsarchitektur

Datenhaltung

Die Datenhaltung soll redundant erfolgen.

Datenübertragung

Jede Datenübertragung muss mittels einer SSL/TSL- oder einer äquivalenten Verschlüsselung erfolgen.

Logging

Für die Nachvollziehbarkeit müssen alle wichtigen Ereignisse betreffend Zugriffen auf den Servern geloggt werden. Der Log-Eintrag besteht aus folgenden Feldern:

- Datum und Uhrzeit
- Use-Case
- Benutzername
- Resultat des Ereignisses

Der Administrator kann die Log-Files auswerten. Die Log-Files müssen zwei bis drei Monate verfügbar sein.

6.3 Server

Wir bevorzugen aus Gründen der Datenübertragung zwischen dem In- und Ausland als Serverstandort die Schweiz.

6.4 Kunden-Clients

Das System muss auf folgenden Clients laufen: Windows 2000 und Windows NT 4. Ferner müssen Office- und pdf-Files integrierbar sein.

6.5 Leistung

Der Anbieter soll insbesondere Angaben zum Durchsatz des Servers machen. Falls es vom Anbieter vorgesehen ist, den Server nicht selber zur Verfügung zu stellen, sollen ebenfalls Angaben zur Dimensionierung des Servers gemacht werden.

6.6 Verfügbarkeit

Da das Wissensmanagementsystem in einer ersten Phase kein geschäftskritisches System ist, können Ausfallzeiten bis zu einem Tag in Kauf genommen werden.

6.7 Backup

Das Backup soll täglich erfolgen.

6.8 Garantiezeit

Die Garantiezeit für die gelieferte Software und evtl. Hardware beträgt mindestens zwölf Monate ab erfolgreicher Schlussabnahme.

6.9 Softwarepflege

Hier sollen insbesondere Angaben dazu erfolgen, ob die Softwarepflege intern oder extern erfolgt. Das heisst, ob die Administration beispielsweise auch über eine Web-Applikation möglich ist.

Der Anbieter erklärt, dass er mindestens drei Jahren bereit ist, die gelieferte Software zu pflegen und weiter zu entwickeln. Dafür macht er ein Angebot für die Softwarepflege während dieses Zeitraums.

6.10 Schulung und Support

Der Anbieter stellt die Schulung der Systemverantwortlichen und der Nutzerinnen und Nutzer Sicher. Zu Beginnen sollen ca. 20 – 25 Nutzer geschult werden. Für diesen Schulungsaufwand ist ebenfalls ein Kostenvoranschlag zu erstellen.

7. Bedingungen und Vorschriften für die Ausschreibung

7.1 Allgemeines

Als Grundlage der Offerte dient ausschliesslich das vorliegende Pflichtenheft sowie schriftliche Aussagen der Ansprechpartner auf Seiten des CC eGov, die zu Beginn des Pflichtenhefts aufgeführt sind. Aussagen anderer Stellen oder Personen sind für die Offerte nicht relevant.

Die Offerte ist in deutscher oder englischer Sprache abzufassen. Es ist zulässig, Herstellerpublikationen oder Datenblätter in deutscher oder englischer Sprache beizulegen.

Bei Unklarheiten erkundigt sich der Anbieter schriftlich bei den genannten Ansprechpersonen über die Art und den Umfang der zu erbringenden Leistungen. Nachträgliche Einwendungen und Nachforderungen, die auf ungenügend Information zurückzuführen sind, werden nicht anerkannt.

7.2 Angebotsumfang

Der Anbieter offeriert als Generalunternehmen. Teilangebote sind nicht zulässig. Der Anbieter kann jedoch Angebotsvarianten einreichen.

Die einzelnen Gegenstände der Offerte sind unter Bezugnahme auf das Pflichtenheft genau zu umschreiben und abzugrenzen.

Der Anbieter garantiert, dass die offerierten Preise alle Leistungen, Teilleistungen, Lieferungen und Nebenlieferungen etc., die notwendig sind, um das Projekt «Athene» vollständig für einen uneingeschränkten Gebrauch durch die Nutzenden zu realisieren, enthalten.

Sollte der Anbieter auf Grund seines Sachverstandes erkennen, dass in den Ausschreibungsunterlagen gewisse Leistungen oder Teilleistungen, Lieferungen und Nebenlieferungen etc. nicht enthalten sind, um das Projekt im vorgeschriebenen Sinne zu realisieren, hat der Anbieter dies in seiner Offerte explizit und unmissverständlich darzulegen. Die entsprechenden Leistungen und Teilleistungen, Lieferungen oder Nebenlieferungen sind detailliert anzugeben, zusätzlich ist eine Preisofferte einzugeben.

Der Anbieter soll aufgrund seiner Erfahrungen auf Anforderungen, welche aus seiner Sicht ein ungünstiges Kosten/Nutzen-Verhältnis aufweisen, hinweisen und dafür (zusätzlich zur im Pflichtenheft beschriebenen Anforderung) eine kostengünstigere Alternativlösung offerieren.

Der Anbieter erklärt sich mit Einreichung der Offerte mit einer möglichen Publikation, in der Aspekte der Offerte aufgegriffen werden, einverstanden.

8. Eingabe des Angebots

Die Offerte ist in zweifacher Ausführung inkl. Diskette oder CD-ROM bis spätestens am **Datum** einzureichen an:

Ansprechperson 1	**Ansprechperson 2**
Funktion	Funktion
Adresse	Adresse

Massgebend ist dabei der Eingang und nicht das Datum des Poststempels. Offerten, die nicht rechtzeitig eintreffen oder in Umfang oder Inhalt unvollständig sind, werden vom Verfahren ausgeschlossen.

8.1 Termine

Für die Ausschreibung und die anschliessende Durchführung des Projektes gelten folgende Termine:

- Publikation des Pflichtenheftes: Datum
- Einreichung der schriftlichen Offerte: Datum

- Präsentationen: Datum
- Testinstallationen: Datum
- Entscheidung / Zuschlag: Datum
- Realisierung: Datum
- Systemintegration und -test: Datum
- Aufnahme des produktiven Betriebes: Datum

8.2 Ansprechperson

Etwaige Fragen zum Pflichtenheft sind per E-Mail an die oben genannten Ansprechpersonen zu richten.

Die Fragen sind mit Bezug auf entsprechende Kapitel oder Seitenzahlen des Pflichtenheftes zu stellen.

8.3 Gültigkeit des Angebotes

Die Offerte des Anbietenden muss bis mindestens **Datum** gültig sein.

8.4 Vertragsbedingungen

Im Falle einer Auftragserteilung wird ein Vertrag abgeschlossen.

Folgende Dokumente werden zum Vertragsbestandteil erklärt, wobei die hier angegebene Reihenfolge verbindlich ist:

- Die Vertragsurkunde
- Das vorliegende Pflichtenheft
- Die allgemeinen Geschäftsbedingungen über die Geheimhaltung, den Datenschutz (AGB Sicherheit, September 2001)
- Die allgemeinen Geschäftsbedingungen der Schweizerischen Informatikkonferenz
- Die Offerte
- Die anbieterspezifischen Fragen inkl. Antworten des Anbietenden
- Die Geschäftsbedingungen des Anbieters sind wegbedungen.

Subunternehmen und Unterlieferanten müssen offengelegt werden und dürfen nicht ohne schriftliche Genehmigung des Auftraggebenden gewechselt werden. Die Haftung bleibt in jedem Fall beim Anbietenden.

Der Vertrag untersteht schweizerischem Recht. Als Gerichtsstand gelten die ordentlichen Gerichte des Kantons Bern.

8.5 Evaluationsverfahren

Mit der Teilnahme an der Ausschreibung erwirbt sich der Anbieter keine Rechte auf die Ausführung des Projekts oder eine Vergütung irgendwelcher Art. Die Auftragsvergabe bleibt ausdrücklich dem Auftraggeber vorbehalten.

Nachdem der Anbieter seine Offerte eingereicht hat, hat Auftraggeber das Recht, Nachfragen zu stellen, die zur Klärung von Punkten dienen, die auf Grund der eingereichten Offerte unklar sind. Diese sind vom Anbieter umgehend und vollständig zu beantworten. Die Antworten sind zu unterzeichnen.

Der Auftraggeber erstellt eine Shortlist der Anbieter, die in die engere Wahl kommen, und lädt diese gegebenenfalls zu einer Präsentation einladen.

8.6 Vergabekriterien

Der Zuschlag erfolgt auf das Angebot mit dem besten Preis-Leistungs-Verhältnis. Sowohl Kosten als auch Nutzen werden beurteilt, zueinander in Beziehung gesetzt und dabei gleichwertig behandelt. Das heisst, dass ein Angebot mit tiefen Kosten und tiefem Nutzen gleichwertig behandelt wird wie ein Angebot mit hohen Kosten und hohem Nutzen.

8.7 Konventionalstrafe

Kann das Kompetenzzentrum eGovernment den produktiven Betrieb nicht am **Datum** aufnehmen, so schuldet der Anbieter eine Konventionalstrafe, sofern er nicht beweist, dass weder ihn noch von ihm beauftragte Dritte ein Verschulden trifft. Die Konventionalstrafe beträgt pro Arbeitstag 1% der gesamten Vergütung, maximal jedoch 20%.

8.8 Vertraulichkeit

Alle Ausschreibungsunterlagen bleiben Eigentum des Auftraggebers und werden nicht veröffentlicht.

Der Anbieter verpflichtet sich durch die Annahme des Pflichtenheftes, über alle Informationen über den Auftraggeber, von denen er Kenntnis erlangt (sowohl während der Dauer der Offertestellung und der Evaluationsphase als auch generell während einer möglichen Zusammenarbeit mit dem Auftraggeber und danach), Stillschweigen zu bewahren.

8.9 Vergütung

Die Ausarbeitung des Angebots, die Beschaffung der notwendigen Informationen sowie die Erstellung von Präsentationen erfolgt unentgeltlich

Anhang

Gesetze, Regelungen

5. Erfahrungsberichte

Im Folgenden werden in sieben Erfahrungsberichten aus je unterschiedlicher Perspektive die Erfahrungen geschildert, die im Rahmen der Planung, der Einführung und der Nutzung realisierter Wissensmanagement-Lösungen gemacht worden sind. Dabei werden nützliche Hinweise und Tipps zum Vorgehen in konkreten Projekten gegeben. Denn die jeweilige Beschreibung des Projektverlaufs und vor allem die Schilderungen der Erfahrungen sollen Organisationen, die sich für die Einführung eines Wissensmanagement-Systems entschieden haben, bereits im Voraus auf mögliche Schwierigkeiten, aber auch auf die zentralen Erfolgsfaktoren aufmerksam machen.

Folgende Organisationen waren so freundlich, ihre Erfahrungen zu schildern und dabei auf mögliche Schwierigkeiten aufmerksam zu machen. Es handelt sich dabei um:

Seite	Organisation	Art des Projekts
109	Hewlett Packard (HP)	Implementierung eines integrierten Wissensmanagements in der neuen HP
115	Eidg. Materialprüfungs- und Forschungsanstalt (EMPA)	Konzeption und Einführung eines Wissensmanagement-Systems
120	Swisscom AG	Einführungs eines Skills Management-Systems
127	Glas Trösch Holding AG	Einführung eines Content Management-Systems (CMS)
133	CSC (Zwei Projektberichte)	Einführung eines Wissensmanagement-Systems bei einem grossen Schweizer Versicherungsunternehmen
135		Einführung eines Wissensmanagement-Systems bei einem grossen Pharmaunternehmen

Tabelle 3: Überblick über die Erfahrungsberichte

Die Erfahrungsberichte sind folgendermassen aufgebaut:
1. *Projektsteckbrief:*
   Informationen zur Organisation, die ein Wissensmanagement-System eingeführt hat, Beschreibung der Problemstellung, des Produkts, des Einführungszeitraums, der Dauer des Projekts sowie der Anzahl Nutzer.
2. *Organisationsbeschreibung:*
   Entweder Beschreibung der Projektorganisation oder der Organisation, die das Wissensmanagement-System eingeführt hat.
3. *Ausgangslage:*
   Formulierung der Anforderungen, die an das System gestellt worden sind, sowie Beschreibung der vorhandenen Systeme, die integriert werden mussten.
4. *Vorgehen:*
   Beschreibung des zeitlichen Ablaufes des Projekts bzw. der Projektphasen.
5. *Erfahrungen:*
   Aufzeigen von Schwierigkeiten und Erfolgsfaktoren.
6. *Schlussfolgerungen / Ausblick*

5.1. Erfahrungsbericht 1: Implementierung eines integrierten Wissensmanagements in der neuen HP

5.1.1. Projektsteckbrief

Organisation:	Hewlett-Packard
Problemstellung:	Implementierung eines integrierten Wissensmanagements in der neuen HP
Produkte:	• *Livelink* (z.B. für das «Project Profile Repository») • *Microsoft SharePoint Portal* für «Global Communities of Practice» • *Microsoft SharePoint Team Services* für die Teamkollaboration innerhalb von HP • *Groove* für Teamkollaboration, sobald Kunden, Partner oder andere externe Stellen mit einbezogen werden
Einführungszeitpunkt:	Juli 2002
Dauer des Projektes:	Dezember 2002
Anzahl involvierter Mitarbeiter:	• Leitung des HP Corporate Daten- und Wissensmanagements: 16 • Wissensmanager in den jeweiligen Geschäftsbereichen und Funktionen weltweit und regionenweit (Beispiel: HP Services Consulting & Integration: 39)
Anzahl Nutzer:	144'000 (allein HP intern)
Kontaktperson:	Mag. Birgit Gotthart (Wissensmanagerin HP Services Consulting & Integration, Ost- und Zentraleuropa, Österreich, Schweiz, Naher Osten, Zentralasien und Afrika)
E-Mail:	birgit.gotthart@hp.com
Telefon:	+43 (1) 25000-6858
Adresse:	Lieblgasse 1, A-1220 Wien

5.1.2. Organisation

Hewlett-Packard ist ein weltweit führender Anbieter von Produkten, Technologien, Lösungen und Dienstleistungen für Privatkunden und Unternehmen. Das Angebot umfasst Lösungen für die Bereiche IT-Infrastruktur, Personal Computing, Drucken & Bildbearbeitung sowie Zugangsgeräte zum Internet und IT-Dienstleistungen. Die Fusion zwischen HP und der Compaq Computer Corporation wurde in den USA am 3. Mai 2002 abgeschlossen.

Dieser Erfahrungsbericht beschreibt die Implementierung eines integrierten Wissensmanagementsystems in der neuen HP mit speziellem Fokus auf die Strategie und Erfahrung im Dienstleistungsbereich.

Ziel der Re-Implementierung eines ganzheitlichen Wissensmanagements bei HP war der Aufbau eines globalen Wissensnetzwerks zur Entwicklung eines einzigartigen Wissens- und Wettbewerbsvorteils. Im folgenden Bericht werden die Ausgangslage, das Vorgehen, die Strategie und die Erfahrungen bei der Einführung des Wissensmangementsystems beschrieben.

5.1.3. Ausgangslage

Nach der Fusion mit Compaq Computer im Mai 2002 bestanden bei HP zwei parallel laufende Wissensmanagementsysteme, die unterschiedlich stark «gelebt» wurden. HP hat es sich zur Aufgabe gemacht, ein ganzheitliches und neu überdachtes Wissensmanagementsystem zu entwickeln, das weltweit in alle Funktionen und Geschäftsbereiche integriert wird. Ziel war es, ein globales Programm für Daten- und Wissensmanagement zu entwickeln, das – basierend auf Informationstechnologie und die Fähigkeiten der MitarbeiterInnen – einen signifikanten Geschäftswert aufbaut. Als Leitsatz bei diesem Programm galt: «Think HP», der schon auf die Gesamtheit und Globalität hinweist. Dieses weltweite Programm sollte unter Rücksichtnahme der Eigenheiten und Anforderungen der vier Geschäftsbereiche – Enterprise Systems Group (ESG), Imaging and Printing Group (IPG), Personal Systems Goup (PSG) und HP Services (HPS) – umgesetzt und eingeführt werden. Das Programm gliederte sich also in folgende drei Phasen:

- Entwicklung einer Strategie für ein ganzheitliches Wissensmanagementsystem innerhalb HP weltweit für alle Geschäftsbereiche;
- Adaptieren der Strategie an die Anforderungen in den einzelnen Geschäftsbereichen;
- Einführung des Wissensmanagementsystems in den einzelnen Geschäftsbereichen.

5.1.4. Vorgehen

Phase 1: Entwicklung einer Strategie für ein ganzheitliches Wissensmanagementsystem innerhalb HP weltweit für alle Geschäftsbereiche:

Im ersten Schritt wurden die Gemeinsamkeiten und Unterschiede in beiden bestehenden Wissensmanagementsystemen verglichen, um daraus eine neue, bessere «Lösung» entwickeln zu können (nach dem Motto «1 + 1 = 3»).

Ein Überdenken beider Konzepte und der Technologien durch das weltweite HP Daten- und Wissensmanagementteam ergab eine neue Strategie, die sich auf «Global Communities of Practice» und «Best-Practices-Sharing and Learning» konzentriert und auf einer gemeinsamen Wissensmanagementkultur («People» werden als das wichtigste Glied in der Wissensmanagement-Wertkette betrachtet), Prozessen und Technologie beruht.

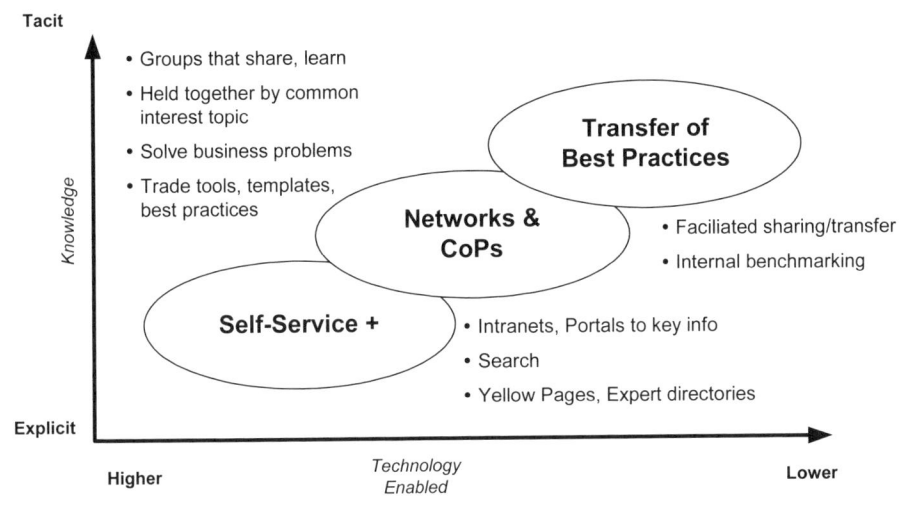

```
Tacit
 ▲
 │    • Groups that share, learn
 │    • Held together by common
 │      interest topic                    ┌─────────────┐
 │    • Solve business problems           │ Transfer of │
 │    • Trade tools, templates,           │Best Practices│
 │      best practices           ┌──────┐ └─────────────┘
 │                               │Networks &│  • Faciliated sharing/transfer
 │                               │  CoPs   │  • Internal benchmarking
 │                    ┌────────┐ └──────┘
 │                    │Self-Service +│ • Intranets, Portals to key info
 │                    └────────┘       • Search
 │                                     • Yellow Pages, Expert directories
Explicit ─────────────────────────────────────────────▶
  Higher          Technology Enabled           Lower
```

Quelle: APQC 2002

In diesem Zusammenhang wurden «Communities of Practice» als Personengruppen definiert, innerhalb derer Wissen persönlich und virtuell ausgetauscht und gelernt wird. Jede Personengruppe wird durch ein gemeinsames Interesse an einem bestimmten Thema gefestigt und beruht auf dem Bedürfnis, Probleme, Erfahrungen, Gedanken, Werkzeuge und «Best Practices» zu teilen. Durch diese Interaktionen wird das Wissen jedes einzelnen Mitglieds gefestigt und weiter entwickelt.

Phase 2: Adaptieren der Strategie an die Anforderungen in den einzelnen Geschäftsbereichen:

In dieser Phase wurde das weltweite Gesamtkonzept in den unterschiedlichen Geschäftsbereichen – Enterprise Systems Group (ESG), Imaging and Printing Group (IPG), Personal Systems Goup (PSG) und HP Services (HPS) – umgesetzt. In diesem Bericht steht HP Services (im speziellen Consulting & Integration) im Vordergrund, weil hier «Wissen» das Produkt selbst darstellt und Wissensmanagement folglich eine ganz besonders wichtige Rolle spielt.

Im HP Services Bereich (Consulting & Integration) finden sich die drei Fokusbereiche des Wissensmanagementsystems in dem Drei-Stufen-Modell wieder, das zwischen den unterschiedlichen Bedürfnissen und Möglichkeiten der Zusammenarbeit (sowohl innerhalb als auch ausserhalb von HP) unterscheidet. Untenstehende Grafik zeigt die weltweite Architektur des Wissensmanagements im Bereich HP Services Consulting & Integration:

3-Tier KM Architecture

TIER 1: @HP, HP Services, ... — Corporate Intranet Portals

TIER 2: HPCI, eGov, PPR — Global Communities of Practice

TIER 3: Team Collaboration

- Das «*@HP Intranet and HP Services Portal*» stellt die 1. Stufe in der Architektur des Wissensmanagements dar. Hier präsentieren sich die einzelnen Geschäftsbereiche, wie z.B. HP Services, mit ihrem Leitbild, ihrer Struktur und ihrem Leistungsangebot gegenüber dem Rest von HP.
- Stufe 2 bezieht sich auf «*Global Communities of Practices (CoP)*», wo Personengruppen dem gemeinsamen Interesse an einem Thema nachkommen, und Informationen, Lösungen, Best Practices, Arbeitsergebnisse, Tipps und Tricks sowie Probleme auf globaler Ebene austauschen können. Im Mittelpunkt stehen die Bedürfnisse der Mitglieder. Eine Community wird von ihren Mitgliedern selbst verwaltet, unterstützt durch einige Themenexperten. Durch die IT-Infrastruktur wird der Inhalt strukturiert und mittels standardisierter Metadaten leicht zugänglich gemacht. Unterstützend für die Zusammenarbeit in einer Community werden auf der Intranetplattform im entsprechenden «Collaborative Environment» Diskussionsforen eingerichtet und «Community Events» (sogenannte «virtuelle Meetings») organisiert, entweder im virtuellen Klassenraum oder mittels Telefonkonferenzen. Parallel zu den unterschiedlichen Communities wird der für alle Communities relevante Inhalt (wie Projektinformationen und -erfahrungsberichte, sogenannte «Project Snapshots»), zentral im «*Project Profile Repository (PPR)*» verwaltet.
- Die 3. Stufe ergänzt die weltweite Architektur des Wissensmanagements durch einheitliche Werkzeuge und Prozesse der Zusammenarbeit in Teams.

Im Gegensatz zu den anderen beiden Stufen, wo Wissen offen zugänglich ist, wird hier Wissen innerhalb kleinerer Gruppen, wie beispielsweise Projektteams, ausgetauscht und vor allem neu kreiert. Nur Teammitglieder haben Zugriff auf die Entwürfe und Kommunikation, die in einem temporären Arbeitsbereich verwaltet und erweitert werden.

Arbeitsbereiche für Teams können sowohl intern (innerhalb HP) als auch extern – d.h. für die Zusammenarbeit mit Kunden, Partnern und Lieferanten – eingesetzt werden, wobei auch die Möglichkeit besteht, interne und externe Arbeitsbereiche zu verbinden (d.h. zu synchronisieren).

Der Informationslebenszyklus der weltweiten Architektur des Wissensmanagements verläuft prinzipiell von unten nach oben: Wertvolles von den Teams entwickeltes Wissen wandert in die jeweilige öffentlich zugängliche «Global Community of Practice» und steht somit für den Rest von HP auf globaler Ebene zur Verfügung. Wenn zahlreiche Projekte das Revidieren von Leistungsangeboten zur Folge haben, hat dies auch Einfluss auf den Inhalt in der 1. Stufe, die «Corporate Intranet Portals». Der Zyklus schliesst sich, wenn Teams zu Beginn der Zusammenarbeit auf bestehendes Wissen, das in den «Globalen Communities of Practice» verfügbar ist, zugreifen und auf den «status quo» aufbauen.

Phase 3: Einführung des Wissensmanagementsystems in den einzelnen Geschäftsbereichen:

Die Einführung des Wissensmanagementsystems erfolgt bei HP prinzipiell durch die in den unterschiedlichen Geschäftsbereichen und Regionen eingesetzten Wissensmanager. Diese verwenden vor allem folgende Hilfsmittel, um den MitarbeiterInnen das Verstehen und die Anwendung des Wissensmanagementsystems zu erleichtern:

- Schulungen: Die MitarbeiterInnen werden geschult, Wissensmanagement aktiv einzusetzen und davon zu profitieren. Es werden Trainings und Arbeitsgruppen in den einzelnen Ländern sowohl durch die Wissensmanager selbst als auch durch on-line Trainings, etc., angeboten. Inhalt und Ziel der Trainings ist generell der Appell an die MitarbeiterInnen, eine Wissensmanagementkultur zu leben und so die Wissensteilung zu einem zentralen und wichtigen Thema innerhalb von HP zu machen. Im Weiteren wird eine Übersicht über die Architektur und die Werkzeuge (Prozesse, unterstützende Technologie) des Wissensmanagements vermittelt.
- Handbücher: Vor allem zur Beschreibung der Technologien und die Prozesse stehen Handbücher zu Verfügung.
- Projektnachbesprechungen in Teams (Projekterfahrungsberichte): Ein wichtiger Prozess, implizites Wissen der MitarbeiterInnen als externes Wissen für KollegInnen verfügbar zu machen, sind Projektnachbesprechungen in Teams. Dabei werden die Metadaten eines Kundenprojektes und die Erfahrungen besprochen, niedergeschrieben und in einer zentralen Intranet-Datenbank, dem sogenannten «Project Profile Repository», abgelegt (siehe Stufe 2, PPR). Dort können MitarbeiterInnen darauf zugreifen,

Kontaktpersonen aus vergangenen Projekten finden und in neuen Projekten auf den «status quo» aufbauen. Neben der Wissensteilung hat dieser Prozess auch die Vorteile, dass er einen Lernprozess für jeden Mitarbeiter selbst nach sich zieht und dass auch die internen Prozesse bei HP unter die Lupe genommen und verbessert werden können. Als Motto für externe Projekte gilt prinzipiell: «The project isn't over until you've shared the lessons learned and best practices.»

5.1.5. Erfahrungen

Als wichtigste Erfahrung im Zuge der Re-Implementierung des ganzheitlichen Wissensmanagementsystems bei HP ist die Reaktion der MitarbeiterInnen zu sehen. Sie stellen die Träger des Wissensmanagements dar. Prozesse und Technologie können unterstützend wirken, repräsentieren jedoch nur 40 % der Wertkette des Wissensmanagements. Die Reaktionen der MitarbeiterInnen bei der Einführung waren sehr unterschiedlich, weil diese natürlich sehr eng mit dem individuellen Verhalten und den Einstellungen der MitarbeiterInnen verbunden sind. Generell kann von folgenden Erfahrungen gesprochen werden:

- Die MitarbeiterInnen wirkten nach der Fusion interessierter an dem Thema Wissensmanagement als zuvor. Dies kann auf die steigende Notwendigkeit, Wissen in einem noch grösser gewordenen Konzern zu managen, zurückzuführen sein.
- Die MitarbeiterInnen treten neuen Technologien und Prozessen kritischer gegenüber. Dies mag an der Anzahl bereits vorhandener Prozesse liegen.
- Schulungen und Arbeitsgruppen helfen MitarbeiterInnen, die Prozesse und Technologien zu verstehen, die eigenen Fokusprozesse und -systeme zu selektieren und damit zu arbeiten.

Aufgrund der parallelen Implementierung des Wissensmanagementsystems in den einzelnen Geschäftsbereichen kann sich eine «Zeitverschiebung» ergeben. Die unterschiedlichen Geschäftsbereiche «leben» Wissensmanagement unterschiedlich stark und verwenden teilweise auch unterschiedliche (auf die Anforderungen angepasste) Technologien.

5.1.6. Schlussfolgerungen / Ausblick

Prinzipiell muss gesagt werden, dass die Implementierung eines Wissensmanagementsystems in einer Firma nie endet: Die MitarbeiterInnen müssen regelmässig motiviert und unterstützt werden, die Prozesse müssen – zumindest geringfügig – auf die Anforderungen und Entwicklungen in einer Firma angepasst und erweitert werden. Der Wissensmanager (und -berater) hat also weiterhin alle Hände voll zu tun, um die MitarbeiterInnen bei dem Prozess zu unterstützen, bestehendes Wissen zu nutzen, neues Wissen zu schaffen und dieses in der ganzen Organisation zu verteilen.

5.2. Erfahrungsbericht 2: Konzeption und Einführung eines Wissensmanagement-Systems an der EMPA

5.2.1. Projektsteckbrief

Organisation:	EMPA (Eidg. Materialprüfungs- und Forschungsanstalt)
Problemstellung:	Ablösung von isolierten Internet- und Intranet-Systemen durch ein einziges Knowledge-Management-System mit personalisiertem Zugriff für das EMPA-Internet, -Intranet und -Extranet
Produkt:	Realisiert mit *Community Engine* von *Webfair* (www.webfair.com)
Einführungszeitpunkt:	Juli 2002
Dauer des Projektes:	April 2001 bis Dezember 2002
Anzahl involvierter Mitarbeiter:	Kernteam 6 – 8 Personen, ca. 30 Content-Manager
Anzahl Nutzer:	ca. 700 Nutzer
Kontaktperson:	Christoph Bucher, Leiter Informatik
E-Mail:	christoph.bucher@empa.ch
Telefon:	+41 (0)1 823 41 02
Adresse:	Überlandstr. 129, CH-8600 Dübendorf

5.2.2. Organisation

Die EMPA ist eine Forschungsinstitution des ETH-Bereichs. Sie ist auf drei Standorte verteilt und beschäftigt ca. 770 Mitarbeitende. Die EMPA ist in der Materialprüfung und in der Forschung für nachhaltige Material- und Systemtechnik tätig. Sie besteht aus ca. 30 Abteilungen, welche in sechs Departementen zusammengefasst sind.

5.2.3. Ausgangslage

Die EMPA setzt sich aus ca. 30 Abteilungen zu 15 bis 30 Leuten zusammen. Jede Abteilungen hat ihre Schwerpunkte, bezieht aber auch Leistungen von anderen Abteilungen oder arbeitet an abteilungsübergreifenden Projekten. Eine der Stärken der EMPA ist es, komplexe Fragestellungen im Forschungs-, Entwicklungs- oder Dienstleistungsbereich interdisziplinär, also unter Beizug des Know-hows diverser Fachabteilungen, zu bearbeiten.

Um diese Vernetzung weiter zu fördern, ist Mitte 1998 entschieden worden, an der EMPA aktiv ein Wissensmanagement zu betreiben.

In der Folge wurden verschiedene Projekte lanciert, mit den Zielen:
- Wissen als wichtige gemeinsame Ressource zu erkennen,
- das Denken und Handeln in Systemen zu fördern,
- ein geeignetes Klima für Ideen und Innovationen zu schaffen
- und die Effizienz und Effektivität in der Bearbeitung der Aufgaben zu erhöhen.

Eines der Projekte hatte zum Ziel, das EMPA-Intranetsystem um eine *Yellow-Page*-Funktion zu erweitern. Mit der Einführung eines Groupware-Systems konnte auch die Zusammenarbeit effizienter organisiert werden.

Dabei war es allerdings von Anfang an absehbar, dass ein Wissensmanagement unter anderem auch den Ruf nach neuen oder verbesserten Informationssystemen nach sich ziehen würde. In der Folge wurden tatsächlich über verschiedene Kanäle Begehren formuliert, sodass sich Anfang 2001 folgende Situation präsentierte:
- Der Internetauftritt der EMPA wurde ca. 1994 konzipiert und sollte erneuert werden
- Der separate Auftritt der EMPA-Akademie sollte in den neuen Auftritt integriert werden
- Das Intranet der EMPA setzte sich vor allem aus administrativen Inhalten und isoliert davon den Yellow-Page-Inhalten der einzelnen Mitarbeiter zusammen. Diese Inhalte wurden in einem Initialaufwand erfasst, dann aber nur partiell aktualisiert. Die Fachabteilungen haben eigentlich nur Inhalte für das Internet publiziert. Am Intranet hingegen bestand kein grosses Interesse.
- Die Abteilung in Thun hat für sich ein personalisiertes Intranet mit Unterstützung der Informatik aufgebaut.
- Die Direktion signalisierte das Bedürfnis nach einer Datenbank zur Verwaltung der Indikatoren (Leistungselemente wie Publikationen, Veranstaltungen, Kurse, Vorlesungen, Projekte, Patente, Lizenzen u.a.).

Anfang 2001 lag ein Auftrag der Direktion für die Erneuerung des Internetauftritts der EMPA vor. Ein Kernteam von ca. 6 – 8 Personen arbeitete an diesem Projekt. Vonseiten der Informatikabteilung wurde darauf hingewiesen, dass das

Projekt in einen grösseren Rahmen zu stellen sei, der Folgendes zu berücksichtigen habe:
- Der Internetauftritt der EMPA ist gleichzeitig auch als Wissensdatenbank zu konzipieren, zumal ein Grossteil des an der EMPA generierten Wissens öffentlich zugänglich gemacht wird.
- Die Trennung in eine öffentlich zugängliche Wissensdatenbank (Internet) und in ein nur intern zugängliches Knowledge Repository ist unpraktisch und aufzuheben.
- Die Yellow-Page-Funktionalität sollte nicht nur intern zugänglich sein, sondern sich über den ganzen Datenbestand der zu schaffenden einheitlichen Datenbank erstrecken.
- Der Zugang zum Informationssystem muss grundsätzlich personalisiert ausgelegt werden, damit auch abteilungsspezifische oder vertrauliche Daten verwaltet werden können. Die Volltextsuchfunktion muss die Berechtigungen berücksichtigen.
- Publikations-, Vortrags- und Projektlisten wurden beim Internetauftritt mehr oder weniger systematisch publiziert.
- Die Inhalte der EMPA-Akademie bestehen im Wesentlichen aus Veranstaltungsartikeln; diese sind Leistungsindikatoren, sofern es sich um Veranstaltungen von EMPA-Mitarbeitern handelt.
- Eine Aktualisierung der Wissensdatenbank und der Yellow Pages kann automatisch erreicht werden, wenn die Leistungsindikatoren und die damit verbundenen Dokumente in einem Informationsgefäss erfasst werden müssen.

Diese Überlegungen wurden der Direktion kommuniziert. Entsprechend wurde der Auftrag erweitert, ein Informationssystem mit folgender Zielsetzung zu schaffen:
- *Ein* Informationssystem mit *personalisiertem* Zugriff für das EMPA-Internet, Intranet und Extranet.
- Das Informationssystem muss *strukturierte* und *unstrukturierte* Inhalte verwalten können.

Das ursprüngliche Pflichtenheft wurde dazu erweitert, und folgender Projektumfang ist definiert:
- Redesign des Internetauftritts
- Akademie, inkl. elektronischer Anmeldung
- eNewsletter, eEventkalender
- Publikation, inkl. elektronische Bestellung
- Veranstaltungen und Vorlesungen
- Weitere Leistungsindikatoren und Auswertungen
- Personalisiertes Intranet mit Abteilungsportalen
- Kundenbereich (Extranet)
- Knowledge Repository mit Yellow Pages

5.2.4. Vorgehen

Der chronologische Ablauf ist aus dem untenstehenden Projektplan ersichtlich. Das Projekt wurde ohne externen Berater durchgeführt, allein mit internen Mitarbeitern. Die wichtigsten Aufgaben und Meilensteine waren:

- Pflichtenhefterstellung
- Evaluation und Prototyping
- Inhaltskonzepte und Sitemap
- Detailspezifikation
- Grafisches Design
- Leitung und Dokumentation der Implementation
- Konzeption und Erstellung der Schulungsunterlagen
- Konzeption der Sicherheitsarchitektur
- Informationsraum- und Berechtigungskonzepte
- Konzeption und Erstellung eines ausführlichen Handbuchs
- Konzeption und Inbetriebnahme der Server (Datenbank-, Applikations-, Web- und Revers-Web-Proxyserver), Nachführung der Systemdokumentation
- Integration des Systems über LDAP mit dem zentralen Verzeichnisdienst
- Konzeption und Programmierung der Backoffice-Anwendungen

Eine Vorselektion der Systeme wurde anhand diverser Informationsquellen gemacht; eine sehr häufig konsultierte Website war: www.content.manager.de.

Bei der Erstellung der Detailspezifikation und der Implementierung wurde die EMPA von Webfair sehr gut beraten und unterstützt. Das Projekt stand unter grossem zeitlichen Realisierungsdruck, da das ursprüngliche Projekt *Redesign des Internetauftritts* schon 1999 erstmals angegangen wurde und eine weitere Verzögerung nicht hätte hingenommen werden können. Zudem war der Budgetrahmen klar vorgegeben, so dass auf externe Projektunterstützung verzichtet werden musste.

5.2.5. Erfahrungen

Die Evaluation hat gezeigt, dass die näher untersuchten Web-Content-Management-Systeme sich in ihren Funktionen stark gleichen. Dabei ist ganz deutlich geworden, dass es sich bei Web-Content-Management-Systemen um Tool-Boxen handelt, mit denen die gewünschten Lösungen programmiertechnisch umgesetzt werden müssen.

Von absolut zentraler Bedeutung für das Gelingen ist dabei ein Pflichtenheft und eine daraus abgeleitete fundierte Detailspezifikation.

Während der Evaluation ist darauf geachtet worden, dass nebst klassischen HTML-Artikeln auch strukturierte Artikel verwaltet werden können. Die *Community Engine* bietet dazu die XML-Artikel an. Diese können flexibel definiert werden und sich dann in HTML oder anderen Formaten darstellen. Zusammen mit ein paar Hilfszuordnungen zu Artikeln (Artikeltyp, Organisationszugehörigkeit, Berichtsjahr) und den Expertenzuordnungen (Standardfunktion der *Commu-*

nity Engine) ist es auf einfache Weise gelungen, mit einem Web-Content-Management-System auch strukturierte Informationsverwaltung zu betreiben, also z.B. ein Dokumentenmanagementsystem zu emulieren, oder allgemeiner die Leistungsindikatoren zu verwalten.

Im Standard verwendet die *Community Engine* die der Datenbank zugrunde liegende Such-Engine, im vorliegenden Fall die Microsoft-Such-Engine des *SQL-Servers*. Schon mit dieser Such-Engine – wenn gewünscht auch in Kombination mit den Hilfsstrukturelementen – können Informationen sehr rasch gefunden werden. Da auf den Detailsichten der Artikel alle nur denkbaren Links dargestellt werden, können von einem gefundenen Artikel aus verwandte Artikel bzw. Experten angeklickt werden.

Es hat sich gezeigt, dass Browser-Interfaces für eine umfangreiche Datenerfassung nicht optimal sind, da die Antwortzeiten für flüssiges Arbeiten zu wenig gut sind. Dies ist aber typisch für alle browserbasierten Anwendungen. Die Administrationstools von *Community Engine* sind beispielsweise als Windows-Anwendungen realisiert und sehr performant. Der Trend, überall browserbasierte Interfaces anzubieten, ist im WCMS-Markt omnipräsent, scheint dem Beauftragten der EMPA aber nicht der richtige Weg zu sein.

5.2.6. Schlussfolgerungen / Ausblick

Folgendes Projektziel ist erreicht worden:

Ein Knowledge Repository mit *personalisiertem* Zugriff für *strukturierte* und *unstrukturierte* Inhalte des EMPA-Internet, Intranet und Extranet.

Es wäre zu untersuchen, inwieweit und zu welchen Kosten es Dokumenten-Management-Systeme gibt, die zusätzlich WCMS-Funktionen beinhalten. Der Ansatz, strukturierte Informationsverwaltung mit XML-Metadaten und Hilfszuordnungen zu emulieren und diese mit ansprechend gestaltetem Content in einer Wissensdatenbank zu kombinieren, hat sich bewährt. Die Suchresultate sind schon mit der in der Datenbank eingebauten Suchmaschine sehr gut, könnten aber durch Einbau eines intelligenteren Produkts eines spezialisierten Herstellers (Autonomy, Google etc.) sicher verbessert werden.

5.3. Erfahrungsbericht 3: Einführung eines Skills Management-Systems bei der Swisscom AG

5.3.1. Projektsteckbrief

Organisation:	Swisscom AG
Problemstellung:	Einführung von Wissensmanagement bei Swisscom Network Services (neu heisst dieser Bereich Swisscom Fixnet AG)
Produkt / Software:	Keine KM-Standardprodukte eingesetzt. Wo notwendig, kamen Inhouse-Entwicklungen zu Zuge.
Einführungszeitpunkt:	Projektstart Dezember 1999
Dauer des Projektes:	11 Monate
Anzahl involvierter Mitarbeiter:	4 voll involvierte und ca. 20 teilinvolvierte Mitarbeitende
Anzahl Nutzer:	Stand 2003: ca. 5'000 (Skills-Management)
Kontaktperson:	Adrian Kempf
E-Mail:	adrian.kempf@swisscom.com
Telefon:	+41 (0)31 342 89 47
Adresse:	Alte Tiefenaustrasse 6, CH-3048 Worblaufen

5.3.2. Organisation

Swisscom ist im Bereich der Telekommunikationsdienste tätig. Ihre fünf grössten Bereiche in der Schweiz sind:

- *Swisscom Fixnet AG*, zuständig für die Festnetz-Telefonie
- *Swisscom Mobile AG*, zuständig für die Mobile-Telefonie
- *Swisscom IT Services AG*, zuständig für IT-Systemlösungen
- *Swisscom Enterprise Soulutions AG*, zuständig für das Lösungsgeschäft im Bereich der Grosskunden
- *Swisscom Systems AG*, zuständig für die Beratung, Planung, Realisierung und Wartung bis zu einem kompletten Outsourcing von kundenspezifischen Kommunikationslösungen.

Swisscom wies mit etwas über 20'000 Vollzeitstellen für das Jahr 2002 einen Nettoumsatz von ca. CHF 14'500 Milliarden mit einem EBITDA von ca. CHF 4'400 Milliarden aus.

5.3.3. Ausgangslage

Swisscom hatte zum Zeitpunkt des Projektbeginns infolge der Liberalisierung (als Ex-Monopolist) tief greifende Veränderungen hinter sich. Die neue Organisation war noch nicht prozessoptimiert und eingespielt. Die informellen persönlichen Netzwerke wurden beispielsweise durch die Vertikalisierung der Organisationsstruktur zerschlagen und mussten erst wieder aufgebaut werden. Ferner befand sich die Swisscom an der Schwelle zu einem wichtigen Generationenwechsel in der Technologie (von der digitalen Vermittlungsanlage hin zu IP-Netzwerken), wobei dieser Übergang von vielen unbekannten Faktoren abhing. Sicher war lediglich, dass eine grundsätzliche Veränderung der Wissensbasis bevorstand und damit die Verfügbarkeit von Fachkräften zum Bottle Neck werden wird.

Ausgehend von dieser Situation sind folgende Ansprüche an das Knowledgemanagement formuliert worden:

- Knowledgemanagement muss eine langfristige, strategische Fähigkeitsentwicklung ermöglichen.
- Knowledgemanagement muss das Wissen über die neue Prozessorganisation verankern. Dadurch soll die Quality of Service unterstützt und die Eingliederung neuer Mitarbeiter erleichtert werden.
- Knowledgemanagement muss im Falle eines Personalabbaus den Verlust von Erfahrungswissen minimieren.
- Knowledgemanagement soll die Attraktivität der Swisscom auf dem Arbeitsmarkt verbessern.
- Knowledgemanagement soll grundsätzlich eine Sache der Linie bleiben und zu einer langfristigen Kulturentwicklung beitragen.

5.3.4. Vorgehen

1. Sensibilisierung

Das hauptsächliche Ziel der Sensibilisierungsphase war es, von der allgemein vorherrschenden Vorstellung wegzukommen, die Swisscom sei lediglich die Betreiberin einer technischen Infrastruktur. In Zukunft sollten die Mitarbeiter vom Selbstverständnis ausgehen, Mitglied einer Knowledge Company zu sein.

2. Sponsorensuche und Festlegung der Projektorganisation

Nach erfolgreicher Suche nach einem internen Sponsor, der das Wissensmanagement-Projekt mittrug, konnte die Projektorganisation definiert werden. Diese lässt sich schematisch wie folgt darstellen:

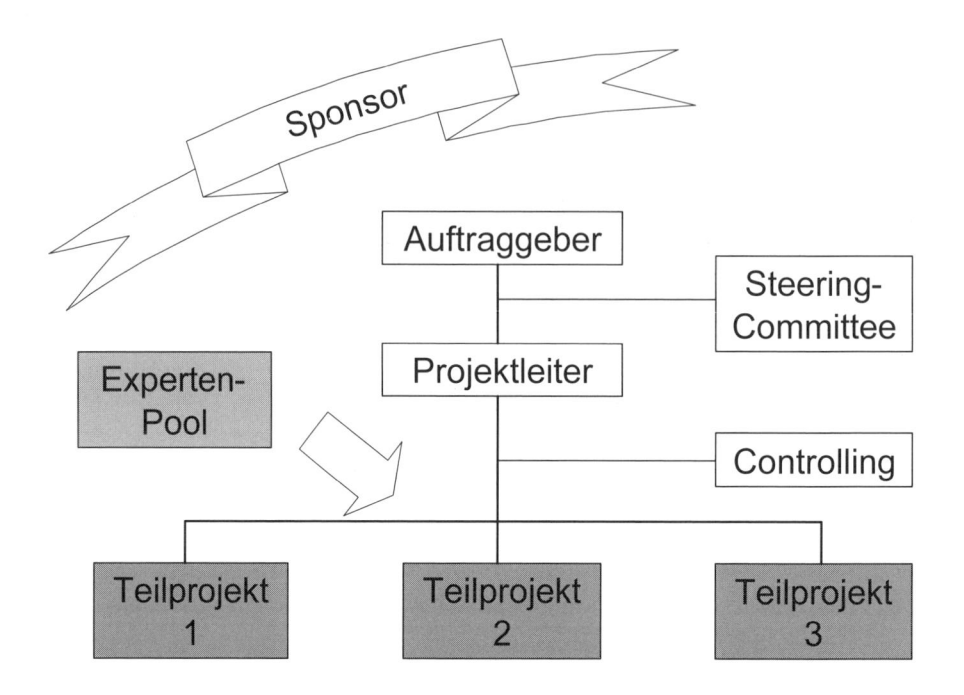

```
                    Sponsor
                 ┌──────────────┐
                 │ Auftraggeber │
                 └──────┬───────┘
                        │       ┌──────────────┐
                        ├───────│  Steering-   │
   ┌───────────┐        │       │  Committee   │
   │ Experten- │ ┌──────┴───────┐└──────────────┘
   │   Pool    │ │ Projektleiter│
   └───────────┘ └──────┬───────┘
                        │       ┌──────────────┐
                        ├───────│ Controlling  │
                        │       └──────────────┘
        ┌───────────────┼───────────────┐
   ┌─────────┐     ┌─────────┐     ┌─────────┐
   │Teilprojekt│   │Teilprojekt│   │Teilprojekt│
   │    1    │     │    2    │     │    3    │
   └─────────┘     └─────────┘     └─────────┘
```

Typische Teilprojekte waren Ausbildung, KM-Tools (nicht nur IT-Tools) und KM-Prozesse und -Organisation. In den verschiedenen Teilprojekten wurden bewusst Mitarbeiter mit Linienfunktion einbezogen. Das Ziel war, frühzeitig die Bedürfnisse der Kunden mit einzubeziehen und nicht ein Wissensmanagementsystem aufzubauen, dem die Akzeptanz der Benutzer fehlt.

3. Formulierung der Projektziele und Anforderungsanalyse (Knowledgemanagement-Mission)

Das übergeordnete Projektziel war es, innerhalb der Swisscom eine gemeinsame Vision sowie ein gemeinsames Begriffsverständnis für das Knowledgemanagement zu entwickeln. Dieses Ziel ist in drei sogenannten Knowledgemanagement-Missionen konkretisiert worden. Diese lauten folgendermassen:

Knowledgemanagement-Mission 1:

Die Swisscom versteht sich als Knowledge Company und ist mit entsprechenden Prozessen, Strukturen und Systemen ausgestattet. Sie fördert und fordert das proaktive Management des Wissenskapitals.

Knowledgemanagement-Mission 2:

a) Selbstverständnis: Alle Mitarbeiter der Swisscom sind sich – im Sinne der Eigenverantwortung – bewusst, dass der zukünftige Erfolg der Organisation wesentlich vom Umgang und vom Management der Lernprozesse abhängt.

b) Führung: Die Führungskräfte der Swisscom übernehmen Verantwortung für die individuellen und organisatorischen Lernprozesse im Unternehmen. Sie schaffen eine Kultur des Lernens, wobei das Knowledgemanagement stets Sache der Linie bleibt.
c) Kultur: Bei der Swisscom existiert eine Kultur des Wissensaustausches und der kontinuierlichen Verbesserung.

Knowledgemanagement-Mission 3:
a) Prozesse: Die Swisscom plant die Wissensentwicklung strategisch und bewirtschaftet und nutzt ihr Wissen optimal, wofür sie mit der relevanten Umwelt in intensivem Wissensaustausch steht. Die kontinuierliche Verbesserung des Knowledgemanagements soll über die Erfolgsmessung gesteuert werden. Ein Ziel ist es, durch die eingewobenen Wissensprozesse die Leistungsfähigkeit der wichtigsten Geschäftsprozesse zu steigern.
b) Organisation: Die Aufgaben des Knowledgemanagements werden grundsätzlich von den Mitarbeitern wahrgenommen, die – aufgrund ihrer individuellen Dispositionen – dem entsprechenden Wissen am nächsten stehen, d.h. es nutzen und entwickeln. Die Führung der KM-Prozesse und die Unterstützung des Knowledgemanagements ist Aufgabe der Human Resources.
c) Infrastruktur: Die Swisscom verfügt über eine angemessene Infrastruktur, welche die wissensbasierte Arbeit optimal unterstützt.

4. Ableiten der Wissensziele aus der Unternehmensstrategie und Priorisierung der Ziele

Auf der Basis der Leitplanken, die in den Knowledgemanagement-Missionen 1 bis 3 festgelegt worden sind, sowie der Unternehmensstrategie wurden die konkreten Wissensziele formuliert. Deren Priorisierung ergab – beispielhaft – folgendes Bild:

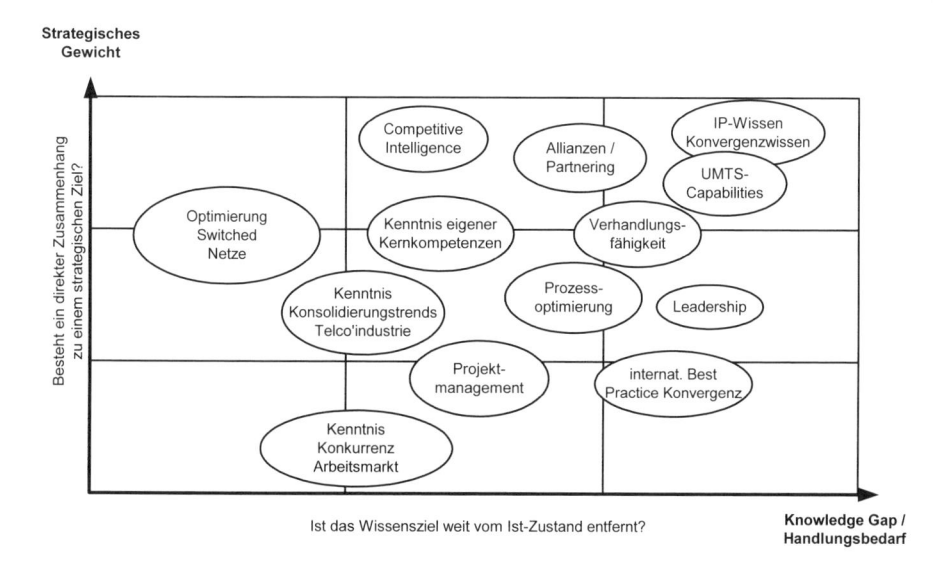

5. *Formulierung einer Knwoledgemanagement-Strategie und Bestimmung der Methoden und Tools*

Ausgehend von der Festlegung und Priorisierung der Wissensziele (in Abhängigkeit von der Unternehmensstrategie und den drei Knowledgemanagement-Missionen) konnte die Knowledgemanagement-Strategie formuliert werden.

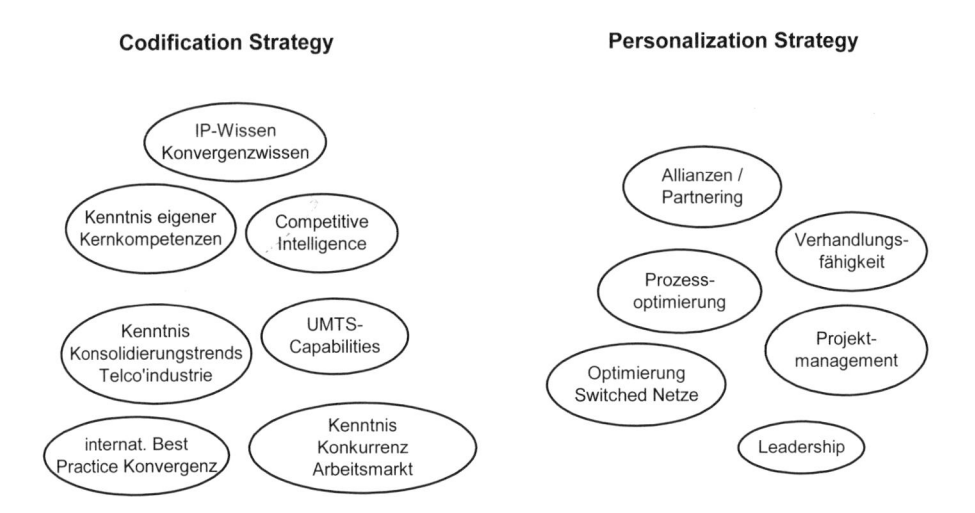

Codification Strategy

- IP-Wissen Konvergenzwissen
- Kenntnis eigener Kernkompetenzen
- Competitive Intelligence
- Kenntnis Konsolidierungstrends Telco'industrie
- UMTS-Capabilities
- internat. Best Practice Konvergenz
- Kenntnis Konkurrenz Arbeitsmarkt

Personalization Strategy

- Allianzen / Partnering
- Verhandlungsfähigkeit
- Prozessoptimierung
- Projektmanagement
- Optimierung Switched Netze
- Leadership

In einem weiteren Schritt wurden dann geeignete Methoden und Tools zur Umsetzungsunterstützung bestimmt.

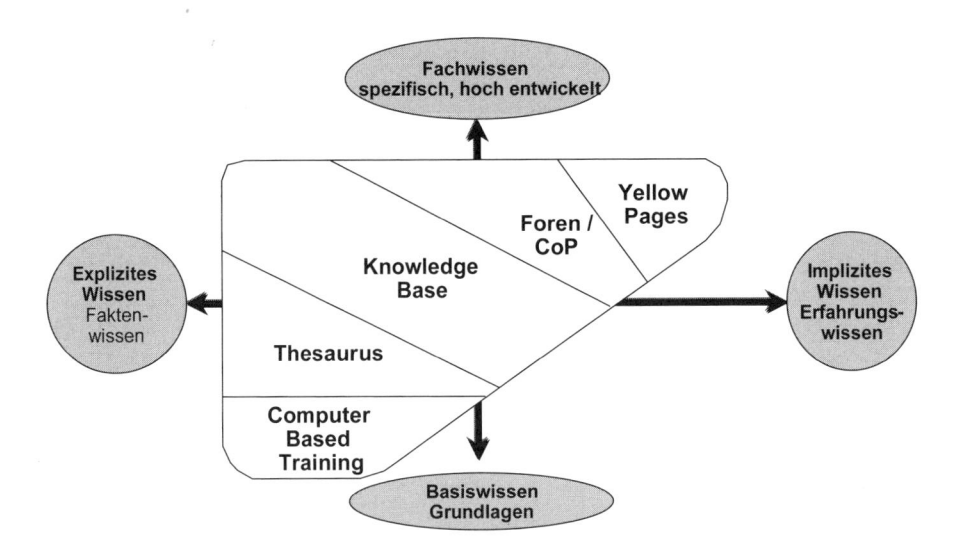

Diese Abbildung ist bei weitem nicht vollständig. Sie diente lediglich als Arbeitsinstrument, um eine erste, rasche Betimmung der anzuwendenden Methodik vorzunehmen.

6. Messung der Zielerreichung

Um die Wirkung der eingeleiteten Massnahmen nicht nur gefühlsmässig beurteilen zu müssen, sollten schon in der Projektphase aussagekräftige Messkritierien definiert werden. Obwohl es in der Praxis meist schwierig sein wird, die getroffenen KM-Massnahmen immer nach dem Ursachen-Wirkungs-Prinzip zuzuordnen, sollte dies nicht dazu verleiten, auf Kennzahlen zu verzichten. Die nächste Abbildung zeigt eine mögliche Darstellungsform.

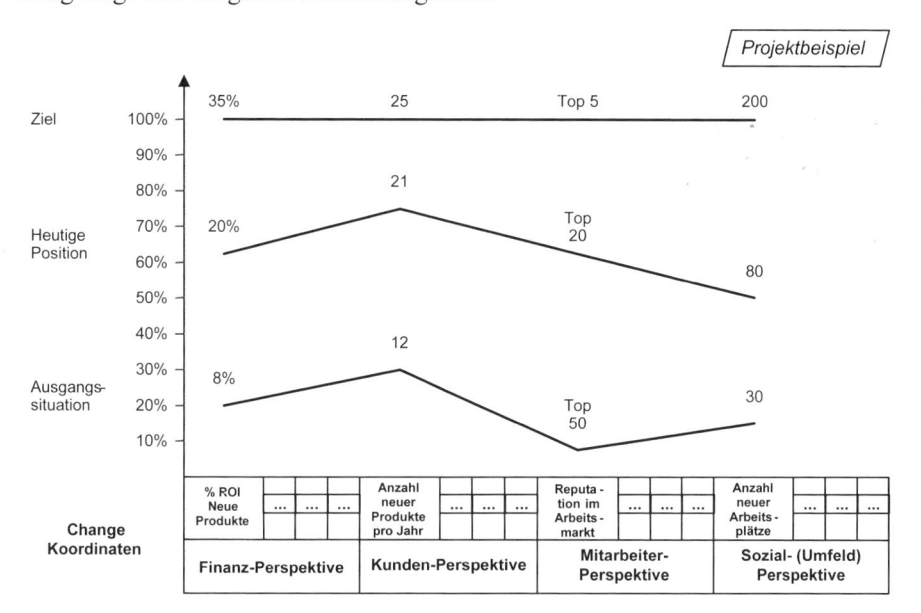

7. Review und Wechsel der Projektorganisation

Nach weniger als einem Jahr hatte das Projektteam für verschiedene Problembereiche, die sich aus der KM-Sicht gut bearbeiten lassen, Vorschläge ausgearbeitet. Dies waren unter anderem:

- Contextabhängige Suchstrategie für ein DMS (abhängig zur Arbeitsumgebung und den entsprechenden Arbeitsprozessen)
- Aufbau einer «Google-basierten» Kontakt- und Beziehungsnetzsuchstrategie
- KM-Booklet als Nachschlagewerk für die Linie
- Skills-Management

In diesem Stadium der Projekts erfolgten mehrere Wechsel in der Geschäftsleitung der Swisscom. Diese Ereignisse hatten unter anderem zur Folge, dass die

Thematik KM an Bedeutung verlor. Einzig die beiden Vorschläge «Skills-Management» und «KM-Booklet» wurden realisiert. Das Skills-Management wird heute standardmässig in verschiedenen Bereichen von Swisscom eingesetzt.

5.3.5. Erfahrungen

Folgende Erkenntnisse sind im Verlauf des Knowledgemanagement-Projekts gewonnen worden:

- Die Sensibilisierung auf das Thema allein reicht für die erfolgreiche Umsetzung eines ambitionierten Projekts, wie es die Einführung eines Knowledgemanagemtsystems darstellt, nicht aus. Das Projekt muss breit abgestützt sein.
- Neben einer bis zum Abschluss des Projekts gesicherten Finanzierung kommt der Geschäftsleitung bei der Einführung eines Knowledgemanagements eine zentrale Rolle zu (Vorbildsfunktion).
- Oft wird der Nutzen eines Knowledgemanagementsystems unterschätzt, da der Nutzen betriebswirtschaftlich nur schwer messbar ist. Aus diesem Grunde hat der betriebliche Alltag vielfach Vorrang. Nur ein kultureller Wandel, verbunden mit der Erkenntnis, dass KM eine entscheidende Rolle in der zukünftigen Unternehmensentwicklung spielen wird, kann hier korrigierend wirken.
- Für eine erfolgreiche und langfristige Einführung von KM sollte auf Grund der gemachten Erfahrungen auf eine zentrale Organisation verzichtet werden. Vorzuziehen sind kleinere dezentrale Lösungen, die später zu grösseren Projekten ausgebaut werden können.

5.3.6. Schlussfolgerungen / Ausblick

Die gemachten Erfahrungen entsprechen im Wesentlichen dem, was die Standardliteratur über Wissensmanagement anführt. Wesentlich aber ist, dass die eine oder andere Ausprägung nur im Kontext mit den kulturellen Eigenheiten der Organisation verstanden werden kann. In diesem Sinne zeigte sich sehr gut, dass organisationales Lernen massgeblich über die gemachten Erfahrungen des Kollektivs möglich wird.

Die Swisscom ist heute in der Thematik Wissensmanagement einige Schritte weiter. Die Bereitschaft, sich damit auseinander zu setzen, wächst auf allen Stufen der Organisation. Obwohl es *den* Swisscom Knowledge-Manager (noch?) nicht gibt, sind verschiedene KM-Ansätze in den einzelnen Gruppengesellschaften in der Entstehung. Der Wunsch zum Gruppen-übergreifenden Wissensaustausch beginnt, sich da und dort bemerkbar zu machen. Diese Initiativen verdeutlichen, dass sich die Swisscom allmählich zu einer «faster learning Organization» entwickelt.

5.4. Erfahrungsbericht 4: Einführung eines Content Management-Systems bei der Glas Trösch Holding AG, Bützberg

5.4.1. Projektsteckbrief

Organisation:	Glas Trösch Holding AG, Bützberg
Problemstellung:	Ablösung des Intranets mit Frontpage durch ein CMS, welches folgende 3 Muss-Ziele zu erfüllen hat: 1. Möglichkeit der dezentralen Eingabe 2. Möglichkeit der Bildung von Benutzergruppen mit unterschiedlichen Zugriffsrechten 3. Automatische Anzeige von Inhaltsaktualisierungen
Produkt / Software:	CMS Obtree C4
Einführungszeitpunkt:	Applikationen ab Herbst 2001 / Start Projekt Frühling 2001
Dauer des Projektes:	Im Prinzip dauerndes Projekt, befinden uns in der 2. Ausbauphase
Anzahl involvierter Mitarbeiter:	Je nach Applikation zwischen 2 und 20 Personen.
Anzahl Nutzer:	ca. 900 User
Kontaktperson:	François Dubuis
E-Mail:	f.dubuis@glastroesch.ch
Telefon:	+41 (0)62 958 51 70
Adresse:	Industriestrasse 29, CH-4922 Bützberg

5.4.2. Organisation

Die Glas Trösch Gruppe ist ein international tätiger Konzern mit Niederlassungen in der Schweiz, Deutschland, Frankreich und dem übrigen Europa. Die Gruppe beschäftigt ca. 3'000 Mitarbeiter.

5.4.3. Ausgangslage

Im Jahre 2000 startete Glas Trösch (GT) mit dem Aufbau eines Intranets (Frontpage). Die Reaktionen der Anwender zeigten, dass zusätzliche Funktionen eingebaut werden müssen. Aus diesem Grund wurde im Frühling 2001 das Projektteam «Intranet» gebildet, bestehend aus GT-Mitarbeitern der verschiedenen Aufgabenbereiche innerhalb der Gruppe. In Interviews mit künftigen Anwendern wurden die Bedürfnisse abgeklärt. Die Ergebnisse zeigten, dass der Ausbau in mehrere Phasen gegliedert werden muss.

Nachdem die Gruppenleitung einem Ausbau des Intranets zugestimmt hatte, wurden drei Muss-Ziele definiert:

1. Möglichkeit der dezentralen Eingabe
2. Möglichkeit der Bildung von Benutzergruppen mit unterschiedlichen Zugriffsrechten
3. Automatische Anzeige von Inhaltsaktualisierungen

Ferner wurde festgelegt, dass das Erscheinungsbild dem Internet-Auftritt ähnlich sein soll und das Intranet mit der Zeit zu einem zentralen Arbeitsmittel wird, welches die heutigen Arbeitsschritte unterstützt und verkürzt. Die Navigation soll einfach und selbsterklärend sein, ergänzt mit Suchfunktionen über das ganze Intranet.

Die drei Muss-Ziele können z.T. bereits mit der ersten Ausbauphase realisiert werden. Die Autoren haben nun die Möglichkeiten, Inhalte direkt über den Browser oder über unser neues Content Management-System «Obtree C4» zu pflegen. Beim Einstieg ins Intranet, durch Klick auf das entsprechende Icon, gelangt der User in den sogenannten «Public-Bereich» des Glas-Trösch-Intranets; dieser Bereich ist allen zugänglich. Durch ein zusätzliches Login mit Passwort gelangt man als User in die zugeteilte Benutzergruppe mit vordefinierten Zugriffsrechten (= Erfüllung des zweiten Muss-Zieles). Inhaltsaktualisierungen werden den Anwendern in Abhängigkeit der Benutzergruppe nach dem personalisierten Einstieg bekannt gegeben (noch nicht realisiert).

5.4.4. Vorgehen

Im Rahmen der strukturierten Vorgehensweise lassen sich zwei Phasen des Projekt Managements unterscheiden:

1. Analyse und Konzeption

In dieser Phase werden die internen Bedürfnisse und die Herausforderungen des Marktumfeldes analysiert, um auf dieser Grundlage die Anforderungen der künftigen Nutzer zu definieren. Anschliessend werden bedürfnisgerechte Lösungen konkretisiert und klar spezifizierte Projekte/Etappen definiert.

Analyse und Konzeption:
4-Phasen-Vorgehensweise

Realisation:
Project Management Process

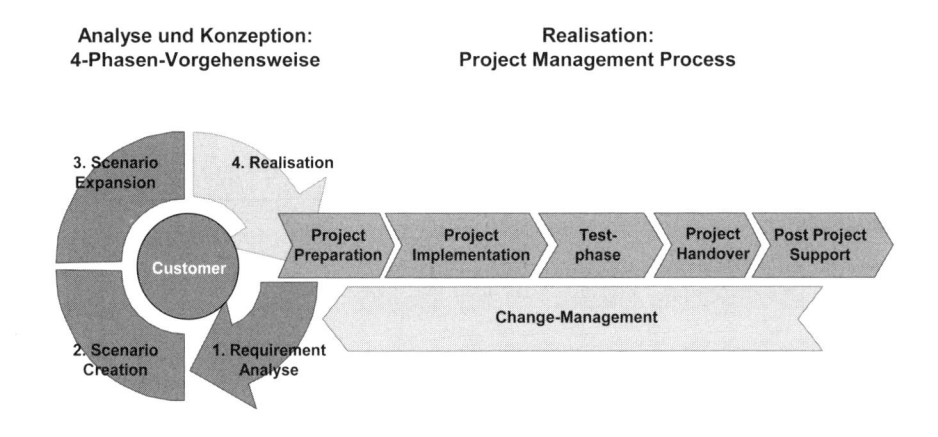

- 1. Requirement Analyse
- 2. Scenario Creation
- 3. Scenario Expansion
- 4. Realisation
- Customer

Project Preparation → Project Implementation → Test-phase → Project Handover → Post Project Support

Change-Management

2. Realisierung

In enger Zusammenarbeit mit dem Kunden (= künftiger Content-Manager bzw. User) geht es anschliessend an die Umsetzung der Projekte/Etappen. Klar definierte Milestones und regelmässige Projektfortschrittskontrollen erhöhen die Transparenz gegenüber den internen Auftraggebern.

Um auch in kurzer Zeit komplexe Projekte realisieren zu können, wird auf die Methodik des «Concurrent Engineerings» zurückgegriffen. Dadurch werden Arbeitsschritte sinnvoll parallelisiert (anstelle step-by-step).

Nach dem erfolgreichen Durchlaufen der Test-Szenarien wird das Projekt mit dem Abnahmeprotokoll formell an den Auftraggeber der neuen Applikation übergeben. Nach der Abnahme erfolgt eine zeitgerechte Schulung für die künftigen Content-Manager und/oder die User.

5.4.5. Erfahrungen

Herzstück des Intranets ist das CMS, dessen Evaluation grosse Bedeutung zu kommt. Zum Zeitpunkt der Evaluation bei Glas Trösch gab es auf dem europäischen Markt über 180 Anbieter, heute sind es weniger. Da elektronische Systeme wie alle wirtschaftlichen Investitionen in einer guten Kosten-/Nutzen-Relation stehen müssen, sind die Zukunftschancen der anbietenden Unternehmung genauso zu prüfen wie das Produkt (CMS) selbst.

Bei der Geschwindigkeit der heutigen Entwicklung im elektronischen Bereich ist es oft schwierig, abzuschätzen, was technisch umgesetzt werden soll. Der Zielkonflikt besteht darin, dass einerseits moderne Technik eingesetzt werden soll und andererseits eine einfache Handhabung (Datenpflege, Datenabfrage) zu gewährleisten ist. Eine Priorisierung der Kundenwünsche (Kunden = künftige User) in Verbindung mit der Verhinderung der Bildung von Datenfriedhöfen erscheint in diesem Zusammenhang wichtig. Richtig generierte Daten müssen auswertbar sein, ohne dass Redundanzen gebildet werden. Systeme sollen nicht abgeschottet werden, sondern miteinander kommunizieren können.

Wichtiges Verkaufsinstrument einer neu entstandenen Applikation im Intranet ist die zeitgerechte Schulung. Zeitgerecht bedeutet, kurz bevor die Content-Manager mit der Pflege zu beginnen haben. Sehen die Content-Manager in der neuen Applikation keinen Vorteil zum früheren Arbeitsablauf, ist die neue Lösung zum scheitern verurteilt. Hier steht nicht die technische Errungenschaft im Vordergrund, sondern die Zeit- und Kostenersparnis.

Hervorzuheben beim Glas-Trösch-Intranet ist die Navigation, welche derjenigen von Microsoft-Produkten sehr ähnlich ist. Vor allem zwei Ziele wurden dabei verfolgt:
- möglichst wenige Mausklicks bis zum Ziel
- auf Bewährtem aufbauen

Navigation MS-Office

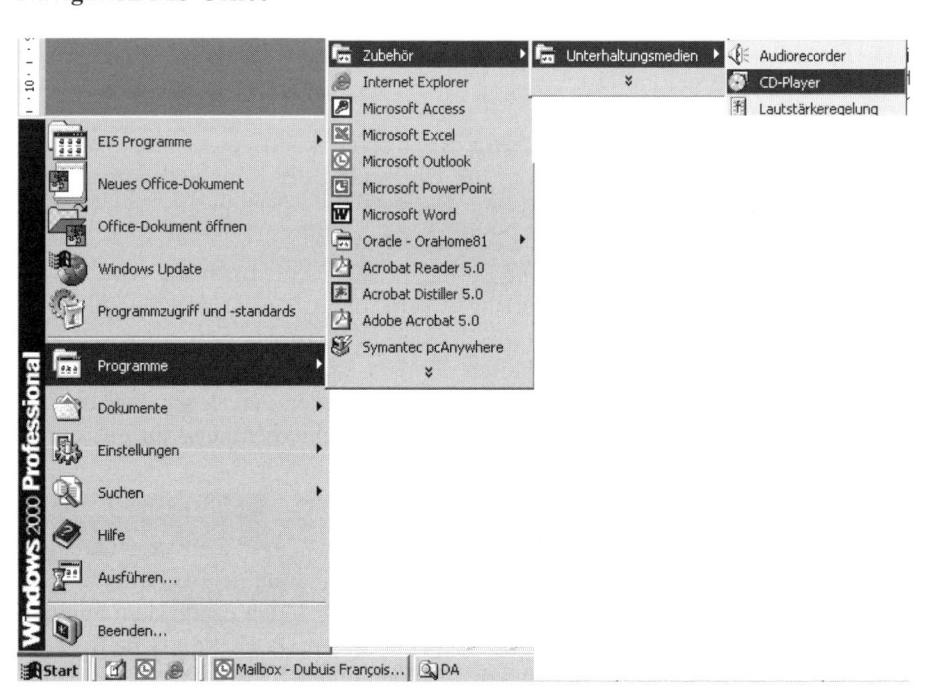

Navigation GT-Intranet

Mit Einsatz des CMS Obtree C4 ist es gelungen, innerhalb kurzer Zeit die dezentrale Contenteingabe zu ermöglichen. Auch ungeübte Benutzer sind ohne grossen Zeitaufwand in der Lage, die entsprechenden Daten zu pflegen. Betreffend der Datenpflege besteht keine Personenabhängigkeit mehr (wie dies noch mit der Frontpage-Lösung der Fall war).

5.4.6. Schlussfolgerungen / Ausblick

Von den drei Muss-Zielen, welche von der Gruppenleitung definiert wurden, konnten zwei erreicht werden. Im Sommer 2003 wird die automatische Inhaltsaktualisierung realisiert. Ein Intranet lebt von aktuellen Daten, welche vorzugsweise dort gepflegt werden, wo sie entstehen. Aktualisierungen (was, wann) werden dem User bekannt gegeben, wodurch den Bedürfnissen der User Rechnung getragen wird.

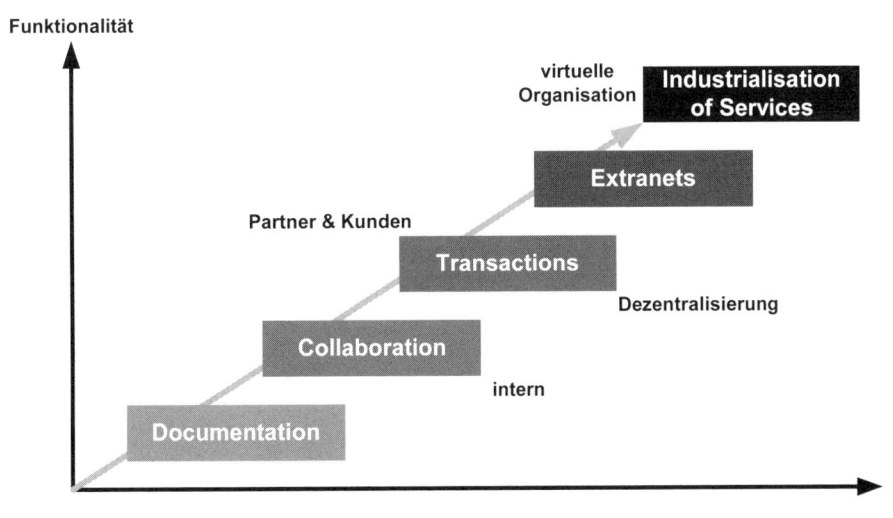

Die Ziele, welche in Zusammenarbeit mit der Partnerfirma Unic Internet Solutions in Bern entwickelt und umgesetzt werden, sind in obenstehender Grafik abgebildet. Etwa ein Drittel wurde erreicht, aber es gibt noch viel zu tun.

Zu erwähnen ist schliesslich auch, dass mit der Schulung der Content-Manager und eventuell der künftigen User ein Intranetprojekt nicht abgeschlossen ist. Erst durch eine Erfolgskontrolle (wurde das angestrebte Ziel wirklich erreicht?) kann gewährleistet werden, dass den Kundenbedürfnissen genügend Rechnung getragen worden ist. Eine Applikation soll nicht nur einmal gebaut und eingeführt werden, sondern den Bedürfnissen der Nutzer durch verbesserte Versionen angepasst werden. Den Usern muss elektronisch die Möglichkeit gegeben werden, über ein Feedback-Formular Anregungen und Wünsche anbringen zu können. Von Seiten der Projektleitung muss darauf innerhalb nützlicher Frist eingegangen werden.

5.5. Erfahrungsbericht 5: Einführung eines Wissensmanagement-Systems bei einem grossen Schweizer Versicherungsunternehmen

5.5.1. Projektsteckbrief

Organisation:	Integrator: CSC Switzerland AG Kunde: Grosses Schweizer Versicherungsunternehmen
Problemstellung:	Intranet-Portal zu einem heterogenen Netzwerk
Produkt:	Autonomy
Einführungszeitpunkt:	Juni 2001
Dauer des Projektes:	3 Wochen
Anzahl involvierter Mitarbeiter:	CSC: 6 Kunde: 4 (sporadisch)
Anzahl Nutzer:	Prototyp für ca. 20 Personen
Kontaktperson:	Robert Sellaro
E-Mail:	robert.sellaro@csc.com
Telefon:	+41 (0)1 307 24 30
Adresse:	Binzmühlestrasse 14, CH-8005 Zürich

5.5.2. Organisation

Das Projektteam stellte sich folgendermassen zusammen: Aufseiten der CSC (Integrator) waren ein System-Architekt, ein Projektleiter sowie vier Entwickler beteiligt, aufseiten des Kunden ein Projektverantwortlicher sowie drei Mitarbeitende der internen IT-Abteilung. Letztere haben allerdings nur sporadisch am Projekt mitgearbeitet.

5.5.3. Ausgangslage

Beim Kunden war bereits ein weltweites Intranet mit Anbindung von Lotus Notes, SQL-Server und Oracle-Datenbanken sowie LDAP-Benutzer-Verzeichnissen vorhanden. Die Benutzer mussten die Informationen allerdings über verschiedene Applikationen ansteuern.

Gewünscht wurde ein einheitlicher Zugang zu allen Plattformen mit Suchfunktion und «pro-aktivem» Verhalten. Der neue Zugang sollte ausserdem auch eine Plattform für die unternehmensweite Zusammenarbeit sein.

5.5.4. Vorgehen

In einer ersten Phase ist ein Prototyp zur Darstellung und Evaluation der Möglichkeiten der Lösung erstellt worden. Zu dieser ersten Projektphase gehörten folgende Schritte:

- Erhebung der Bedürfnisse und Möglichkeiten
- Erstellung eines Prototyps: Das Vorgehen war dynamisch, interaktiv, experimentell und ohne allzu klare Spezifikationen. Dabei wurde auf eine enge Zusammenarbeit innerhalb des Projektteams sowie mit dem Kunden Wert gelegt, um sicherzustellen, dass die Entwickler die Geschäftsprozesse des Kunden verstehen. Den Schluss dieser ersten Phase bildete die Abnahme des Prototyps.

In einer zweiten Phase hätte das Intranet-Portal unternehmensweit realisiert werden sollen. Nach der Erstellung der detaillierten Spezifikationen wurde das Projekt bei Bekanntgabe der Quartalszahlen des Unternehmens aus finanziellen Gründen abgebrochen.

5.5.5. Erfahrungen

Das Projekt ist unter grossem Zeitdruck durchgeführt worden. Dabei ist die Effizienz von physisch naher Zusammenarbeit und interaktivem Vorgehen sehr deutlich geworden.

5.5.6. Schlussfolgerungen / Ausblick

Die Implementierung einer neuen Lösung hängt nur begrenzt von der Technologie und den Applikationen ab. Mindestens ebenso wichtig sind Faktoren wie ein Changemanagement innerhalb der Organisation sowie im Hinblick auf die internen Prozesse. Auf diese Weise können beim Kunden bzw. dessen Mitarbeitenden eine hohe Akzeptanz und eine aktive Mitarbeit erreicht werden.

Die reine Beschreibung von Funktionsweisen und Geschäftsprozessen (Spezifikationen) bringt nur sehr begrenzt Einsicht in den tatsächlichen Ablauf. In komplexen Projekten sind Prototypen von grosser Bedeutung.

5.6. Erfahrungsbericht 6: Einführung eines Wissensmanagement-Systems bei einem grossen Pharmaunternehmen

5.6.1. Projektsteckbrief

Organisation:	Integrator: CSC Switzerland AG Kunde: Grosses Pharmaunternehmen
Problemstellung:	Intranet-Portal zu einem heterogenen Netzwerk
Produkt:	Autonomy
Einführungszeitpunkt:	April 2002
Dauer des Projektes:	1. Phase: 3 Monate / 2. Phase: 3 Monate
Anzahl involvierter Mitarbeiter:	CSC: 1 Kunde: 4
Anzahl Nutzer:	ca. 20 Personen
Kontaktperson:	Robert Sellaro
E-Mail:	robert.sellaro@csc.com
Telefon:	+41 (0)1 307 24 30
Adresse:	Binzmühlestrasse 14, CH-8005 Zürich

5.6.2. Organisations

Das Projektteam stellte sich folgendermassen zusammen: Aufseiten der CSC (Integrator) war ein System-Architekt und -Entwickler, der gleichzeitig Projektleiter war, beteiligt, aufseiten des Kunden ein Projektverantwortlicher (sporadische Mitarbeit), ein technischer Verantwortlicher (sporadische Mitarbeit) und zwei Entwickler. Einer derjenigen war erst gegen Ende der ersten Phase ins Projekt eingestiegen, der andere war nur an der zweiten Phase beteiligt.

5.6.3. Ausgangslage

Der Kunde hatte bereits einen News-Provider implementiert. Dieser schickte zu viele und unkoordinierte Nachrichten. Aus dieser Problematik wuchs der Wunsch nach verwaltbaren Kategorien und personalisierbarem Zugang. Ferner wurde gewünscht, nicht nur einen einzigen News-Provider zur Verfügung zu haben, sondern auch weitere Nachrichtenquellen zu implementieren.

5.6.4. Vorgehen

Die aktuelle Architektur und die Infrastruktur sind erfasst, Wünsche hinsichtlich der neuen Architektur und der Systemfunktionalitäten sind diskutiert worden.

In einer ersten Phase sollte eine funktionstüchtige Vorversion (erweiterter Prototyp) erstellt werden. Die meisten Funktionalitäten sollten integriert werden. Design, Tuning und Einbezug von neuen Nachrichtenquellen sollten anschliessend von Mitarbeitern des Kunden übernommen werden. Hierzu sollte ein Wissenstransfer von CSC zum Kunden stattfinden.

Diese erste Phase lässt sich wie folgt unterteilen:
- Erhebung der Bedürfnisse und Möglichkeiten
- Erstellung eines Dummy-Prototyps (nicht funktionstüchtig)
- Erstellung einer funktionstüchtigen Vorversion: Dabei waren relativ klare Spezifikationen sowie ein Zeithorizont vorgegeben. Trotzdem war es möglich, dynamisch und interaktiv vorzugehen. Dies ist ein wichtiger Punkt während der Projektabwicklung, da der Entwickler bzw. Architekt des Systems die Geschäftsprozesse des Kunden verstehen muss.
- Wissenstransfer durch Einbezug der Entwickler des Kunden
- Abnahme und Übergabe der Vorversion

Die zweite Phase begann mit einer Testphase des Prototyps. Alle darauf folgenden Arbeiten wurden vom Kunden übernommen.

5.6.5. Schlussfolgerungen / Ausblick

Es hat sich gezeigt, dass die reine Beschreibung von Funktionsweisen und Geschäftprozessen (Spezifikationen) eine nur sehr begrenzte Einsicht in den tatsächlichen Ablauf bringen. Prototypen können diese Einsicht erleichtern und ermöglichen ein Testen und Kennenlernen der Lösung.

6. Zusammenfassung und Ausblick

In einer kurzen Einführung in die Problem- und Fragestellungen des Wissensmanagements ist dargelegt worden, dass der Begriff des Managements von Wissen mitunter unterschiedlich verstanden wird. Die Beschreibung der – aus funktionaler Sicht – idealen Architektur eines Wissensmanagement-Systems dient einerseits als Annäherung an das Verständnis des Begriffs, wie er im vorliegenden Leitfaden verwendet wird, andererseits zum Aufzeigen derjenigen Bereiche des Wissensmanagements, die sinnvollerweise von der Informationstechnologie unterstützt werden können.

Die Entwicklung, die Durchführung und die Auswertung der Analyse der Anforderungen, die an eine Wissensmanagement-Lösung gestellt werden (können), macht exemplarisch sichtbar, wie wichtig dieser analytische Schritt vor der Auswahl und der Einführung einer IT-gestützten Lösung ist: Die beteiligten Parteien bzw. die anvisierten Nutzer des Systems (dies können z.B. verschiedene Einheiten einer Organisation, die Mitarbeitenden oder wie im angeführten Fall verschiedene Organisationen sein) bestimmen gemeinsam die Leistungen, die das System erbringen können muss. Im beschriebenen Vorgehen wurden diese Ansprüche mithilfe eines umfassenden Fragebogens erhoben und gemeinsam diskutiert.

Gleichzeitig dient die Anforderungsanalyse aber auch einer ersten Einschränkung des sehr breiten Angebots an Lösungen, die derzeit auf dem Markt erhältlich sind: Auf der Basis der Resultate ist im beschriebenen Projekt ein Fragebogen entwickelt und an 110 Anbieter verschickt worden. Damit konnte das Angebot bereits auf 30 und in einem weiteren Schritt auf 15 Systeme reduziert werden, die alle die gestellten Anforderungen erfüllen. Dabei hat sich gezeigt, dass sich diese Systeme letztlich in ihrem Aufbau bzw. ihrer Architektur kaum mehr wesentlich voneinander unterscheiden. Die Unterschiede sind vielmehr im Alter der Lösungen (und damit in den Erfahrungen des Anbieters), im zeitlichen Aufwand für die technische Installation der Lösung, in den Kosten für spätere Softwareanpassungen, in der Lizenzpolitik sowie natürlich im Preis der Lösungen zu lokalisieren. Ein beispielhaftes Pflichtenheft, das ebenfalls auf der Anforderungsanalyse beruht, zeigt, wie genau sich die Anforderungen an das künftige System bereits für den ersten Kontakt mit den Anbietern formulieren lassen. Dies erleichtert die Kommunikation mit diesen und hilft Kunden und Anbietern, eine gemeinsame Sprache im – auch in dieser Hinsicht – heterogenen Bereich des Wissensmanagements zu finden.

Auch die Erfahrungsberichte, welche anhand konkreter Projekte Konzeption, Planung und Abwicklung der Einführung von Wissensmanagement-Systemen beschreiben, weisen auf einen zentralen, bereits erwähnten Punkt in der Projektabwicklung hin: Eine ausführliche Analyse der Anforderungen, die an das künftige System gestellt werden, lohnt sich sehr. Denn damit lässt sich nicht nur in geeigneter Weise das Marktangebot einschränken: Auch die späteren, auf die Implementation folgenden Abwehrmechanismen der Nutzer aufgrund von Unverständnis der Lösung und Nichterfüllung der Anforderungen gegenüber dem System können so umgangen werden.

Zusammenfassend soll festgehalten werden, dass die folgenden Schritte vor der Einführung eines Wissensmanagement-Systems wesentlich zum Projekterfolg beitragen:

- In einer Ist-Analyse sollen folgende Fragen geklärt werden: Welche vorhandenen Systeme sollen eingebunden werden? Welche Abteilungen bzw. Organisationseinheiten gehören zu den künftigen Nutzern des Systems? Mit welchen Kosten soll und darf gerechnet werden?
- Die anschliessende Anforderungsanalyse bildet den wichtigsten Schritt vor der Einführung des Systems: Hier geht es darum, ein gemeinsames, für die organisationalen Ansprüche geeignetes Verständnis von Wissensmanagement zu finden sowie ganz konkrete Anforderungen an die IT-Unterstützung dieses Management-Elements zu formulieren. Deshalb sollen so viele künftige Nutzer wie möglich, aber auch die IT-Spezialisten bzw. Systemadministratoren der Organisation, die mit der Pflege der Lösung betreut werden, sowie die künftigen Administratoren in diesen Schritt mit einbezogen werden. Dabei ist es sinnvoll, diese Analyse systematisch anzugehen, beispielsweise in Form eines Fragebogens, wie er in diesem Leitfaden vorgestellt wird.
- Für eine Organisation, die ein Wissensmanagement-System einführen will, würde es einen zu grossen Aufwand bedeuten, eine derart umfassende Marktanalyse vorzunehmen, wie sie in diesem Leitfaden beschrieben wird. Genau aus diesem Grund werden in der vorliegenden Publikation die Anbieter kurz vorgestellt und einige davon ausführlich portraitiert. Eine tabellarische Übersicht im Anhang zeigt zudem, welche Anforderungen von welchen Anbietern bzw. Systemen erfüllt werden und welche nicht. Diese Übersicht sowie die Anbieterportraits helfen Organisationen, die sich für die Einführung eines Wissensmanagement-Systems entschieden haben, eine erste Auswahl aus der Vielzahl von Lösungen zu treffen, um gezielt Kontakt mit den als geeignet scheinenden Anbietern aufnehmen zu können.

Mit diesem Leitfaden liegt eine Publikation vor, die Organisationen aus Wirtschaft und Verwaltung auf einzigartige, problemorientierte Weise eine rezeptartige Anleitung für die Vorbereitung, die Auswahl und die Einführung eines Wissensmanagement-Systems gibt. Allen, die vor einem vergleichbaren Projekt stehen, ist viel Erfolg bei dessen Abwicklung sowie sichtlicher Gewinn bei der Nutzung des Systems zu wünschen.

7. Anhang

7.1. Abkürzungsverzeichnis

AG	Aktiengesellschaft
AGB	Allgemeine Geschäftsbedingungen
API	Application Programming Interface
ASP	Application Service Provider
ATG	Art Technology Group
BAKOM	Bundesamt für Kommunikation
BEA	Business Enterprise Application
BK	Bundeskanzlei
Bzw.	beziehungsweise
CAD	Computer Aided Design
CC eGov	Kompetenzzentrum für eGovernment
CD	Compact Disc
CM	Contentmanagement
CMS	Contentmanagement-System
COM	Component Oriented Middleware
COM	Component Object Model
CPS	Content Personalization Services
CPU	Central Processing Unit
CRM	Customer Relationship Management
CSCW	Computer Supported Cooperative Workflow
DB2	Database 2
DCOM	Distributed Component Object Model
d.h.	das heisst
DM	Document Management
DMS	Document Management-System
DMS	Delegated Management Services
e / E-	electronic
EAI	Enterprise Application Integration
EDM	Electronic Document Management
EDV	Elektronische Datenverarbeitung
EPK	Ereignisgesteuerte Prozesskette
ERP	Enterprise Resource Planning
etc.	et cetera (und so weiter)

FTP	File Transfer Protocol
G2B	Government to Business
G2C	Government to Citizen / Government to Customer
G2G	Government to Government
GB	Gigabyte
GmbH	Gesellschaft mit beschränkter Haftung
GUI	Graphical User Interface
HMD	Handbuch der maschinellen Datenverarbeitung
Hrsg.	Herausgeber
HTML	Hypertext Markup Language
HTTPS	Hypertext Transfer Protocol Secured
i.d.R.	in der Regel
IGE	Institut für Geistiges Eigentum
IKT	Informations- und Kommunikationstechnologie
IP	Internet Protocol
ISB	Informatikstrategieorgan Bund
ISO	International Standardisation Organisation
IT	Informationstechnologie / Information Technology
J2EE	Java 2 Enterprise Edition
JDBC	Java Database Connectivity
KM	Knowledgemanagement
KMS	Knowledgemanagement-System
KMU	kleinere und mittlere Unternehmen
LAN	Local Area Network
LDAP	Lightweight Directory Access Protocol
MAPI	Mail / Message 7 Messaging Application Programming Interface
MBO	Management Buy-Out
Mbps	Megabytes per Second
MMS	Multimedia Messaging Services
MS SQL	Microsoft Structured Query Language
NIS	Network Information System
N.N.	No Name
NT	New Technology / Network Terminator
ODBC	Open Database Connectivity

OLE-DB	Object Linking and Embedding Database
PDA	Personal Digital Assistant
PDF	Portable Document Format
Ram	Random Access Memory
RDBMS	relationales Datenbank Management-System
REP	Request for Proposal
RFI	Request for Information
RFP	Request for Proposal
ROI	Return on Investment
S.	Seite
SA	Société Anonyme
SAP	Software, Anwendungen & Produkte in der Datenverarbeitung
SMS	Short Message Service
SMTP	Simple Mail Transfer Protocol
SOAP	Simple Object Access Protocol
SQL	Structured Query Language
SSL	Secure Socket Layer
TSL	Transport Security Layer
u.a.	unter anderem; und andere(s)
URL	Uniform Resource Locater
usw.	und so weiter
Vgl.	Vergleiche
W2K	Windows 2000 (Microsoft)
WAN	Wide Area Network
WAP	Wireless Application Protocol
WM	Wissensmanagement
WMS	Wissensmanagement-System
WWW	World Wide Web
XML	Extended Markup Language
z.B.	zum Beispiel

7.2. Glossar

3-Tier-Architektur	Unterteilt eine Netzwerkanwendung in drei logische Bereiche: die Benutzeroberflächenschicht, die Geschäftslogikschicht und die Datenbankschicht.
Access Control	Berechtigungen, die einem Benutzer oder einer Gruppe erteilt oder verweigert werden.
Access Devices	Ein integriertes Zugangsgerät ermöglicht es, verschiedene Kommunikationsarten wie beispielsweise Sprache und Daten über eine Leitung zu übertragen.
Accessor	Accessor Methoden sind read-only Methoden. Sie liefern nur die Werte privater Datenfelder, verändern aber nicht den Zustand des Objekts.
Action-Log	Protokollierung sämtlicher Änderungen an Wissensobjekten (Workflow-Komponenten).
Agent	Ein Agent ist ein eigenständiges Programm, dass eine Teilaufgabe in einem Agentensystem erfüllt.
Aktivteilen	Initiative des Nutzers, Wissensobjekte zu versenden.
Analysing	Bewertung und Filterung von Wissensressourcen.
Application Service Providing	Hierunter versteht man das Bereitstellen kompletter Rechneranwendungen über das Internet auf Mietbasis. Statt Programme und Daten lokal auf einer Festplatte zu installieren, können sie über einen Web-Browser von jedem Rechner mit Internetzugang abgerufen werden.
Audit Trail	Protokolle, schriftliche Dokumente und andere Aufzeichnungen, die die Aktivität und Benutzung eines bestimmten Systems aufzeigen. Audit-Trails sind von besonderer Bedeutung, wenn eine Untersuchung durchgeführt wird. Ohne ein Minimum an solchen Aufzeichnungen hat ein Administrator praktisch keine Chance, Cracker zu erwischen. Ein Audit-Trail ist, einfach ausgedrückt, das Beweismaterial.
Ausfallsicherheit	Eigenschaft einer Komponente/eines Moduls, eine vorgegebene Zeitdauer hindurch ohne fehlerbedingte Unterbrechungen zur Verfügung zu stehen.
Authentifizierung	Überprüfung der Identität (und damit der Berechtigung) eines bestimmten Benutzers oder Hosts.
Authority-Levels	Bezeichnet die Berechtigung zur Durchführung von Vorgängen an einem System.
AutoCAD	Produktbezeichnung für ein CAD (Computer Aided Design)-Programm, das als Standardprogramm für Konstruktionsanwendungen gilt.
Backend-Systeme	Programme, die auf dem Server laufen und aus denen eine Website ihre Daten bezieht. Hierbei handelt es sich meistens um Datenbanken, die für den normalen User nicht sichtbar

	sind. Das Backend-System ist das System, welches diese Programme verwaltet.
Backoffice	Alle Prozesse, die im Hintergrund ablaufen. Dazu gehört beispielsweise die unternehmensinterne Weiterbearbeitung von Anfragen, Bestellungen oder Reklamationen.
Back-up	Sicherheitskopie eines Datenstandes, die bei Datenverlust oder -zerstörung eine Möglichkeit bietet, die ursprünglichen Datenbestände wiederherzustellen.
Basislizenz	Beinhaltet alle Kernfunktionalitäten, die für den reibungslosen Betrieb z.B. eines Internet PCs notwendig sind. Die Basislizenz ist die Voraussetzung für den Erwerb weiterer Zusatzlizenzen.
Batch-Verfahren	[dt.: Stapel] Sequenzielles Abarbeiten von Einzelfunktionen; d.h. ein Programm kann erst dann bearbeitet werden, wenn das vorherige beendet ist.
Benchmark	Verfahren zum Vergleich von Computern und Anwendungsprogrammen zur Beurteilung des Leitungsumfanges, der Durchsatzrate etc.
Boolean-Suche	[engl.: boolean search] Methode, in einer Datenbank Informationen zu suchen und zu filtern, indem man logische Operatoren wie «AND», «OR», «NOT» benutzt. Alle Suchmaschinen bieten diese Möglichkeit.
Browser	[engl.: browse = blättern, stöbern] Leicht bedienbares Steuerprogramm zum schnellen Durchblättern und Navigieren sowie zur Auswahl von Dokumenten im Internet. Browser dienen als eine Art Wegweiser und geben den Internet-Nutzern durch eine grafische Gestaltung der Bildschirmoberfläche eine Orientierungshilfe bei der Suche nach bestimmten Informationen.
Business-Logik	Stellt bereit und betreibt die Intelligenz für die Applikation des Benutzers. Wird auf einem Applikations-Server betrieben und bestimmt, woher die Daten bezogen werden, wie diese Daten dargestellt werden, welche Eingabeprüfungen ausgeführt werden usw.
Case Based Reasoning	[dt.: Fallbasiertes Schliessen] Technik, die es ermöglicht, vorhandenes Erfahrungswissen, das in Form von sogenannten Fällen in einer Fallbasis gespeichert wird, zur Lösung neuer Probleme wiederzuverwenden.
Categorization	[dt.: Kategorisierung] Gruppierung von Objekten, die ein oder mehrere Merkmale gemeinsam haben.

Anhang 145

Client/Server-System	Kooperative Informationsverarbeitung, bei der die Aufgaben zwischen Programmen auf verbundenen Rechnern aufgeteilt werden. In einem solchen Verbundsystem können Rechner aller Art zusammenarbeiten. Server (Dienstleister; Backend) bieten über das Netz Dienstleistungen an, Clients (Kunden; Frontend) fordern diese bei Bedarf an.
Clustering	Vollautomatischer Prozess, der eine Dokumentenmenge in Gruppen von Dokumenten, sogenannte Cluster, unterteilt. Die Dokumente innerhalb eines Clusters sind zueinander in irgendeiner Weise maximal ähnlich und maximal unähnlich zu Dokumenten in einem anderen Cluster.
Collaborating	Unterstützung des Wissenstransfers (Verbreitung & Teilung von Wissen) zwischen den Nutzern.
Conceptual Mapping	Wahrscheinlichste Frage-/Antwort-Kombinationen.
Content Management-Systeme (CMS)	(Synonym: Redaktionssystem) Unterstützt das Erstellen, Kontrollieren und Freigeben, Veröffentlichen sowie Archivieren von Informationen im Internet.
Content-Replikation	Das physische Kopieren von Daten von einer Datenbank in eine andere.
Cookie	Kleine Textdateien, die im WWW ein Server als Reaktion auf eine Client-Anfrage zurückgibt. Damit kann z.B. ein Server einen früheren Benutzer bzw. Besucher identifizieren. Wird der Server wieder aufgerufen, überträgt der Client automatisch das Datenpaket.
Customizing	[dt.: kundenindividuelle Anpassung] Anpassung von Standardprogrammen an anwenderspezifische Gegebenheiten durch das Einstellen von Parametern bezüglich betriebsspezifischen Vorgaben und Verarbeitungsregeln in Tabellen.
Database Accessor	Das Produkt Database Access ist ein COBOL-Entwicklungswerkzeug. Database Access gestattet es, COBOL-Anwendungen zu entwickeln, die entweder über COBOL I-O oder Embedded SQL auf jede beliebige ODBC-fähige Datenhaltung zugreifen. Sie können somit datenbankunabhängige COBOL-Programme entwickeln.
Delegated Management Services	Administratoren der Primärseite können Sicherheitsrichtlinien zentral festlegen und verwalten sowie die Verwaltung von Benutzerberechtigungen und -profilen an sekundäre Administratoren in verschiedenen Geschäftseinheiten oder Organisationen delegieren.
Dokumenten-Management-Systeme	Diese Systeme automatisieren die Prozesse zwischen der Erstellung, Verwendung und Wiederverwendung eines Dokumentes und unterstützen dadurch den kompletten Lebenszyklus eines Dokumentes.
Dokumenten-Directory	Versieht und kategorisiert Dokumente mit einem Index.
Dokumentenstruktur	Kategorisiert Inhalte im Sinne von Beziehungsstrukturen mit

	Hilfe entsprechender Untertypen (z.B. Projektbeschreibung, Projekterfahrung).
Domain	Bezeichnung von Bereichsnamen einer Internet-Adresse. Der Server-Name setzt sich aus durch Punkte getrennte Domain-Namen zusammen. So wird z.B. beim Server-Name www.hallweb.ch der Bereich www. als Sub-Domain bezeichnet, der Bereich hallweb als Second-Level-Domain und .ch als Top-Level-Domain.
eAdministration	Einsatz der Informations- und Kommunikationstechnologien zur Unterstützung des internen und externen Behördenverkehrs, also des amtlichen Geschäftsverkehrs.
eAssistance	Unter dem Begriff eAssistance wird der Einsatz der Informations- und Kommunikationstechnologien zur Unterstützung der alltäglichen Lebensgestaltung verstanden.
eDemocracy	Nutzung der informations- und kommunikationstechnischen Infrastruktur zur Belebung der demokratischen Kommunikations- und Beteiligungsstrukturen. Man unterscheidet zwischen eDemocracy im engeren und im weiteren Sinne. Im engeren Sinne steht eDemocracy für die elektronische Durchführung der jeweils verfassungsrechtlich vorgesehenen formalen Entscheidungsakte. Im weiteren Sinne umfasst eDemocracy auch die Bemühungen, die Bürger stärker in politische Meinungsbildungs- und Selbstorganisationsprozesse einzubeziehen
Einzelplatzlizenz	Umfasst das Recht zur Installation und Nutzung auf einem einzigen Arbeitsplatzrechner.
Embedded SQL	Eine Spracherweiterung, die es ermöglicht, die mengenorientierte Sprache SQL in prozedurale Programmiersprachen einzubetten.
Enabler	Wissensmanagementsysteme werden als «Möglich-Macher» oder «Befähiger» für eine Wissensmanagement-Kultur und als «Support» für Wissensmanagement-Prozesse betrachtet.
Encryption	Verschlüsselungsverfahren, welches die Sicherheit von vertraulichem Datentransfer (z.B. Kreditkartennummer) gewährleisten soll.
End-zu-End-Lösung	Direkte Kommunikationsverbindung zwischen zwei Endgeräten im Netz.
Enterprise Content Management	Verwaltung von Unternehmensinformationen in unterschiedlichen Dokumentformaten. Die klassischen CMS-Systeme sind ausschliesslich für die Verwaltung von Websites geeignet. Enterprise CMS-Anwendungen erweitern diese um das Handling von Dokumenten in diversen Formaten.
Enterprise Table of Contents	Präsentation von Unternehmensinformationen und deren Darstellung wie das Inhaltsverzeichnis eines Buches. Durch die auf neuronalen Netzen basierende Technologie werden die Inhalte aus verschiedenen Datenpools automatisch nach bestimmten Kategorien geordnet, sodass relevantes Wissen

Anhang 147

	schnell erkannt und sofort weiter verwendet werden kann.
Extranet	Geschlossenes Computernetz auf der Basis der Internet-Technologie, in dem registrierte Benutzer nach dem Login spezifische Informationen abrufen können. Extranets sind im Gegensatz zu Intranets auch von ausserhalb erreichbar, erlauben aber im Vergleich zum öffentlichen Internet nur registrierten Benutzern den Zugang.
Firewall	Im weitesten Sinne jede Einrichtung oder Technik, die unbefugten Benutzern den Zugriff auf einen bestimmten Host verweigert. Konkreter ein Gerät, das jedes Paket untersucht und seine Ursprungsadresse feststellt. Wenn diese Adresse in einer genehmigten Liste steht, erhalten die Pakete Zutritt. Wenn nicht, werden sie zurückgewiesen.
Folder	[dt.: Verzeichnis] Ebene im Navigationsbaum (Tree), die entweder geöffnet oder geschlossen ist. Der Folder kann untergeordnete Folder und Dokumente enthalten, die nur angezeigt werden, wenn dieser geöffnet ist. Man kann einen Folder per Mausklick öffnen und schließen.
Gateway	Eine Software- oder Hardwareeinrichtung, die dazu dient, die Kommunikation zwischen zwei unterschiedlichen Protokollen oder Systemen zu ermöglichen.
Graphical User Interface	Grafische Oberfläche für eine Anwendung oder ein Computersystem. Als Beispiele sind zu nennen: Microsoft Windows, Windows NT, OS/2 Presentation Manager, Apple Macintosh.
Groupware-Funktionalitäten	Mehrbenutzer-Software, die zur Unterstützung von kooperativer Arbeit entworfen und genutzt wird und die es erlaubt, Informationen und (sonstiges) Material auf elektronischem Wege zwischen den Mitgliedern einer Gruppe koordiniert auszutauschen oder gemeinsame Materialien in gemeinsamen Speichern koordiniert zu bearbeiten (z.B. Versionsverwaltung von Dokumenten und das Management von Verteilungsmechanismen).
Handhelds	[auch Palmtop] Kleinstrechner, die über Adressverwaltung, Terminkalender, Notizbuch u.a. verfügen und eine Kommunikation über ein Handy-Modem ermöglichen. Neben den Organizer-Funktionen verfügen Handhelds auch über PC-Funktionen wie Büro-Programme.
Helpdesk	Adresse, Person oder Hilfeseite, an die man sich mit Fragen oder mit der Bitte um Unterstützung (Support) wenden kann.

Host-System	[dt.: Gastgeber) Großrechner und Server, an denen Arbeitsstationen angeschlossen sind, für die innerhalb eines Netzwerks besondere Dienste bereitgestellt werden: einige Hosts sind z.B. News-, FTP- oder Name-Server, andere sind Router oder HTTP-Server, die das «Hypertext Transfer Protocol» bereitstellen, auf dem das World Wide Web basiert.
Hyperlinks	[dt.: Querverweis, Verweis, Verknüpfung] Verknüpfung einer Textstelle. Mit einem Hyperlink oder kurz Link verknüpft man im WWW verschiedene Web-Seiten miteinander. Links sind markierte Wörter oder Grafiken, die beim Anklicken mit der Maus eine andere Web-Seite in den Browser laden.
i-mode-Mobiltelefone	«i» steht für information. Mobilfunk-Dienst, welcher ähnlich wie WAP einen mobilen Internet-Zugang realisiert.
Incentive System/ Regelung	[dt.: Anreizsystem für Mitarbeiter] Aktive Nutzer können durch den Erhalt von Erfahrungspunkten (und/oder virtuellem Geld, externe Bonusprogramme) belohnt werden und Privilegien erhalten.
Information Retrieval	Gewährleistet die Identifikation sowie das Wiederauffinden abgelegter Erfahrungen und Wissensressourcen und stellt sie zur Wiederverwertung bereit.
Intranet	Ein auf Internet-Techniken basierendes Netz, das nach aussen abgeschottet ist. Aus dem Intranet kann zwar auf das Internet zugegriffen werden, nicht aber umgekehrt (siehe Firewall). Ist ideal für Firmen, um interne Daten nur für die Mitarbeiter bereitzustellen.
Items	Bestandteile (Fragen, Aufgaben, etc.) eines Tests oder Fragebogens, die eine Reaktion oder Antwort hervorrufen sollen.
Java	Vom US-amerikanischen Unternehmen Sun Microsystems entwickelte objektorientierte Programmiersprache, die Mitte 1995 erstmals vorgestellt wurde. In Java geschriebene Programme sind plattformübergreifend, d.h. sie sind auf Computern mit unterschiedlichen Betriebssystemen und Mikroprozessortypen lauffähig
Java Beans	Ergänzung für Java. Damit lässt sich ein Programmteil erstellen, der sich anschliessend in ein anderes Programm (Java-Applet) integrieren lässt. Das kann beispielsweise ein Sortier-Algorithmus oder auch eine komplette Komponente wie eine Tabellenkalkulation sein.
Java-Entwicklungs- umgebung	Gesamtheit von aufeinander abgestimmten, untereinander kompatiblen, gemeinsam zu benutzenden und wesentliche Teile des Entwicklungsprozesses abdeckenden Methoden und Werkzeugen zur Software-Entwicklung für Java.
Knowledge Broker	Finden Informationen und klassifizieren sie nach vorher festgelegten Themengebieten.
Knowledge Maps	[dt.: Wissenskarten] Wegweiser, die auf vorhandenes Wissen

	hinweisen. Ermöglichen eine hierarchische Sicht auf Wissensquellen und -objekte.
Knowledge Repository	[dt.: Wissensdatenbank] Verwaltet eine Vielzahl von unterschiedlichen Informationen.
Legacy	[dt.: Altlast] Der Begriff wird meistens im Zusammenhang mit veralteten EDV-Systemen gebraucht, sog. Legacy-Systems.
Life-Cycle	[dt.: Projektlebenszyklus] Gesamtlebensweg eines Projektes über alle Phasen von der Entstehung bis zum Projektabschluss.
Logdatei	Darin werden Änderungen an der Datenbank protokolliert. Logdateien dienen somit der Datensicherung. Wenn die Datenbank (z.B. durch Plattenfehler) Schaden nimmt, lässt sich aus einer alten (gesicherten) Kopie der Datenbank mit Hilfe der aktuellen Logdatei der letzte Stand wiederherstellen.
Lotus Notes	Lotus Domino/Notes ist die weltweit erfolgreichste Software-Lösung, welche elektronisches Mail und Messaging, Groupware, einen starken Internet Server und Web Publishing System, eine Anwendungs-Entwicklungs-Umgebung und ein Dokumentendatenbank-Verwaltungssystem hervorragend kombiniert.
Massively Parallel Portal Engine	Eine von Plumtree eigens entwickelte Technologie zur parallelen Abwicklung einer hohen Zahl von clientseitigen Systemabfragen.
Metainformationen	Beschreiben Wissensobjekte und ergänzen damit schwach oder unstrukturierte Informationen mit zusätzlichen Strukturangaben (z.B. Autor, Titel und Erstellungsdatum).
Multi-Tier-Technologie	In vielerlei Hinsicht nur eine logische Erweiterung der klassischen Client/Server-Technologie um den Einsatz einer Middleware, also eines weiteren Computers, der die Anwendungslogik enthält. Dabei wird das ursprüngliche Client-Programm auf die Präsentationsfunktionalität reduziert und die Anwendungslogik, d.h. die Verarbeitung von Daten und die Datenbankzugriffe, auf Basis der eingesetzten Middleware realisiert.
Newsagent	In frei definierbaren, zeitlichen Abständen werden vordefinierte Suchanfragen ausgeführt und per E-Mail zugeschickt.
Newscaster	(Proaktive Informationsversorgung) Ausführung von definierten Funktionen in vordefinierten Zeitintervallen.
Object-level permissions	Zuteilung von bestimmten Rechten für Benutzer für den Zugriff und Veränderung von Dokumenten.
One-To-One-Marketing	Marketing, das sich in seiner Idealausprägung an den spezifischen Bedürfnissen jedes einzelnen Kunden orientiert (z.B. per E-Mail).
One-To-One-Portals	Die Software ermöglicht den Anwendern, durch das Erfassen der Profildaten des Benutzers den Inhalt der Internetseite auf die Interessen des einzelnen Benutzers abzustimmen. So wird

	dem Kunden ein speziell auf ihn zugeschnittener Inhalt angeboten.
Organising	Strukturierung, Organisation und Speicherung von Wissensobjekten.
Out-of-the-box-Lösung	Fertiglösung, die betriebsbereit installiert werden kann.
Passivteilen	Automatische Versendung von Wissensobjekten anhand spezifizierter Kriterien.
Performanz	Wird als Synonym für die Leistungsfähigkeit und Verarbeitungsgeschwindigkeit von Hardware und Software verwendet.
Polling	Methode, um Datenkollisionen, hervorgerufen durch die gleichzeitige Übertragung von Daten von zwei verschiedenen Quellen in einem Netz, zu vermeiden. Beim Polling werden die Endgeräte eines Netzes periodisch von zentraler Stelle abgefragt, ob sie etwas senden möchten. Die Endgeräte warten auf die Sendeerlaubnis vom Netzwerk-Controller.
Portlet	[dt.: Portal-Software-Komponenten] Einzelne Portal-Komponenten, welche die Inhalte für die Portalseiten liefern. Technisch gesehen ist das Portlet-Konzept eine Möglichkeit, verschiedene Informationsquellen und Anwendungen über eine einheitliche Schnittstelle in das Portal zu integrieren. Für jede zu integrierende Informationsquelle, Anwendung oder jeden Dienst muss daher ein Portlet implementiert werden.
Power-User	Fortgeschrittener User.
Proof of concept	[dt.: Machbarkeitsnachweis] Beweis, dass die Technologie auch hält, was sie verspricht.
Provider	[engl.: to provide = liefern, versorgen] Dienstleister, der Internet- bzw. Telefonnetz-Zugänge anbietet, also entsprechende Leitungen und Zusatzdienste (= Service-Provider) oder Daten, Informationen und Inhalte (= Content-Provider) zur Verfügung stellt
Proxy-Server	Cache-Programm (Zwischenspeicher), welches oft aufgerufene Homepages in seinen Speicher lädt. Der Zugriff durch den Anwender wird dadurch enorm beschleunigt, lange Lade- oder Wartezeiten werden vermieden.
Pull-Teilungsformen	[dt.: ziehen] Art der Kommunikation, bei der der Empfänger einer Botschaft den Zeitpunkt der Kommunikation bestimmt (etwa das Betrachten einer Website).
Push-Teilungsformen	[dt.: drücken] Art der Kommunikation, bei der der Absender einer Botschaft den Zeitpunkt der Kommunikation bestimmt (z.B. E-Mail).
Ranking	[dt.: Rangliste] Die Ergebnisse von Suchmaschinen werden meistens nach einem bestimmtem Ranking gelistet.
Rating	[dt.: Einschätzung, Bewertung] Beurteilung von Merkmalen auf einer Skala, mit der die Intensität (und nicht nur das Vor-

	handensein oder Fehlen) der Ausprägung dieser Merkmale erfasst werden soll.
Recovery	Verfahren, um zerstörte und ältere Datenbestände wieder herstellen zu können.
Relaunch	Anpassung eines bestehenden, aber veralteten Entwurfs an neue Gegebenheiten (z.B. des Firmenlogos, Produkt-Relaunch etc.)
Release	Freigabe einer neuen Hard- oder Software-Version.
Report Parser	Analysiert Reports und formatiert diese in Text-, PDF-, HTML- oder XML-Dateien.
Reporting Gateway (Documentum)	Verbindet die Documentum 5 ECM Plattform mit Anwendungen, die offene Datenbankkonnektivität unterstützen. Documentum-Anwender erhalten mit Reporting Gateway die Möglichkeit, in gängigen ODBC-kompatiblen Berichterstellungs-Tools wie z.B. Crystal Reports zu arbeiten. So können sie Analysen ihrer Daten durchführen und Berichte anhand von Inhalten erstellen, die sicher im Documentum-Repository gespeicherten sind.
Reporting Tools	Entwickeln aussagekräftige Berichte aus einer Fülle von Daten.
Repository	[dt.: Lager, Archiv] Vollständiges Verzeichnis aller in einem Informationsmodell vorkommenden Objekte. Es besteht aus einem Data Dictionary sowie Verzeichnissen über sonstige Informationen, wie Funktionen etc.
Request for Information	Umfassender Fragebogen, der vom Käufer erstellt und an die Lieferanten gesandt wird, um Informationen über die Produkte, das Servicespektrum oder anderweitige Informationen zu erhalten, die der Käufer zur Vorauswahl eines Lieferanten benötigt.
Response Time	Zeit, die ein Server benötigt, um auf eine Anfrage zu antworten.
Result List Clustering	Liste mit Resultaten von Wissensressourcen, sortiert nach Häufigkeiten von Zusammenhängen
Retrieval	[engl.: Recherche] Suche von und Zugriff auf Wissensobjekte.
Rollenmodelle	Eine Rolle entspricht den Aufgaben, die ein Mitarbeiter in einem Unternehmen ausübt. Ein Rollenmodell bestimmt die Datenstruktur der Rollen-Repositories. Es besteht aus verschiedenen Ebenen zur Verdeutlichung der Zusammenhänge von einerseits Benutzern, Rollen und Ressourcen und andererseits organisatorischen Gegebenheiten, Rollen und deren Implementierung.
Rollover	Elemente der Bildschirmgestaltung die ihr Aussehen verändern, sobald der Anwender mit dem Mauszeiger darüber fährt. Wandert die Maus weiter, erscheint automatisch die vorherige Grafik. Solche Effekte lassen sich beispielsweise mit Hilfe

	von JavaScript realisieren.
Scoring	[dt.: Punktbewertungsverfahren, Nutzwertanalyse] Wichtigstes Element für das Scoring (punkten) ist die Scorecard (Zählkarte).
Search Engine	[dt. Suchmaschine] (Internet-) Suchmaschinen durchsuchen selbständig das WWW oder andere Teile des Internets und erstellen einen Index mit den gefundenen Dokumenten. BenutzerInnen können den Index nach Stichworten durchsuchen.
Server	[engl.: to serve = dienen, nützen, versorgen] Dies sind in Computer-Netzwerken, speziell im Internet, die zentralen Rechner, die bestimmte Funktionen bereitstellen (z.B. Dateizugriff, Drucker, Modemzugang, Datenbanken, Internet-Dienste). Im Internet nennt man einen Server auch Host.
Serverlizenz	Berechtigt den Lizenznehmer, die Software auf einer einzelnen Maschine zu installieren und zu nutzen, die als Server dienen darf.
Setup	Bezeichnet das Einstellen der Parameter eines Gerätes oder einer Software zur Anpassung an gegebene Erfordernisse.
Single Sign-On-Technologie	Vorgang einer einmaligen Anmeldung eines Benutzers gegenüber einem System, z.B. einer Website, für die Dauer einer Sitzung. Gibt dem Benutzer die Möglichkeit, mit nur einer einzigen Anmeldung, d.h. beispielsweise durch die einmalige Eingabe von Benutzernamen und Passwort, auf alle für ihn zugelassenen Systeme, Anwendungen und Ressourcen zuzugreifen.
Skalierbar	Bezeichnet einen Bestandteil der Hardware oder Software, der eine Erweiterung hinsichtlich zukünftiger Erfordernisse ermöglicht. Beispielsweise erlaubt ein skalierbares Netzwerk dem Netzwerkverwalter, zahlreiche weitere Netzwerkknoten hinzuzufügen, ohne das zugrunde liegende System neu entwerfen zu müssen.
Skills Management	Konzept zum Schaffen von Transparenz der vorhandenen Mitarbeiterqualifikationen (Skills). Dies beinhaltet die Erfassung und Pflege der individuellen Qualifikationen, die Skill-Recherche und die Einbindung in ein unternehmensweites Human Resource bzw. Knowledge Management.
Skill-Set	Ein Know-how-Profil (definiertes Qualifikationsprofil), das entsprechend den Qualifikationen – wie z.B. Sprache oder fachliche Kompetenz – vergeben wird.
Slices	Eindeutige Indizes kategorisierter Informationen.
Spam	Auch «Junk-Mail» – unaufgeforderte Werbung per E-Mail.
Spam-Funktionalität	Fähigkeit, Spam zu erkennen.
Spinn-off-Gründung	Ausgliederung und Verselbständigung einer Abteilung aus einer Unternehmung oder eines Konzerns.

SSL-Verschlüsselung	Sicherheits-Protokoll zur verschlüsselten Kommunikation im Internet. Das Protokoll stellt einen Industriestandard dar, der von allen Browsern unterstützt wird.
Tagging	[engl.: tag = markieren, mit einem Anhängeretikett versehen] Ein Tagger ist ein Programm, das jedem Wort eines Texts seine entsprechende Wortart (bezeichnet als «tag») zuweist.
Taxonomien	Verzeichnisse, welche meist eine hierarchische Struktur definierter Schlagwörter beinhalten. Wissensobjekte werden anhand von Taxonomien klassifiziert, um Navigation und Suche in einer integrierten Inhaltsbibliothek zu erleichtern. Damit kann eine Informationsüberflutung zu einem grossen Teil vermieden werden.
Teamworkspace	Lösung von Hyperwave. Das Produkt bietet Projektmitgliedern, die an verschiedenen Standorten oder sogar in verschiedenen Unternehmen arbeiten, eine zentrale Umgebung für die effektive Zusammenarbeit.
Tool	[dt.: Werkzeug] Kleine, nützliche Programme, die nur eine ganz bestimmte Aufgabe erfüllen. Beispielsweise könnte ein Tool in allen HTML-Dateien eines Verzeichnisses ein Wort suchen und ersetzen.
Topic Map	Grafische Darstellung von Kernpunkten (Knoten) des Wissens als mehrdimensionales Netz.
Train-the-Trainer-Konzept	Ausbildung der Ausbilder in einem Unternehmen. Damit entsteht eine Multiplikatorwirkung.
Treeview	[dt.: Baumsicht] Besteht aus einer Menge von Knoten und Kanten. Jede Kante zeigt auf einen Knoten. Die Baumstruktur weist drei Eigenschaften auf:
	Es gibt genau einen Knoten, der keinen Vorgänger hat; dieser Knoten ist die Wurzel (engl.: root) dieser Struktur.
	Jeder Knoten, ausser der Wurzel, hat genau einen unmittelbaren Vorgänger.
	Zu jedem Nichtwurzelknoten gibt es genau einen Weg von der Wurzel zu diesem Knoten.
Trunkierung	[engl.: truncation = Stutzung] Methode in der Textanalyse, bei der Wortformen reduziert werden. Es werden Teile einer Zeichenfolge durch ein allgemeines Ersatzzeichen repräsentiert.
Tuning	Optimale Einstellung verschiedener aufeinander wirkender Parameter eines Systems.
Updatekosten	Kosten für eine neue Version (Aktualisierung) eines Programms oder einer Software.
Upgradekosten	Kosten für den Ausbau eines Computersystems.
User	[dt.: Nutzer] Anwender eines PCs und seiner Programme bzw. Benutzer einer Datenbank oder eines Online-Dienstes.

User Template	[dt.: Benutzerkontenvorlage] Standardbenutzerkonto, welches die Eigenschaften erhält, die auf Benutzer mit gemeinsamen Anforderungen angewendet werden.
Value Added Resellers	Ein Händler zwischen Software-/Hardwarehersteller und Kunde. Oft bieten diese einen Mehrwert, z.B. Beratung, Systemintegration und Produkterweiterungen.
Versioning	Protokollierung aller Veränderungen an Dokumenten.
Visualising	Darstellung von Wissensobjekten.
Voting-Funktionalität	Meinungsumfragen und Abstimmungen im Intranet oder Internet.
Watchdogs	[dt.: Wachhund] Technische Einrichtung (Soft- oder Hardware-Lösung), die Alarm schlägt, wenn ein bestimmtes Ereignis passiert.
Web-switching	Verwaltet, leitet um und verteilt den Verkehr in Datenzentrengeräten – einschließlich Internet, Servern, Firewalls, Caches und Gateways.
Wissensbestandskarten	Verzeichnisse, die illustrieren, wo und wie bestimmte Wissensbestände zugänglich sind. Sie zeigen die Aggregationsformen des verwalteten Wissens und dessen Beschaffenheit an (bspw. Umfang und Komplexität).
Wissensstrukturkarten	Basieren auf Abbildungen, die aufzeigen, welches Wissensfeld zu welchem Sachverhalt gehört und wie der Sachverhalt in das Wissensfeld integriert ist.
Wissensträgerkarten	Grafische Verzeichnisse von Wissensträgern, die aufgrund von Attributen ihrer Expertise visuell strukturiert sind (bspw. Wissenskarten von Experten).
Workflow	[engl.: Arbeitsfluss] Computergestützte Automatisierung von Geschäftsprozessen oder Vorgängen (daher auch oft als Vorgangsbearbeitung bezeichnet).
Workspaces	Virtuelle Arbeitsbereiche für Teams.
Yellow Page/ Knowledge Phonebook	Mitarbeiterpool mit individuellen Kompetenzen, Projekterfahrungen und Arbeitsschwerpunkten.

7.3. Bibliografie

[Bru01] Brücher, H.: Agentenbasiertes, dynamisches Benutzerportal im Wissensmanagement. DUV, Wiesbaden, 2001.

[Bru02] Brücher, H.: A requirement analysis for knowledge management systems in eGovernment, in: Proceedings of the third IFIP Workshop on Knowledge Management in Electronic Government, (KMGov2002), Copenhagen, Denmark, May 23-24, Trauner Druck Wien, S.78 – 86, S. 79.

[Epp97] Eppler, M.: Kollektive Wissenskarten. Universität Köln. http://www.cck.uni-kl.de/wmk/papers/KnowledgeMapping/sld005.htm [14.05.2002].

[Fie97] Fieten, R.: Globalisierung der Märkte – Herausforderung und Optionen für kleine und mittlere Unternehmen, insbesondere für Zulieferer, Bonn Institut für Mittelstandsforschung (IfM), Bonn 1997.

[Fra97] Frauhofer-Institut für Arbeitswirtschaft und Organisation (Hrsg.): Wissensmanagement, Strategien zur Erfassung, Nutzung und Weiterentwicklung des Produktionsfaktors Wissen, IAO-Forum, Stuttgart, 1997.

[Gur01] Guretzky von, B.: Schritte zur Einführung eines Wissensmanagements: Wissenskarten – Gelbe Seiten – Teil B. http://www.community-of-knowledge.de/cp_artikel.htm?artikel_id=39 [13.05.2002].

[Hab99] Habermann, K.: Wissensrepräsentation im Rahmen von Wissensmanagement. Diplomarbeit. Goethe Universität Frankfurt, Frankfurt a. M., 1999.

[HaDi01] Hasenkamp, U./Disterer, G.: Wissensmanagement bei Beratern. In: Wirtschaftsinformatik 43, 2001/5.

[MaKl99] Maier, R./Klosa, O.K.: Wissensmanagementsysteme. Begriffsbestimmung, Funktionen, Klassifikation und Online-Marktüberblick. Universität Regensburg. Forschungsbericht Nr. 36, 1999.

[MaLe00] Maier, R./Lehner, F.: Perspectives on Knowledge Management Systems - Theoretical Framework and Design of an Empirical Study. In: Hansen, H. R., Bichler, M., Mahrer, H. (Hrsg.): Proceedings of the European Conference on Information Systems - ECIS´2000, Wien 3. – 5. Juli 2000, Wirtschaftsuniversität Wien, Vol. 1, 2000, S. 685 – 693.

[Mueh00] Mühlbauer, S./Versteegen, G.: Wissensmanagement, Empirische Untersuchung, JT-Research, März 2000.

[ReKr94] Rehäuser, J./Krcmar, H.: Das Wissen des Experten – Die Ressource Wissen im Unternehmen, Arbeitspapier Nr. 52, Lehrstuhl für Wirtschaftsinformatik, Universität Hockenheim, Mai 1994.

[SeEp01] Seifried, P./Eppler, M.J.: Evaluation führender Knowledge Management Suites. Wissensplattformen im Vergleich. Benchmarking Studie, NetAcademy Press, 2001.

[Sun97] Sunter, S.: Wissen erfolgreich managen. In: Wirtschaft und Weiterbildung, Heft 5, S. 56 – 59.

[War99]   Warschat, J. et al.: Wissensbasierte Informationssysteme. In: HMD – Praxis der Wirtschaftsinformatik, Wissensmanagement, 1999.

[Wil95]   Wilke, H.: Inviting self-organization through organizational design: the case of a knowledge-based enterprised, Arbeitspapier, Universität Bielefeld, 1995

7.4. Abbildungsverzeichnis

Abbildung 1: Wissen – Information – Daten – Zeichen [Bru01; S. 15] 10
Abbildung 2: Architektur von Wissensmanagementsystemen 16

7.5. Tabellenverzeichnis

Tabelle 1: Aufbau des Leitfadens 7
Tabelle 2: Anbieter, die alle Anforderungen gemäss «Athene» erfüllen.............. 30
Tabelle 3: Überblick über die Erfahrungsberichte 107

7.6. Fragebogen zur Anforderungsanalyse des Projekts «Athene»

Mit dem folgenden Fragebogen wurden die Bedürfnisse der künftigen Nutzer des Wissensmanagementsystems erhoben und daraus die Anforderungen an ein solches abgeleitet. Die Anweisungen an die Befragten lauteten dabei folgendermassen:

Die zuvor erläuterten Schichten eines Wissensmanagementsystems und die damit verbundenen möglichen Anforderungen werden nachfolgend im Rahmen eines detaillierten Fragen-Schemas abgefragt. Die Anforderungsanalyse teilt sich in fünf Abschnitte:

1. Benutzerfreundlichkeit
2. Funktionen / Services
3. Metastrukturen und Prozesse
4. Wissensressourcen
5. Technische Anforderungen

Bitte geben Sie jeweils höchstens für die vorgegebene Maximalanzahl von Kriterien an, wie wichtig aus Ihrer Sicht die beschriebene Komponente oder Anforderung innerhalb des betrachteten Analyseabschnitts ist. Die Bewertungsskala teilt sich in die beiden Gewichtungskriterien «sehr wichtig» und «wichtig». Die Abstufung der Bewertungsskala dient im Rahmen der Prioritätsanalyse zur Gewichtung der Schritte des weiteren Vorgehens.

7.6.1. Benutzerfreundlichkeit

(Maximalanzahl 6)

		Gewichtung	
		sehr wichtig	wichtig
(1)	Intuitive Bedienbarkeit		
(2)	Eindeutige Sprachvariante (Hauptsprache Deutsch, Französisch, Italienisch oder Englisch)		
(3)	Zugriffsberechtigung für Dokumente setzen		
(4)	Verschiedene Dokumenttypen müssen gehandelt werden können (Ablage, Suche)		
(5)	Incentive-Regelung		
(6)	Objektverlinkung ?		
(7)	Unterschiedliche Sichten auf die Knowledge Base (Persönliche Sicht, Abteilungen, Arbeitsgruppen etc.)		
(8)	Alert-Funktionalität (User-definierte Suchbegriffe, User wird automatisch via E-Mail über neue Dokumente, Urgent-Requests oder Forumbeiträge informiert)		
(9)	Hilfefunktionen		
(10)	Extranet (Zugang via Internet, Mobile-Access)		
(11)	Portal-Funktionalität		
(12)	Offline-Teilnahme (Replikationsmechanismen)		
(13)	Office-Integration		
(14)	Ordentliche Verlinkung mit Exchange-Server		
(15)	Sonstiges:..		

[handschriftliche Notiz neben (10): cloud-basiert]

[handschriftliche Notiz unten: Wichtung anders bestimmen]

7.6.2. Funktionale Anforderungen an ein Wissensmanagementsystem

Die vier identifizierten funktionalen Bereiche «Retrieval», «Visualising», «Collaborating» und «Organising» werden der Anforderungsanalyse für die Services des Wissensmanagementsystems zugrunde gelegt.

Funktionsbereich Retrieval:

Wie wichtig ist aus Ihrer Sicht die Suche nach Wissensressourcen anhand von: (Maximalanzahl 4)

	Gewichtung	
	sehr wichtig	wichtig
(1) Stichwörtern und Stichwortkombinationen (UND, ODER etc.) *Abkürzung*		
(2) Phrasen bzw. Trunkierung von Suchbegriffen		
(3) thematischen Kategorien		
(4) vorgegebenen Metakategorien		
(5) dem Erstellungsdatum		
(6) dem letzten Zugriff		
(7) der Zugriffshäufigkeit (in einem Zeitraum)		
(8) der Medienart (Text, Audio, Video)		
(9) Sonstiges:		

Wie wichtig ist aus Ihrer Sicht die Möglichkeit der Einschränkung der Suche auf bestimmte:
(Maximalanzahl 5)

cloudbasiert →

	Gewichtung	
	sehr wichtig	wichtig
(1) Quellen (Institutionen, Server, Systeme etc.)		
(2) Sprache		
(3) Autoren / Bearbeiter / Herausgeber		
(4) Bewertungen, d.h. Ranking der Wissensressourcen durch andere Nutzer		
(5) Zugriffsarten		
(6) Zugriffsrechte		
(7) Zugriffshäufigkeit		
(8) Medienarten		
(9) Anwendungen / Applikationen		
(10) Speicherformen		
(11) Orte der Speicherung		
(12) Sonstiges:		

cloud-basiert → (11)

Wie wichtig ist aus Ihrer Sicht eine Unterstützung der Suche nach Wissensressourcen durch eine Formulierungshilfe basierend auf:
(Maximalanzahl 2)

	Gewichtung	
	sehr wichtig	wichtig
(1) einem Thesaurus/Wörterbuch		
(2) einer Schlagwortliste Eliot		
(3) einer Suchanfragenhistorie, d.h. einer Auflistung und Auswertung früherer Anfragen		
(4) Sonstiges:		

Funktionsbereich Visualising:

Anhand welcher Kriterien sollte Ihrer Meinung nach eine Bewertung der Wissensressourcen möglich sein?
(Maximalanzahl 6)

	Gewichtung	
	sehr wichtig	wichtig
(1) Erstellungsdatum		
(2) Letzter Zugriff		
(3) Zugriffsrechte		
(4) Themenbezug (Begriff, Gebiet)		
(5) Sprache		
(6) Autor / Bearbeiter / Herausgeber		
(7) Zugriffsart (über welche Applikationen ist ein Zugriff möglich?)		
(8) Zugriffshäufigkeit		
(9) Medienart		
(10) Qualität		
(11) Art der Anwendung		
(12) Form der Speicherung		
(13) Ort der Speicherung		
(14) Sonstiges:		

Welche Vorgehensweisen sollten bei der Filterung der Wissensressourcen möglich sein?
(Maximalanzahl 2)

	Gewichtung	
	sehr wichtig	wichtig
(1) Ad-hoc-Filterung mit vorheriger expliziter Abfrage der Bewertungskriterien		
(2) Filterung in Abhängigkeit von der zuvor ausgeführten Tätigkeit definieren – z.B. Filterung anhand der Stichworte der zuvor gestellten Suchanfrage oder der zuvor eingestellten oder editierten Wissensressourcen		
(3) Möglichkeit, regelmässige automatische Filterungen zu definieren		
(4) Sonstiges:		

Welche Darstellungsformen – d.h. auch Wissensrepräsentationsformen (z.B. für die Präsentation) – sollten (z.B. für das Ergebnis der Analyse) möglich sein? (Maximalanzahl 4)

	Gewichtung	
	sehr wichtig	wichtig
(1) Sortierung anhand von Bewertungskriterien		
(2) Gruppierung anhand von Bewertungskriterien		
(3) Darstellung als Negativ-Liste (d.h. die gelisteten Objekte genügen nicht den angewandten Analysekriterien)		
(4) Darstellung als Positiv-Liste (d.h. die gelisteten Objekt genügen den angewandten Analysekriterien)		
(5) Wissensbestands- und Wissensstrukturkarten, Organigramme für Wissensressourcen		
(6) Texte, Tabellen, Diagramme, Schaubilder, Videos für Faktenwissen		
(7) Prozess- und Vorgehensmodelle für Prozesswissen		
(8) Wissensträgerkarten, Knowledgemaps für Personenwissen		
(9) Sonstiges:		

Funktionsbereich Collaborating:

Wie wichtig sind die beiden grundsätzlichen Formen des Teilens von Wissensressourcen aus Ihrer Sicht? (Maximalanzahl 1)

	Gewichtung	
	sehr wichtig	wichtig
(1) Aktiv-Teilen: Die Initiative liegt bei den Benutzern, die Objekte zu versenden oder anzufragen (Pull)		
(2) Passiv-Teilen: Automatische Zusendung nach spezifizierten Kriterien (Push)		
(3) Sonstiges:		

Wie wichtig ist aus Ihrer Sicht die Adressaten- oder Empfängeridentifikation über:
(Maximalanzahl 2)

	Gewichtung	
	sehr wichtig	wichtig
(1) Verzeichnisse, Knowledge Phonebooks		
(2) Wissensbestands- und Wissensstrukturkarten, Organigramme, Mind-Maps		
(3) Wissensträgerkarten, Knowledgemaps für Personenwissen		
(4) Zugriffsrechte		
(5) Sonstiges:		

Wie wichtig sind aus Ihrer Sicht die folgenden Steuerungsmöglichkeiten des Teilungsprozesses?
(Maximalanzahl 2)

	Gewichtung	
	sehr wichtig	wichtig
(1) Zeitliche Steuerung des Teilens		
(2) Teilungsobjektbasierte Steuerung des Teilens (z.B. nur Objekte einer bestimmten Metakategorie; thematische Kategorien sollen zugestellt werden)		
(3) Anwendungsbasierte Steuerung des Teilens (z.B. nur Objekte bestimmter Anwendungen sollen zugestellt werden)		
(4) Bewertungsbasierte Steuerung des Teilens (z.B. nur Objekte mit hohem Ranking sollen zugestellt werden)		
(5) Sonstiges:		

Funktionsbereich Organising:

Welche Bedeutung messen Sie folgenden Kriterien zur Identifikation «pflegebedürftiger» Objekte bei?
(Maximalanzahl 7)

	Gewichtung	
	sehr wichtig	wichtig
(1) Erstellungsdatum		
(2) Letzter Zugriff		
(3) Bewertung (Ranking durch Nutzer)		
(4) Zugriffsrechte		
(5) Themenbezug (Begriff, Gebiet)		
(6) Metakategorien		
(7) Autor / Bearbeiter / Herausgeber		
(8) Quellen		
(9) Zugriffsart		
(10) Zugriffshäufigkeit		
(11) Medienart		
(12) Art der Anwendung		
(13) Form der Speicherung		
(14) Ort der Speicherung		
(15) Sonstiges:		

Welche Vorgehensweisen sollten im Rahmen der Pflege der gespeicherten Wissensressourcen möglich sein und wie bedeutsam sind diese aus Ihrer Sicht?
(Maximalanzahl 2)

	Gewichtung	
	sehr wichtig	wichtig
(1) Pflege mit vorheriger, expliziter Abfrage der Bewertungskriterien zur Auswahl pflegebedürftiger Objekte (Ad-hoc-Pflegeaktionen)		
(2) Protokollierung der vorgenommen Pflegeaktionen, um bspw. eine Wiederherstellung zu ermöglichen		
(3) Möglichkeit, regelmässige automatische Pflegeaktionen (automatisches Löschen von Objekten etc.) zu definieren		
(4) Aufforderung zur Pflege eines Objektes durch Benachrichtigung		
(5) Sonstiges:		

Wo sollte die Verantwortung für die Pflege der gespeicherten Wissensressourcen liegen?
(Maximalanzahl 1)

	Gewichtung	
	sehr wichtig	wichtig
(1) Pflege durch den Autor, Erzeuger des Objektes		
(2) Pflege durch den zugeordneten Verantwortliche (Wissensmanager)		
(3) Sonstiges:		

Wie wichtig sind aus Ihrer Sicht die folgenden Steuerungsmöglichkeiten des Archivierungsprozesses?
(Maximalanzahl 3)

	Gewichtung	
	sehr wichtig	wichtig
(1) Steuerung anhand des Speicherzeitraums		
(2) Steuerung anhand des Speicherdatums		
(3) Steuerung anhand der Medienart des zu speichernden Objektes		
(4) Steuerung über Metastrukturen (d.h. mit einer logischen Organisation der Archivierung)		
(5) Steuerung anhand der Speicherungsform		
(6) Steuerung anhand der verwendeten Speicherapplikation (z.B. Komprimierungswerkzeuge)		
(7) Steuerung anhand des Ortes der Speicherung		
(8) Sonstiges:		

7.6.3. Strukturelle Anforderungen

Metastrukturen

Welche Metastrukturen sollten zur Strukturierung der Inhalte des WMS zur Verfügung stehen?

Abteilung

Wenn Kategorisierung nach Thema, dann:
(Keine Maximalanzahl)

		Gewichtung	
		sehr wichtig	wichtig
(1)	Finanzen		
(2)	Recht		
(3)	Politik / Gesellschaft		
(4)	Technologie		
(5)	Management / Organisation		
(6)	Wissenschaft / Bildung		
(7)	Wirtschaft		
(8)	Strategie / Planung		
(9)	Sonstiges:		

Handschriftliche Ergänzungen: Vertrieb, Marketing, Prod M, Technik, (Personal)

Wenn Kategorisierung nach Akteurdimensionen, dann:
(Keine Maximalanzahl)

		Gewichtung	
		sehr wichtig	wichtig
(1)	Government-to-Government		
(2)	Government-to-Business		
(3)	Government-to-Customer		
(4)	Sonstiges:		

Wenn Kategorisierung nach der Staatsebene, dann:
(Keine Maximalanzahl)

	Gewichtung	
	sehr wichtig	wichtig
(1) Bund		
(2) Kanton		
(3) Stadt / Gemeinde		
(4) Europäische Union		
(5) Sonstiges:		

Wenn Kategorisierung nach Funktionskategorien, dann:
(Keine Maximalanzahl)

	Gewichtung	
	sehr wichtig	wichtig
(1) Legislative		
(2) Judikative		
(3) Exekutive		
(4) Sonstiges:		

Wenn Kategorisierung nach Anwendungsbereich, dann:
(Keine Maximalanzahl)

	Gewichtung	
	sehr wichtig	wichtig
(1) eDemocracy		
(2) eAdministration		
(3) eAssistance		
(4) Sonstiges:		

Wenn Kategorisierung nach Art des Inhalts, dann:
(Keine Maximalanzahl)

	Gewichtung	
	sehr wichtig	wichtig
(1) Projekte / Best Cases / Praxisbericht		
(2) Studien		
(3) Protokolle		
(4) Vorträge / Präsentationen		
(5) Artikel (Fachpublikation)		
(6) Gesetzestexte		
(7) Briefe / Aushang / Mail		
(8) Ankündigungen		
(9) Sonstiges:		

Wenn Kategorisierung nach der Beziehungsphase, dann:
(Keine Maximalanzahl)

	Gewichtung	
	sehr wichtig	wichtig
(1) Information		
(2) Kommunikation		
(3) Transaktion		
(4) Integration		
(5) Sonstiges:		

handwritten top margin: normativ: Ziele mit Einfluss auf Aufbau- & Ablauforganis., UN-Politik-Kultur → Leitlinien d. WMM in einer Orga

Anhang 173

Für wie wichtig halten Sie eine Unterstützung der folgenden Prozesse? (Maximalanzahl 7)

	Gewichtung	
	sehr wichtig	wichtig
(1) Einstellen/Anmelden von Quellen und Wissensressourcen		
Wenn Wissensziele definieren, dann:		
(2) Normative Wissensziele		
(3) Strategische Wissensziele		
(4) Operative Wissensziele		
(5) Wissen identifizieren		
(6) Schaffung interner Wissenstransparenz		
(7) Schaffung externer Wissenstransparenz		
Wenn Wissen erwerben, dann:		
(8) Erwerb von Wissensprodukten		
(9) Ausbildungsmassnahmen		
Wenn Wissen entwickeln, dann:		
(10) Individuelle Wissensentwicklung		
(11) Kollektive Wissensentwicklung		
Wenn Wissen (ver-)teilen, dann:		
(12) Org. Unterstützung der Wissens(ver-)teilung		
(13) Förderung der Teilungsbereitschaft		
(14) Nutzung des Wissens		
(15) Bewahrung des Wissen		
(16) Selektion des Bewahrungswürdigen		
(17) Speichern von Wissen		
(18) Aktualisieren von Wissen		
(19) Bewertung von Wissen		
(20) Normalisierung der Daten (einheitl. Bewertungsschema zur Sicherung der Vergleichbarkeit)		
(21) Sonstiges:		

handwritten right margin: Operative Ziele: Umsetzung strat. Ziele im betriebl. Alltag → konkrete Umsetzungsmaßnahmen (wer erledigt was?) wie werden eine solche Ziele konkretisiert

handwritten bottom: strat. Ziele: langfrist. Maßnahmen, die sich an UN-Zielen ausrichten; Bestimmung wichtiger Wissensfelder → aktives Management, Wissen & Integration in bestehende Prozesse

7.6.4. Wissensressourcen

Welche Arten von Quellen sollten Ihrer Meinung nach die Wissensressourcen umfassen?
(Keine Maximalanzahl)

	Gewichtung	
	sehr wichtig	wichtig
(1) Projektberichte, Protokolle, Best Practice mit Bewertung		
(2) Zeitschriften- / Zeitungsbeiträge aus definierter Auswahl an Publikationen		
(3) Besprechungsunterlagen		
(4) Vorträge / Präsentationen		
(5) Lizentiatsarbeiten / Doktorarbeiten		
(6) Gesetzestexte		
(7) Elektronische Newsletter / Webpages		
(8) Veranstaltungshinweise		
(9) Linksammlung		
(10) Akten		
(11) Bücher zur Thematik		
(12) Sonstige elektronisch speicherbare Informationen		
(13) Sonstiges:		

Welche Arten von Systemen bzw. Servern sollten Ihrer Meinung nach als Wissensressourcen eingebunden werden?
(Keine Maximalanzahl)

	Gewichtung	
	sehr wichtig	wichtig
(1) Dateisysteme		
(2) Datenbanken		
(3) Workgroupsysteme (z.B. Lotus Notes)		
(4) Mailsysteme		
(5) Internet- / Intranetserver / Extranet		
(6) Bibliotheksverwaltungsserver		
(7) Akten- / Archivierungssysteme		
(8) CMS (Content Management System)		
(9) Newsgroups		
(10) Sonstiges:		

Anhand welcher Kriterienausprägungen (Domänen) sollten sich Ihrer Meinung nach die Wissensressourcen bzw. Quellen identifizieren lassen?
(Maximalanzahl 6)

	Gewichtung	
	sehr wichtig	wichtig
(1) Erstellungsdatum		
(2) Letzter Zugriff		
(3) Zugriffsrechte		
(4) Themenbezug (Begriff, Gebiet)		
(5) Sprache		
(6) Autor / Bearbeiter / Herausgeber		
(7) Zugriffsart (über welche Applikationen ist ein Zugriff möglich)		
(8) Zugriffshäufigkeit		
(9) Medienart		
(10) Qualität		
(11) Art der Anwendung		
(12) Form der Speicherung		
(13) Ort der Speicherung		
(14) Sonstiges:		

7.6.5. Technische Anforderungen

Technische Plattform
(Maximalanzahl 4)

	Gewichtung	
	sehr wichtig	wichtig
(1) Verschiedene Plattformen werden unterstützt		
(2) Web-Integration		
(3) Unterstützung gängiger Datei-Formate wie .doc, .xls, .ppt, .pdf, .gif, .jpg, .bmp etc.		
(4) Ausschliessen der zeitgleichen Bearbeitung / Sperren von Dokumentenbausteinen und Versionskontrolle		
(5) Aufbau auf Standards		
(6) Offenheit/Schnittstellen		
(7) Integriertes Incentive-System (Personal Statistics, Bewertung von Beiträgen)		
(8) Replikationsmechanismen / Online- vs. Offline-Support		
(9) Sonstiges:		

178   Fragenbogen zur Anforderungsanalyse

Performanz /Ausfallsicherheit
(Maximalanzahl 4)

	Gewichtung	
	sehr wichtig	wichtig
(1) Performanz: u.a. Durchsatz, Response-Time		
(2) Sicherheit		
(3) Ausfallsicherheit, Stabilität und Fehlertoleranz (qualitativ)		
(4) Ausfallmechanismen, Backup-Verfahren		
(5) Encryption-Service		
(6) Lastenverteilung auf mehrere Prozessoren		
(7) Skalierbarkeit: u.a. maximale Anzahl Server, Dimensionierung der Server, Arbeitsteilung der Server		
(8) Mobiler Zugriff (via Access Devices, z.B. Handy, PDA etc.)		
(9) Sonstiges: _Zugriff über cloud_		
(10)		

Benutzer-, Rechteverwaltung
(Maximalanzahl 2)

	Gewichtung	
	sehr wichtig	wichtig
(1) Zentrale Verwaltung der Benutzer und Benutzergruppen in Kombination		
(2) Klassifizierung und Vergabe von Administrationsabläufen		
(3) Zentrale Rechteverwaltung nach Gruppen		
(4) Rollenmodelle		
(5) Rechteverwaltung durch Subadministratoren		
(6) Sonstiges:		

Flexibilität und Migrationsmöglichkeiten
(Maximalanzahl 4)

Tom fragen

	Gewichtung	
	sehr wichtig	wichtig
(1) Flexibilität/Wartbarkeit: (qualitativ), z.B. Erweiterbarkeit des Datenmodells		
(2) Einfache Änderung von Navigationsänderungen		
(3) Flexible Zuordnung der Inhalte zu Strukturen möglich *? → geht das*		
(4) Modularer Aufbau (qualitativ)		
(5) Integrationsfähigkeit (qualitativ)		
(6) Extranet-Funktionalität (Customer Information)		
(7) Entwicklungswerkzeuge (qualitativ)		
(8) Anbindung externer Zulieferquellen		
(9) Sonstiges:		

Personalisierbarkeit
(Maximalanzahl 3)

	Gewichtung	
	sehr wichtig	wichtig
(1) Anmeldung im System über Benutzeridentifikation		
(2) Personalisierte E-Mail-Alerts / Pushdienst		
(3) Anmelden über Cookie		
(4) Personalisierte Einstiegsseite		
(5) Sonstiges:		

Administrations-Funktionen
(Maximalanzahl 3)

	Gewichtung	
	sehr wichtig	wichtig
(1) Zugriffsstatistiken		
(2) Importmöglichkeit aus externen Datenquellen		
(3) Verwaltung und Steuerung eines abgestuften Redaktionsprozesses		
(4) Change of Ownership		
(5) System ohne Html-Kenntnisse lauffähig		
(6) Spam-Funktionalität		
(7) Sonstiges:		

7.7. Resultate der Anforderungsanalyse des Projekts «Athene»

Mithilfe der folgenden Grafiken werden die Resultate der Anforderungsanalyse des Projekts «Athene» detailliert vorgestellt. Jede einzelne Grafik gibt Auskunft über die Antworten der Befragten auf die entsprechende Frage des Anforderungskatalogs, der im vorangehenden Kapitel dargestellt worden ist. Der besseren Übersicht halber werden Items, die bei der Analyse der Anforderungen keine Zustimmung gefunden haben, unter den Resultaten nicht aufgeführt. Zudem wird jede Grafik mit der entsprechenden Fragestellung eingeführt.

7.7.1. Benutzerfreundlichkeit

Welches sind für Sie hinsichtlich der Benutzerfreundlichkeit des Systems die wichtigsten Merkmale?

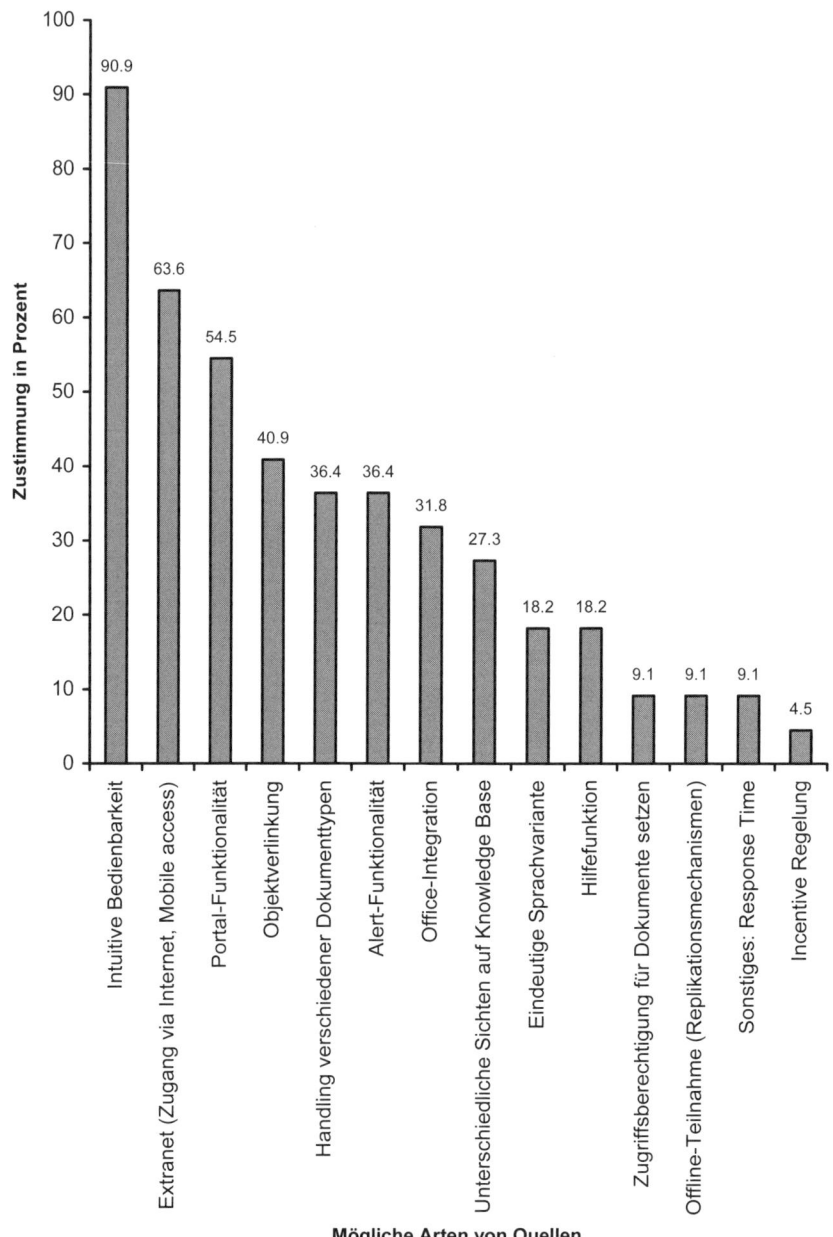

Merkmal	Zustimmung in Prozent
Intuitive Bedienbarkeit	90.9
Extranet (Zugang via Internet, Mobile access)	63.6
Portal-Funktionalität	54.5
Objektverlinkung	40.9
Handling verschiedener Dokumenttypen	36.4
Alert-Funktionalität	36.4
Office-Integration	31.8
Unterschiedliche Sichten auf Knowledge Base	27.3
Eindeutige Sprachvariante	18.2
Hilfefunktion	18.2
Zugriffsberechtigung für Dokumente setzen	9.1
Offline-Teilnahme (Replikationsmechanismen)	9.1
Sonstiges: Response Time	9.1
Incentive Regelung	4.5

Mögliche Arten von Quellen

7.7.2. Funktionale Anforderungen / Services

Funktionsbereich Retrieval

Wie wichtig ist aus Ihrer Sicht die Suche nach Wissensressourcen anhand folgender Suchformen?

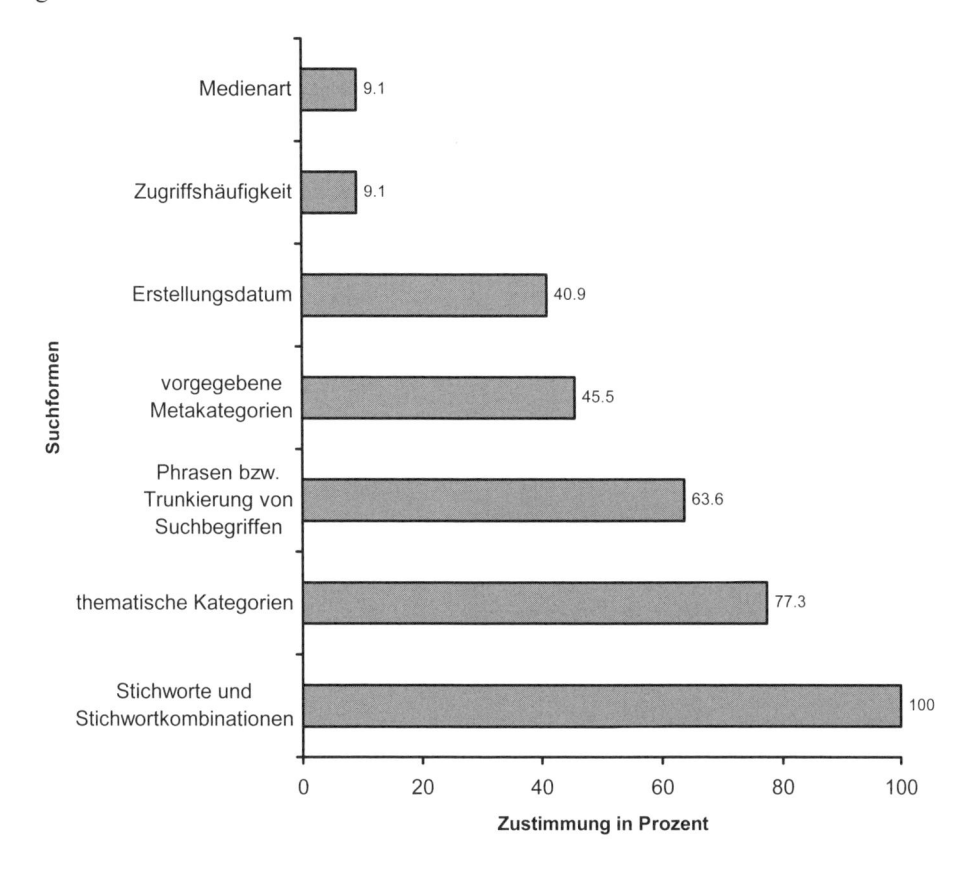

Suchform	Zustimmung in Prozent
Medienart	9.1
Zugriffshäufigkeit	9.1
Erstellungsdatum	40.9
vorgegebene Metakategorien	45.5
Phrasen bzw. Trunkierung von Suchbegriffen	63.6
thematische Kategorien	77.3
Stichworte und Stichwortkombinationen	100

Wie wichtig ist aus Ihrer Sicht die Möglichkeit der Einschränkung der Suche auf bestimmte Kriterien?

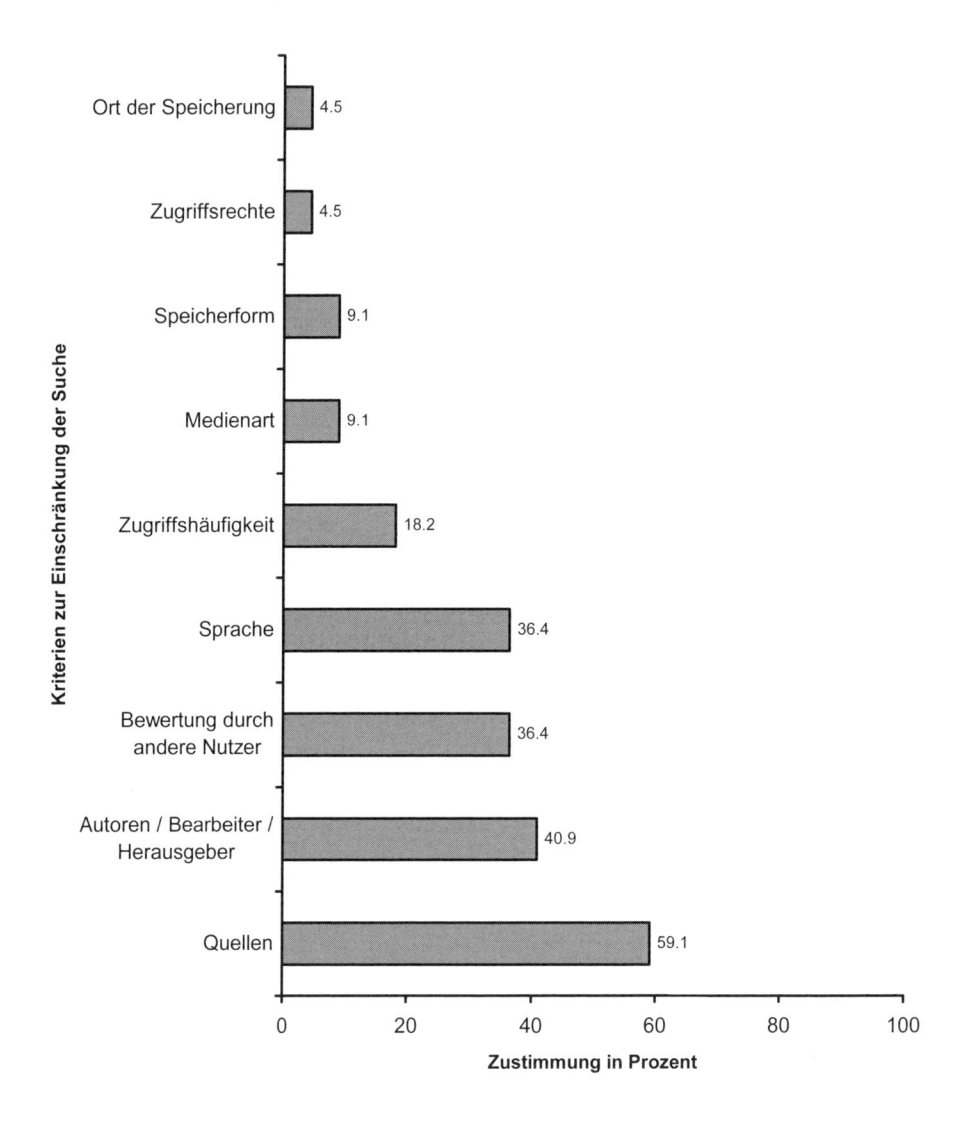

Kriterien zur Einschränkung der Suche	Zustimmung in Prozent
Ort der Speicherung	4.5
Zugriffsrechte	4.5
Speicherform	9.1
Medienart	9.1
Zugriffshäufigkeit	18.2
Sprache	36.4
Bewertung durch andere Nutzer	36.4
Autoren / Bearbeiter / Herausgeber	40.9
Quellen	59.1

Wie wichtig ist aus Ihrer Sicht die Unterstützung der Suche nach Wissensressourcen mit einer Formulierungshilfe?

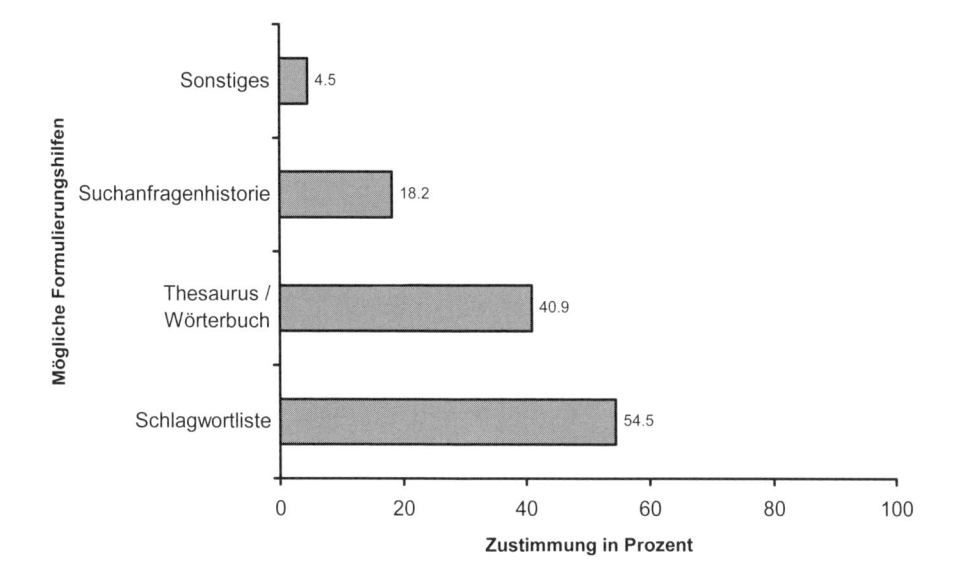

Mögliche Formulierungshilfen	Zustimmung in Prozent
Sonstiges	4.5
Suchanfragenhistorie	18.2
Thesaurus / Wörterbuch	40.9
Schlagwortliste	54.5

186   Resultate der Anforderungsanalyse

Funktionsbereich Visualising

Anhand welcher Kriterien sollte Ihrer Meinung nach eine Bewertung der Wissensressourcen möglich sein?

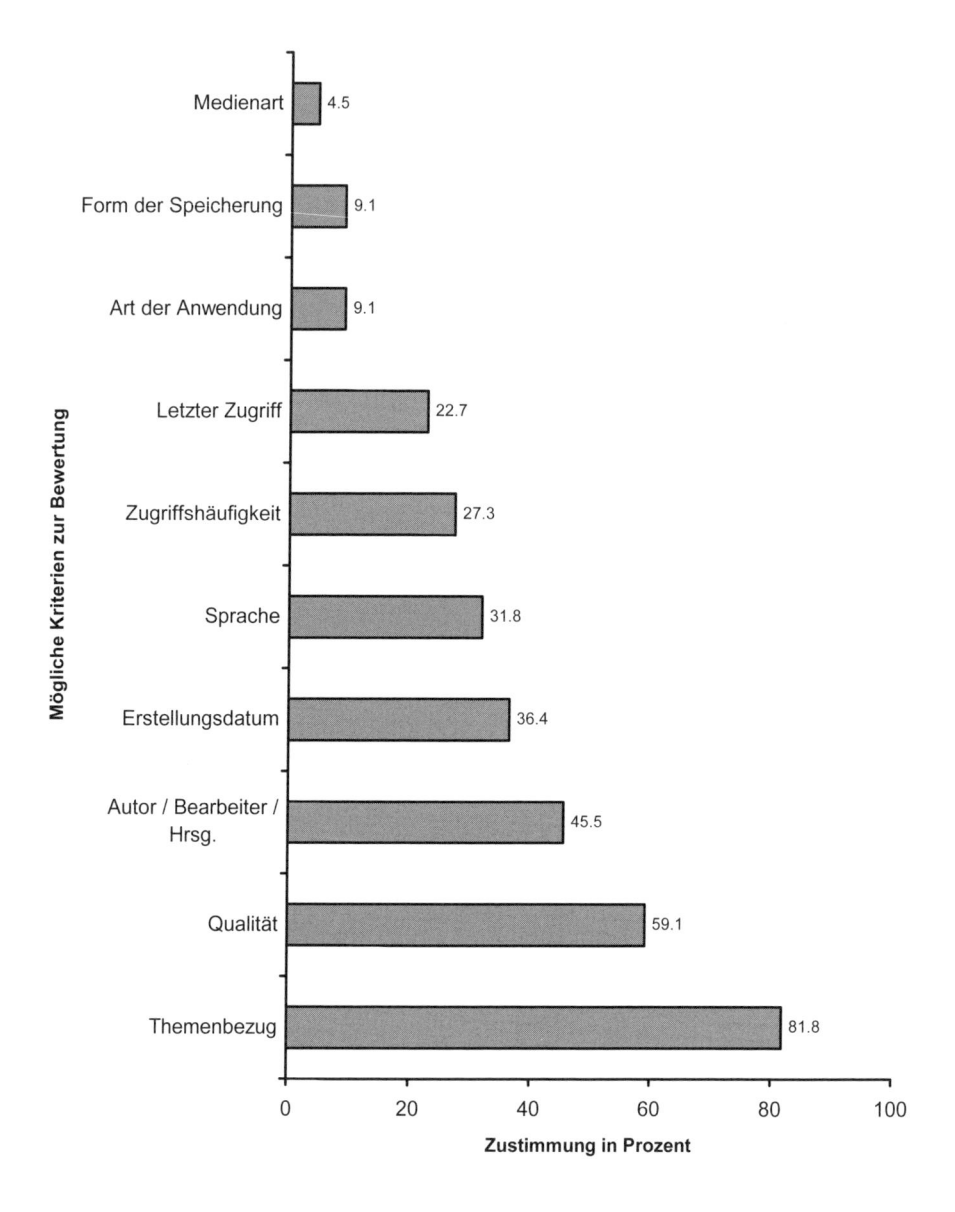

Mögliche Kriterien zur Bewertung	Zustimmung in Prozent
Medienart	4.5
Form der Speicherung	9.1
Art der Anwendung	9.1
Letzter Zugriff	22.7
Zugriffshäufigkeit	27.3
Sprache	31.8
Erstellungsdatum	36.4
Autor / Bearbeiter / Hrsg.	45.5
Qualität	59.1
Themenbezug	81.8

Welche Vorgehensweisen sollten bei der Filterung der Wissensressourcen möglich sein?

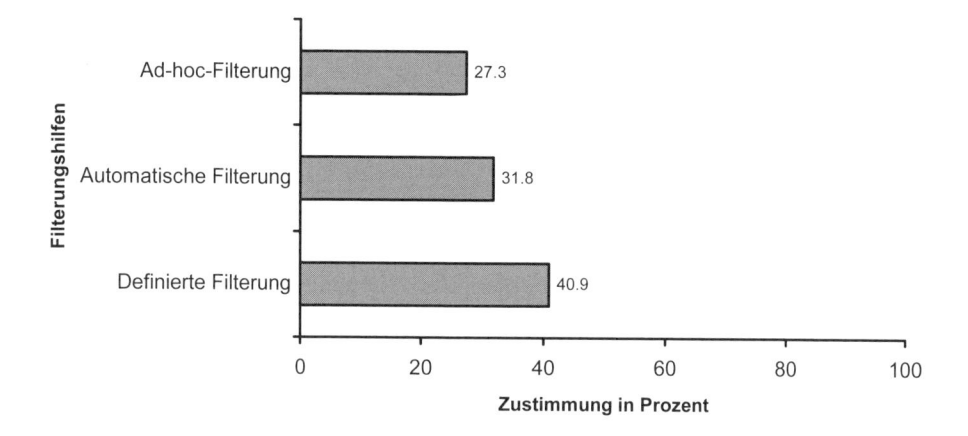

Filterungshilfen	Zustimmung in Prozent
Ad-hoc-Filterung	27.3
Automatische Filterung	31.8
Definierte Filterung	40.9

188　Resultate der Anforderungsanalyse

Welche Darstellungsformen, d.h. auch Wissensrepräsentationsformen (zum Beispiel für die Präsentation), sollten (z.B. für das Ergebnis der Analyse) möglich sein?

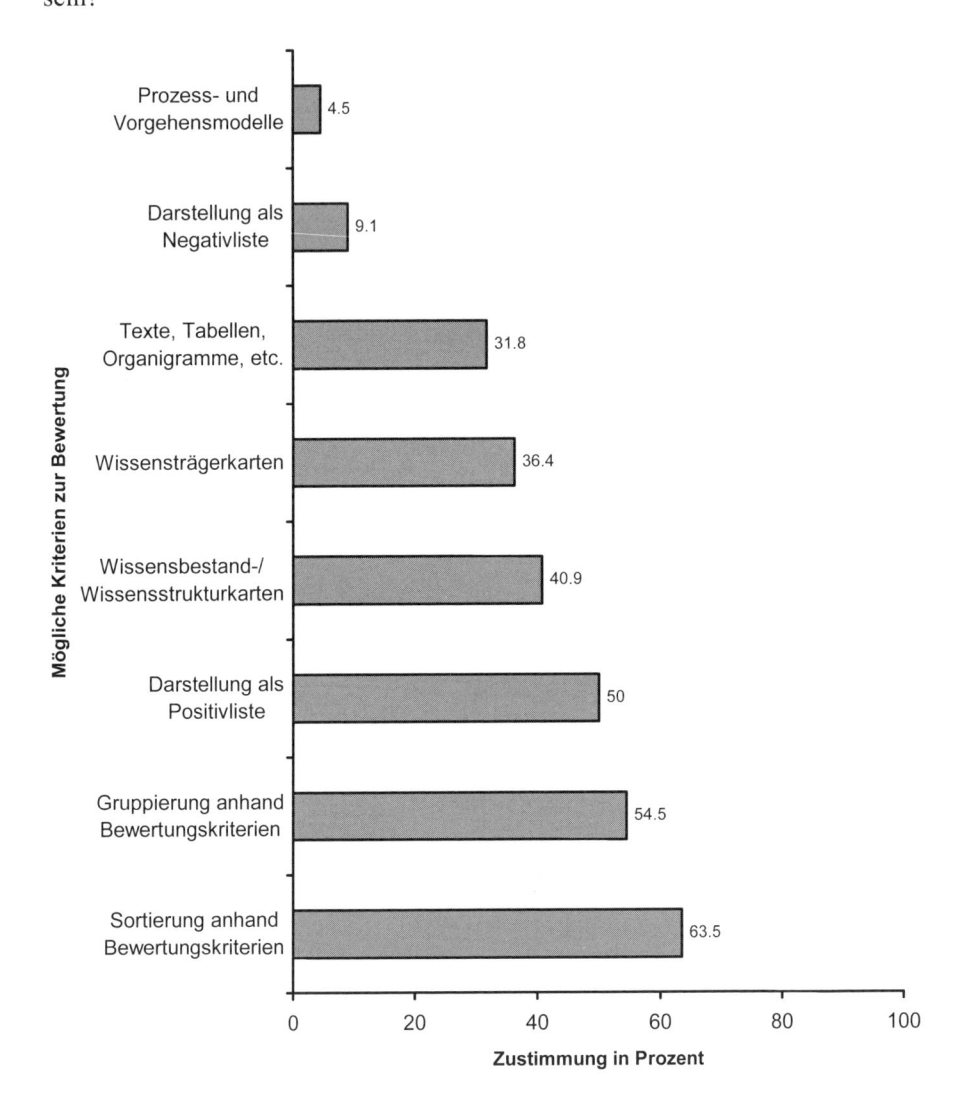

Mögliche Kriterien zur Bewertung	Zustimmung in Prozent
Prozess- und Vorgehensmodelle	4.5
Darstellung als Negativliste	9.1
Texte, Tabellen, Organigramme, etc.	31.8
Wissensträgerkarten	36.4
Wissensbestand-/Wissensstrukturkarten	40.9
Darstellung als Positivliste	50
Gruppierung anhand Bewertungskriterien	54.5
Sortierung anhand Bewertungskriterien	63.5

Funktionsbereich Collaborating

Wie wichtig sind die beiden grundsätzlichen Formen des Teilens von Wissensressourcen aus Ihrer Sicht?

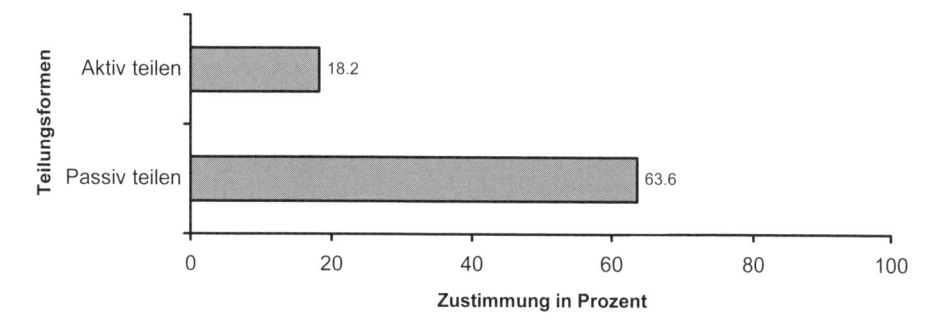

Teilungsformen:
- Aktiv teilen: 18.2
- Passiv teilen: 63.6

Zustimmung in Prozent

Wie wichtig ist aus Ihrer Sicht die Adressaten- und Empfängeridentifikation über folgende Kriterien?

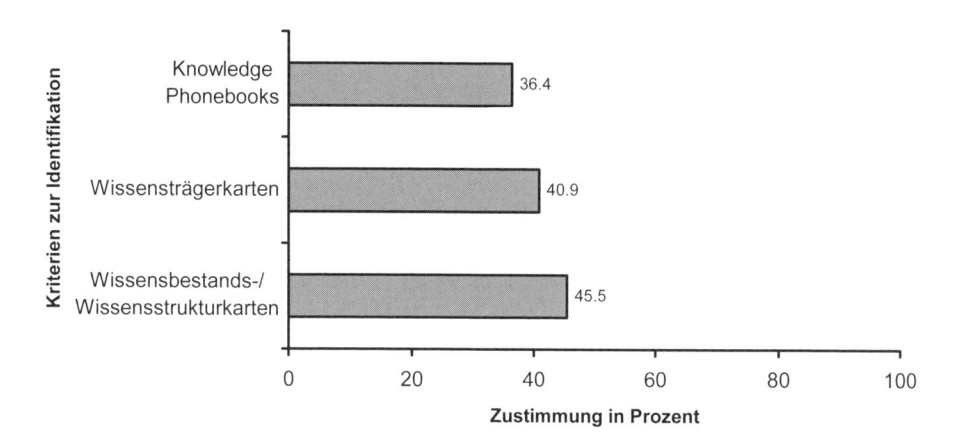

Kriterien zur Identifikation:
- Knowledge Phonebooks: 36.4
- Wissensträgerkarten: 40.9
- Wissensbestands-/Wissensstrukturkarten: 45.5

Zustimmung in Prozent

Wie wichtig sind aus Ihrer Sicht die folgenden Steuerungsmöglichkeiten des Teilungsprozesses?

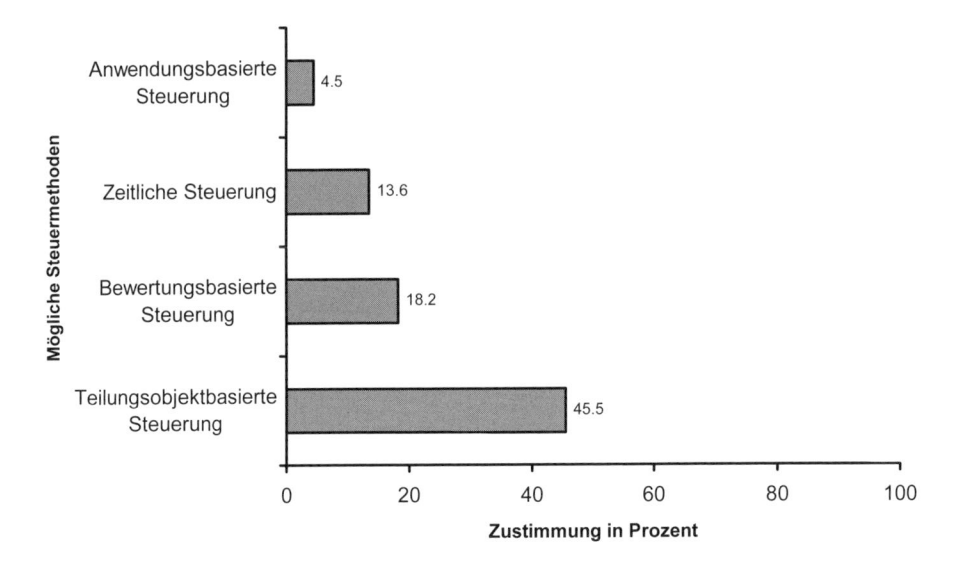

Mögliche Steuermethoden	Zustimmung in Prozent
Anwendungsbasierte Steuerung	4.5
Zeitliche Steuerung	13.6
Bewertungsbasierte Steuerung	18.2
Teilungsobjektbasierte Steuerung	45.5

Anhang

Funktionsbereich Organising

Welche Bedeutung messen Sie den folgenden Kriterien zur Identifikation pflegebedürftiger Objekte bei?

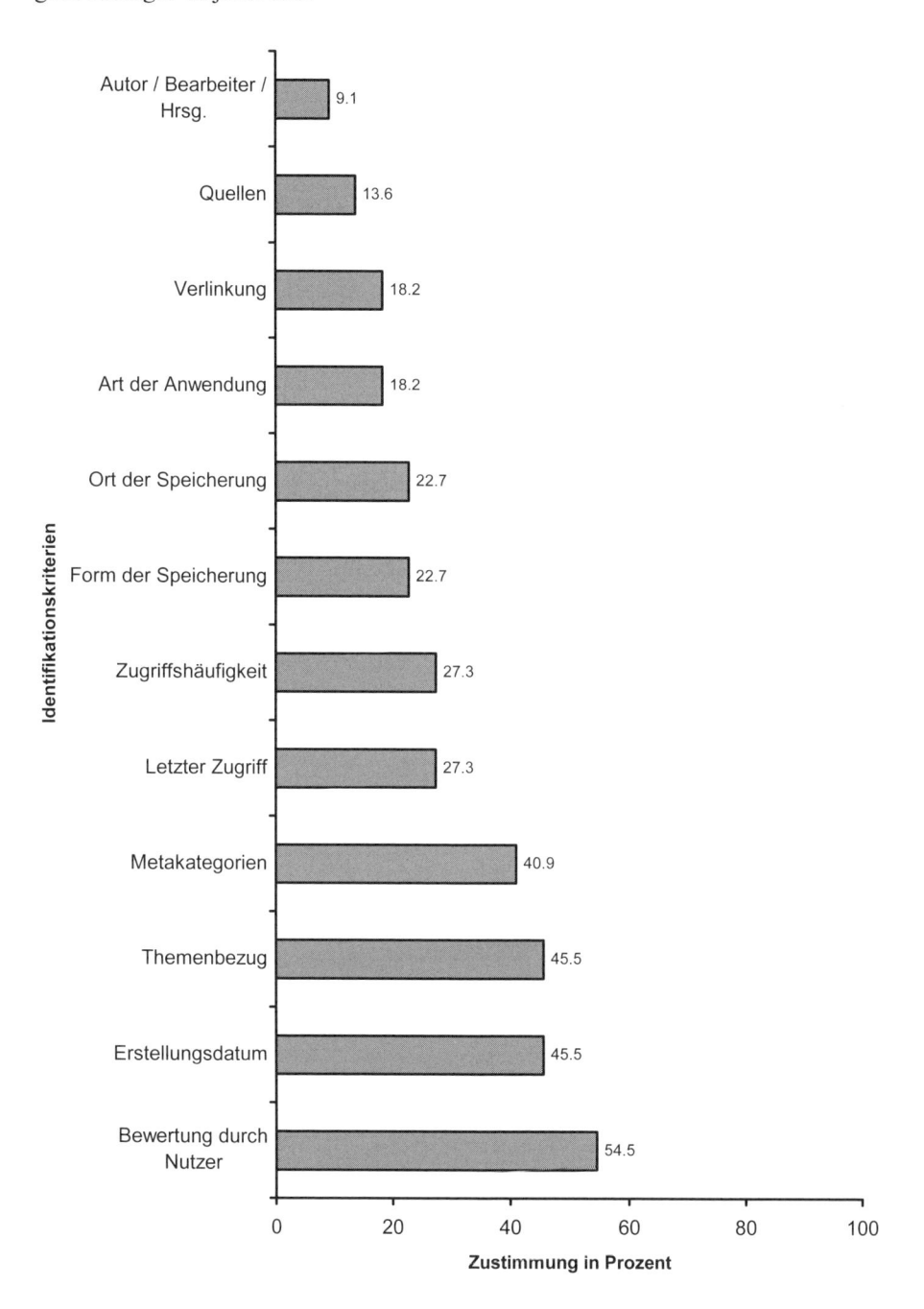

Identifikationskriterien	Zustimmung in Prozent
Autor / Bearbeiter / Hrsg.	9.1
Quellen	13.6
Verlinkung	18.2
Art der Anwendung	18.2
Ort der Speicherung	22.7
Form der Speicherung	22.7
Zugriffshäufigkeit	27.3
Letzter Zugriff	27.3
Metakategorien	40.9
Themenbezug	45.5
Erstellungsdatum	45.5
Bewertung durch Nutzer	54.5

Welche Vorgehensweisen sollten bei der Pflege der gespeicherten Wissensressourcen möglich sein und wie bedeutsam sind diese aus Ihrer Sicht?

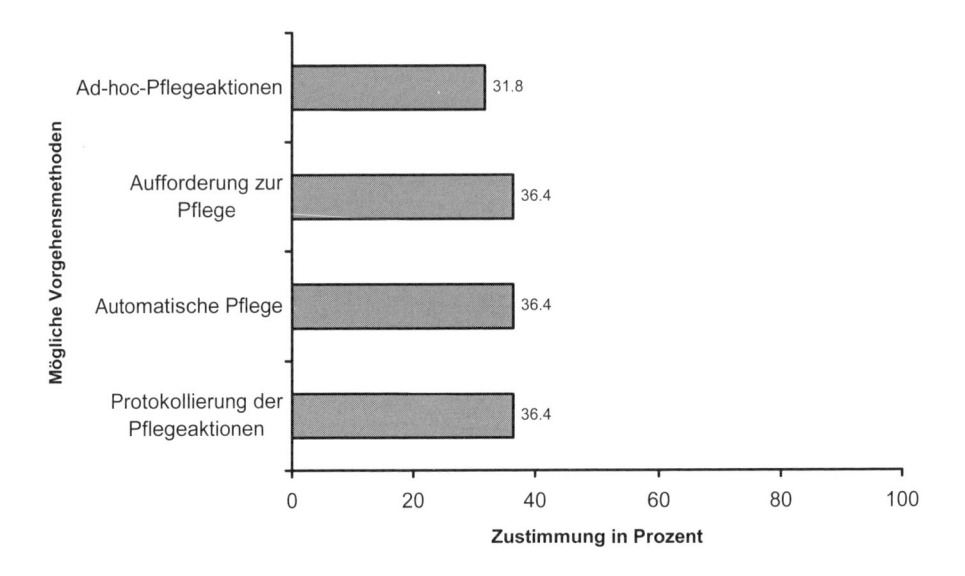

Mögliche Vorgehensmethoden	Zustimmung in Prozent
Ad-hoc-Pflegeaktionen	31.8
Aufforderung zur Pflege	36.4
Automatische Pflege	36.4
Protokollierung der Pflegeaktionen	36.4

Bei wem sollte die Verantwortung der Pflege der gespeicherten Wissensressourcen liegen?

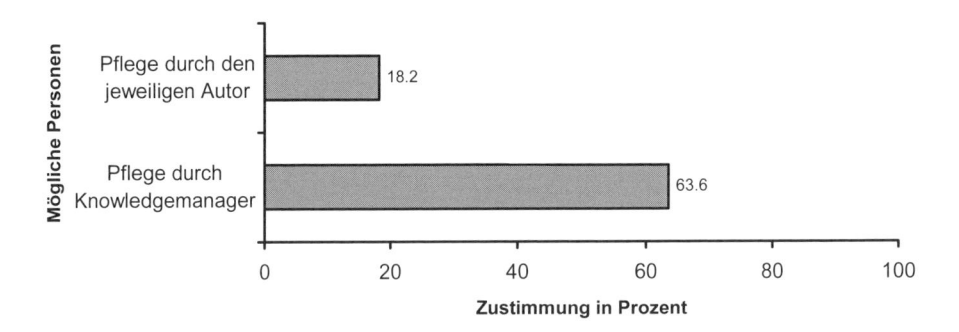

Mögliche Personen	Zustimmung in Prozent
Pflege durch den jeweiligen Autor	18.2
Pflege durch Knowledgemanager	63.6

Wie wichtig ist aus Ihrer Sicht die Steuerung des Archivierungsprozesses anhand folgender Merkmale?

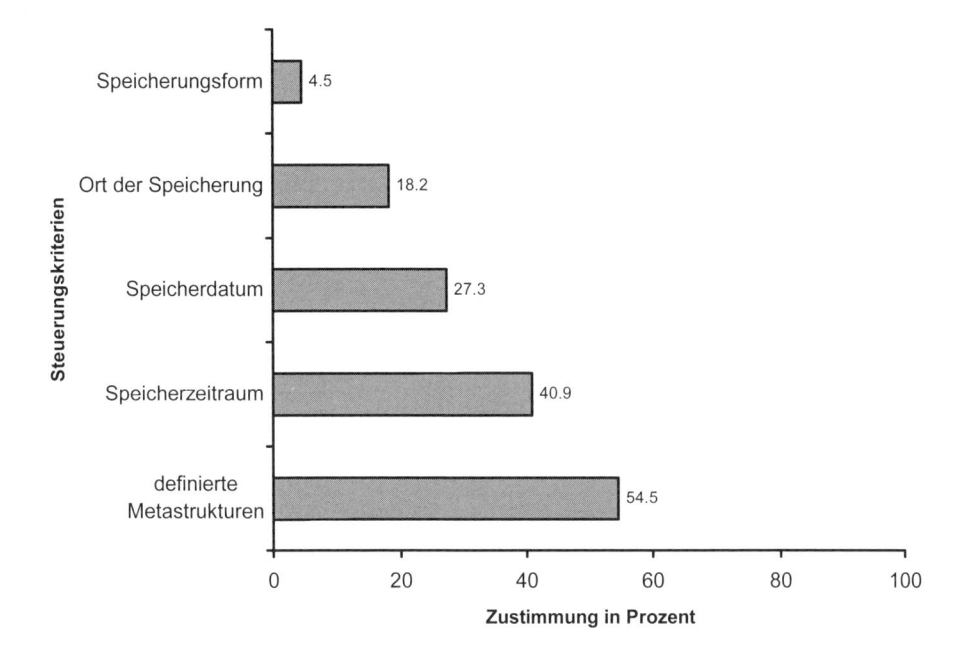

Steuerungskriterien	Zustimmung in Prozent
Speicherungsform	4.5
Ort der Speicherung	18.2
Speicherdatum	27.3
Speicherzeitraum	40.9
definierte Metastrukturen	54.5

7.7.3. Strukturelle Anforderungen

Welche Metastrukturen sollen zur Strukturierung der Inhalte des Wissensmanagement-Systems zur Verfügung stehen?

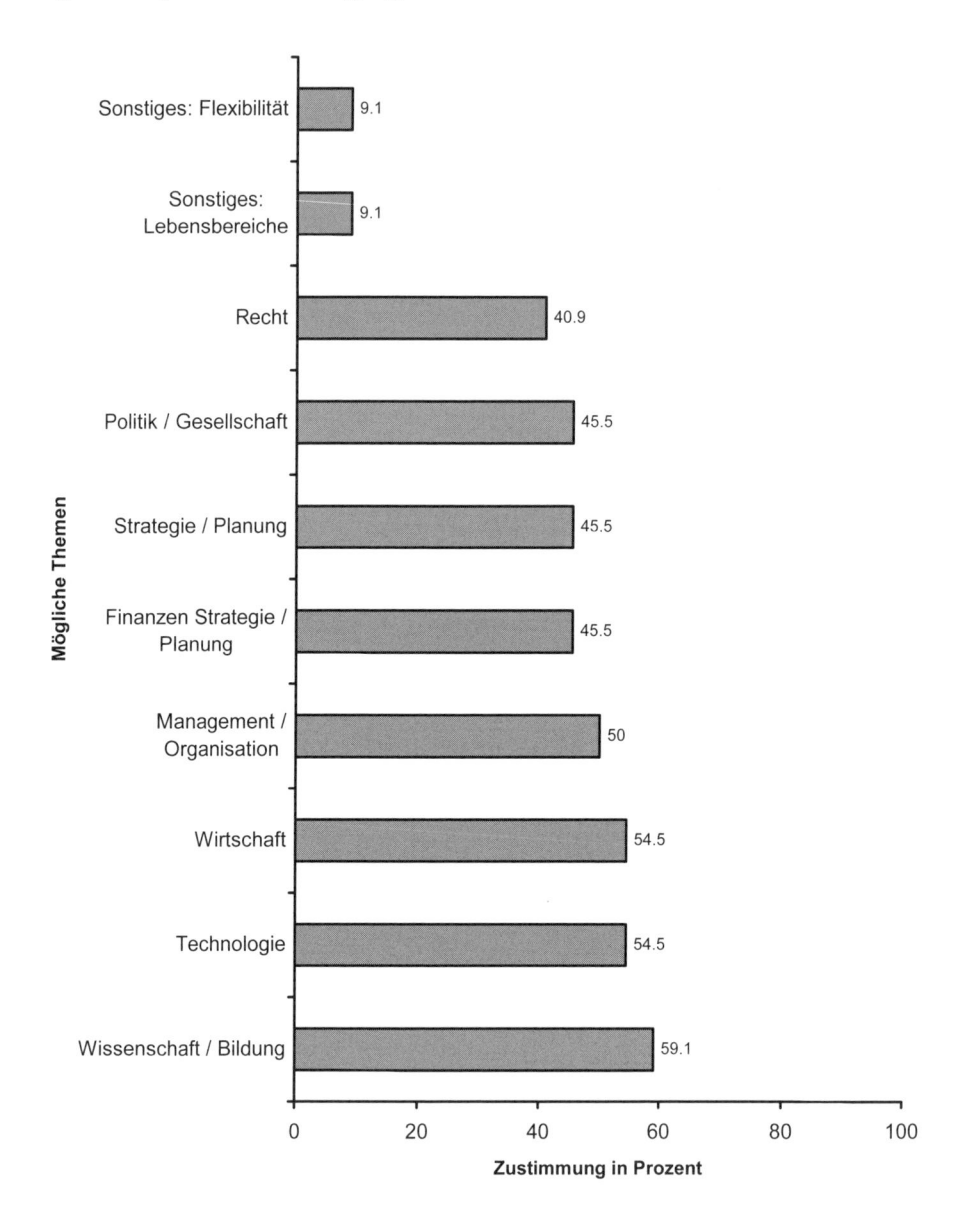

Mögliche Themen	Zustimmung in Prozent
Sonstiges: Flexibilität	9.1
Sonstiges: Lebensbereiche	9.1
Recht	40.9
Politik / Gesellschaft	45.5
Strategie / Planung	45.5
Finanzen Strategie / Planung	45.5
Management / Organisation	50
Wirtschaft	54.5
Technologie	54.5
Wissenschaft / Bildung	59.1

Wenn eine Kategorisierung nach Art des Inhalts vorgenommen werden soll, welche Arten von Inhalt sind für Sie die wichtigsten?

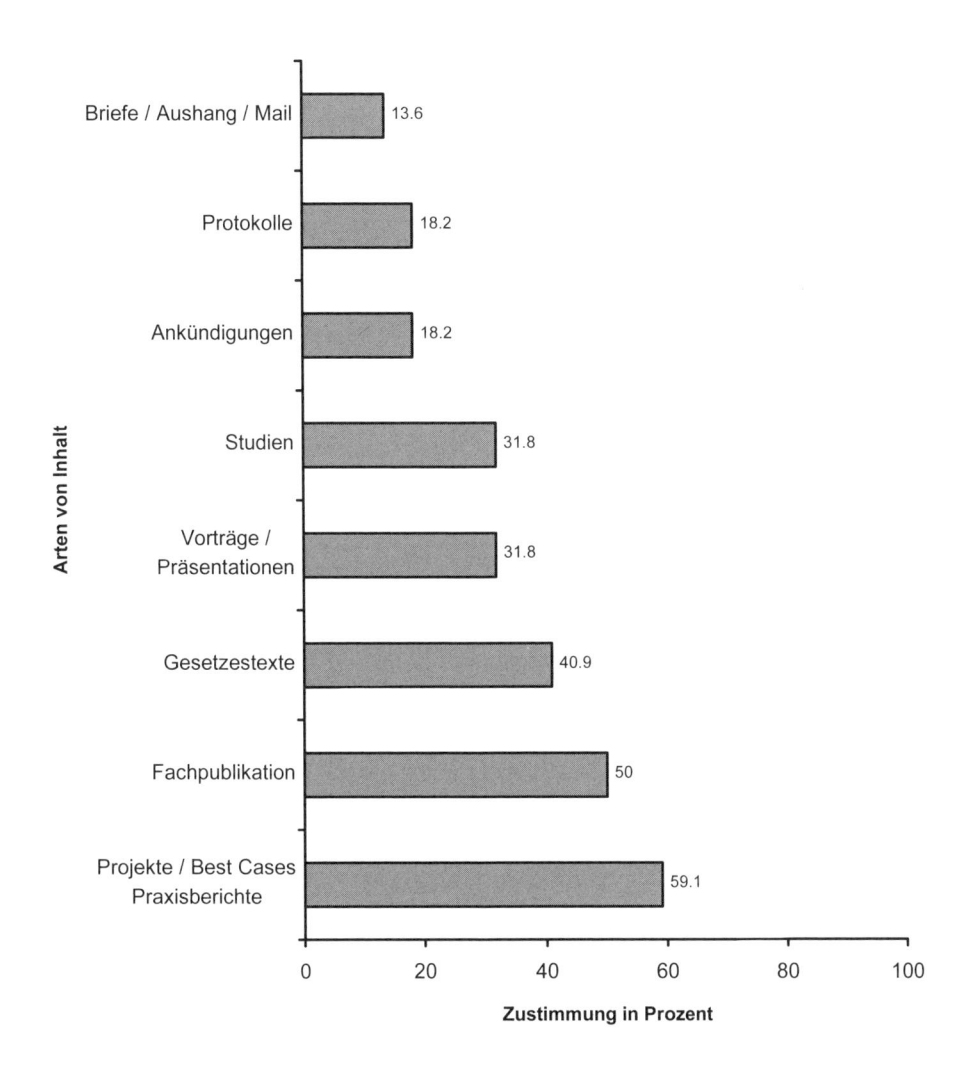

Arten von Inhalt	Zustimmung in Prozent
Briefe / Aushang / Mail	13.6
Protokolle	18.2
Ankündigungen	18.2
Studien	31.8
Vorträge / Präsentationen	31.8
Gesetzestexte	40.9
Fachpublikation	50
Projekte / Best Cases Praxisberichte	59.1

196 Resultate der Anforderungsanalyse

Für wie wichtig halten Sie die Unterstützung der folgenden Prozesse?

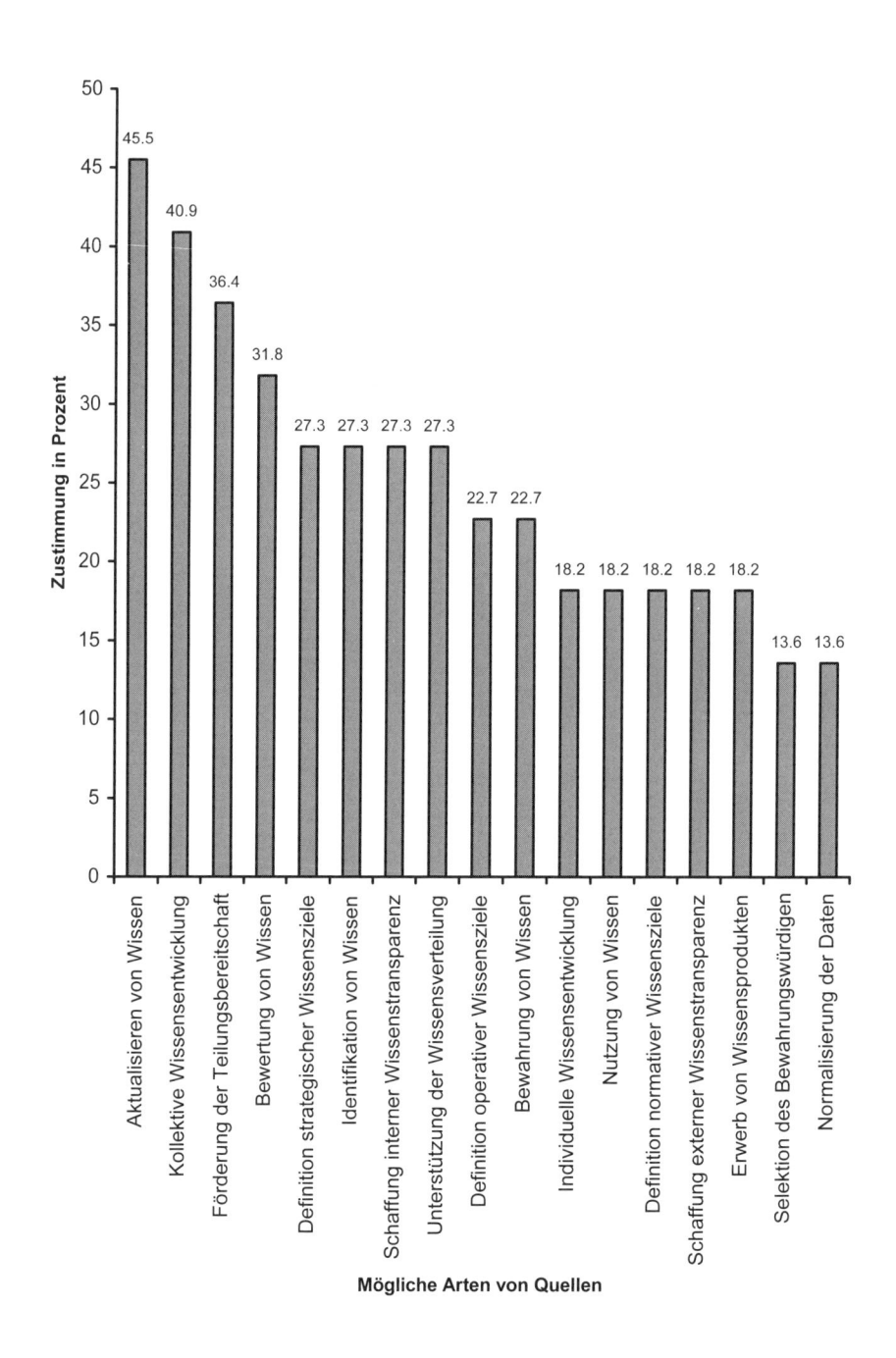

Mögliche Arten von Quellen	Zustimmung in Prozent
Aktualisieren von Wissen	45.5
Kollektive Wissensentwicklung	40.9
Förderung der Teilungsbereitschaft	36.4
Bewertung von Wissen	31.8
Definition strategischer Wissensziele	27.3
Identifikation von Wissen	27.3
Schaffung interner Wissenstransparenz	27.3
Unterstützung der Wissensverteilung	27.3
Definition operativer Wissensziele	22.7
Bewahrung von Wissen	22.7
Individuelle Wissensentwicklung	18.2
Nutzung von Wissen	18.2
Definition normativer Wissensziele	18.2
Schaffung externer Wissenstransparenz	18.2
Erwerb von Wissensprodukten	18.2
Selektion des Bewahrungswürdigen	13.6
Normalisierung der Daten	13.6

7.7.4. Wissensressourcen

Welche Arten von Quellen sollten Ihrer Meinung nach die Wissensressourcen umfassen?

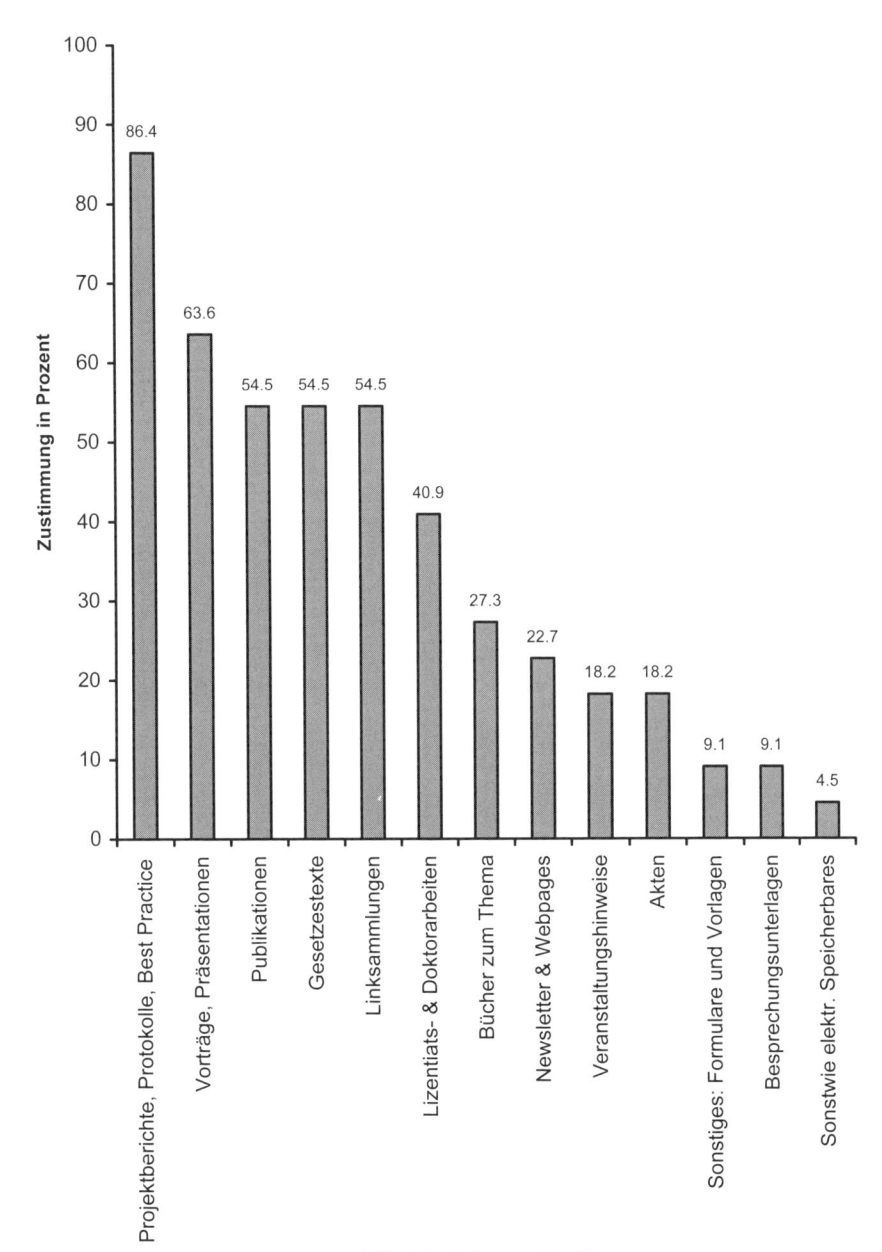

Mögliche Arten von Quellen	Zustimmung in Prozent
Projektberichte, Protokolle, Best Practice	86.4
Vorträge, Präsentationen	63.6
Publikationen	54.5
Gesetzestexte	54.5
Linksammlungen	54.5
Lizentiats- & Doktorarbeiten	40.9
Bücher zum Thema	27.3
Newsletter & Webpages	22.7
Veranstaltungshinweise	18.2
Akten	18.2
Sonstiges: Formulare und Vorlagen	9.1
Besprechungsunterlagen	9.1
Sonstwie elektr. Speicherbares	4.5

Welche Arten von Systemen bzw. Servern sollten Ihrer Meinung nach als Wissensressourcen eingebunden werden?

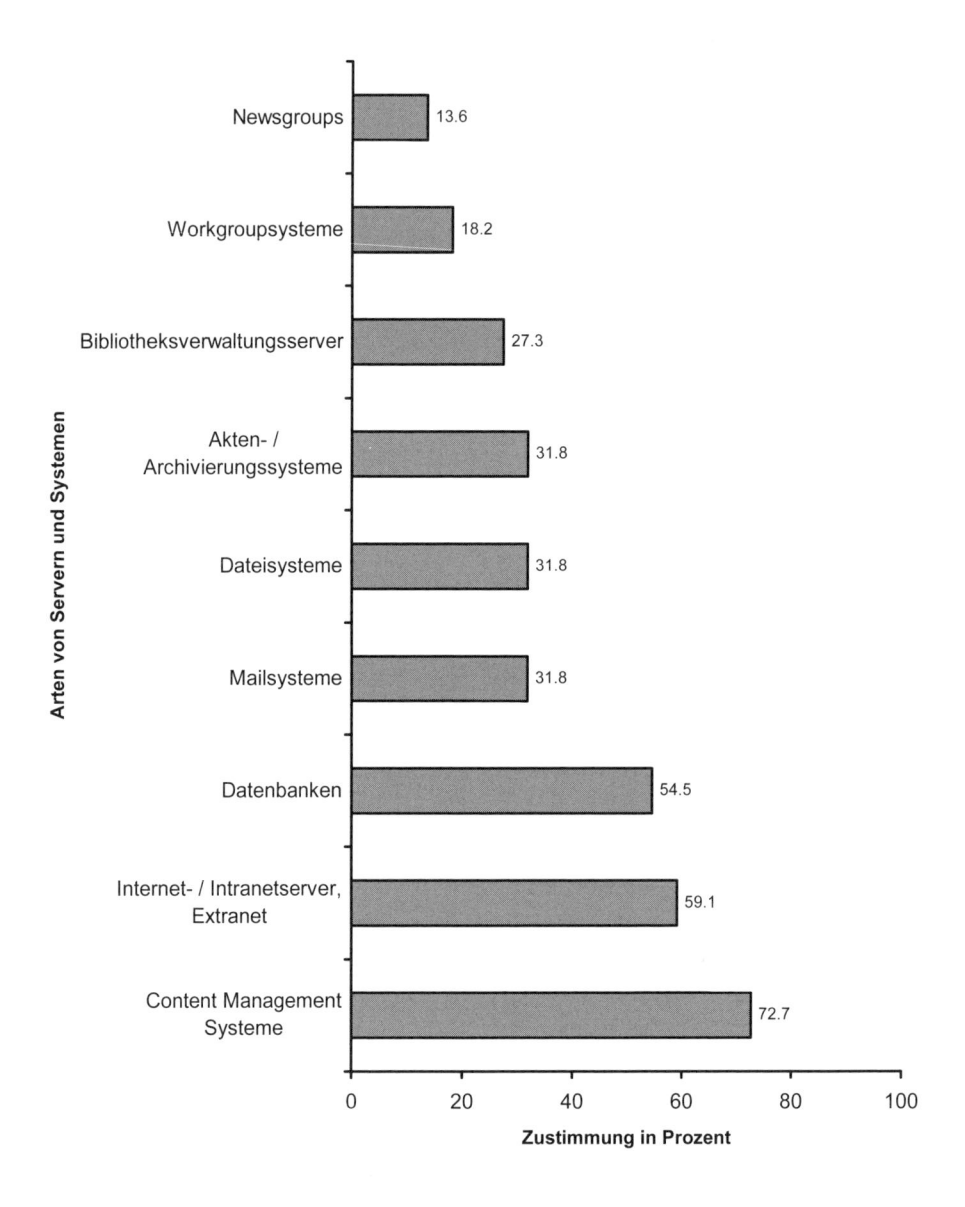

Arten von Servern und Systemen	Zustimmung in Prozent
Newsgroups	13.6
Workgroupsysteme	18.2
Bibliotheksverwaltungsserver	27.3
Akten- / Archivierungssysteme	31.8
Dateisysteme	31.8
Mailsysteme	31.8
Datenbanken	54.5
Internet- / Intranetserver, Extranet	59.1
Content Management Systeme	72.7

Anhand welcher Kriterienausprägungen (Domänen) sollten sich Ihrer Meinung nach die Wissensressourcen bzw. Quellen identifizieren lassen?

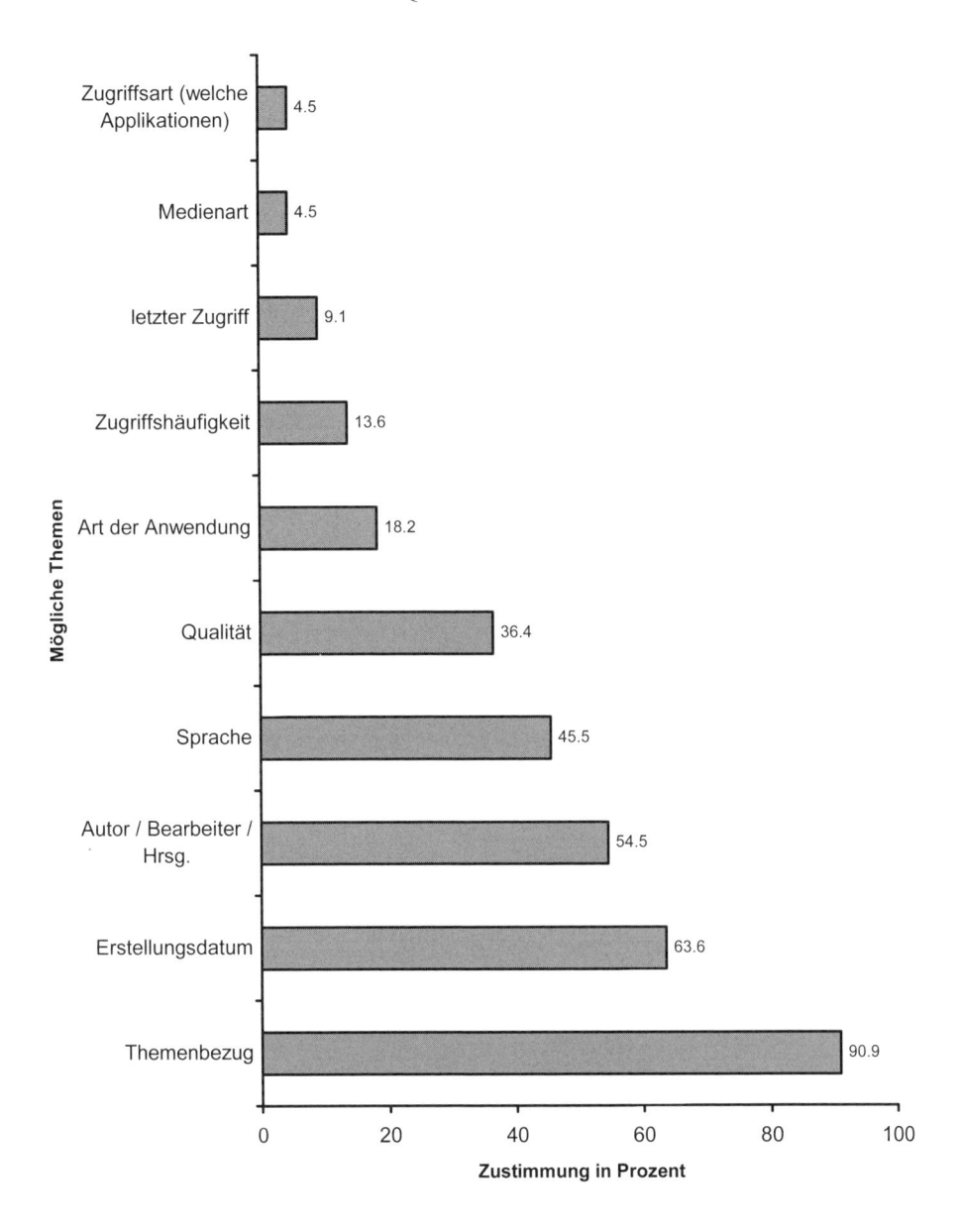

Mögliche Themen	Zustimmung in Prozent
Zugriffsart (welche Applikationen)	4.5
Medienart	4.5
letzter Zugriff	9.1
Zugriffshäufigkeit	13.6
Art der Anwendung	18.2
Qualität	36.4
Sprache	45.5
Autor / Bearbeiter / Hrsg.	54.5
Erstellungsdatum	63.6
Themenbezug	90.9

7.7.5. Technische Anforderungen

Welche der folgenden technischen Anforderungen sind für Sie die relevantesten?

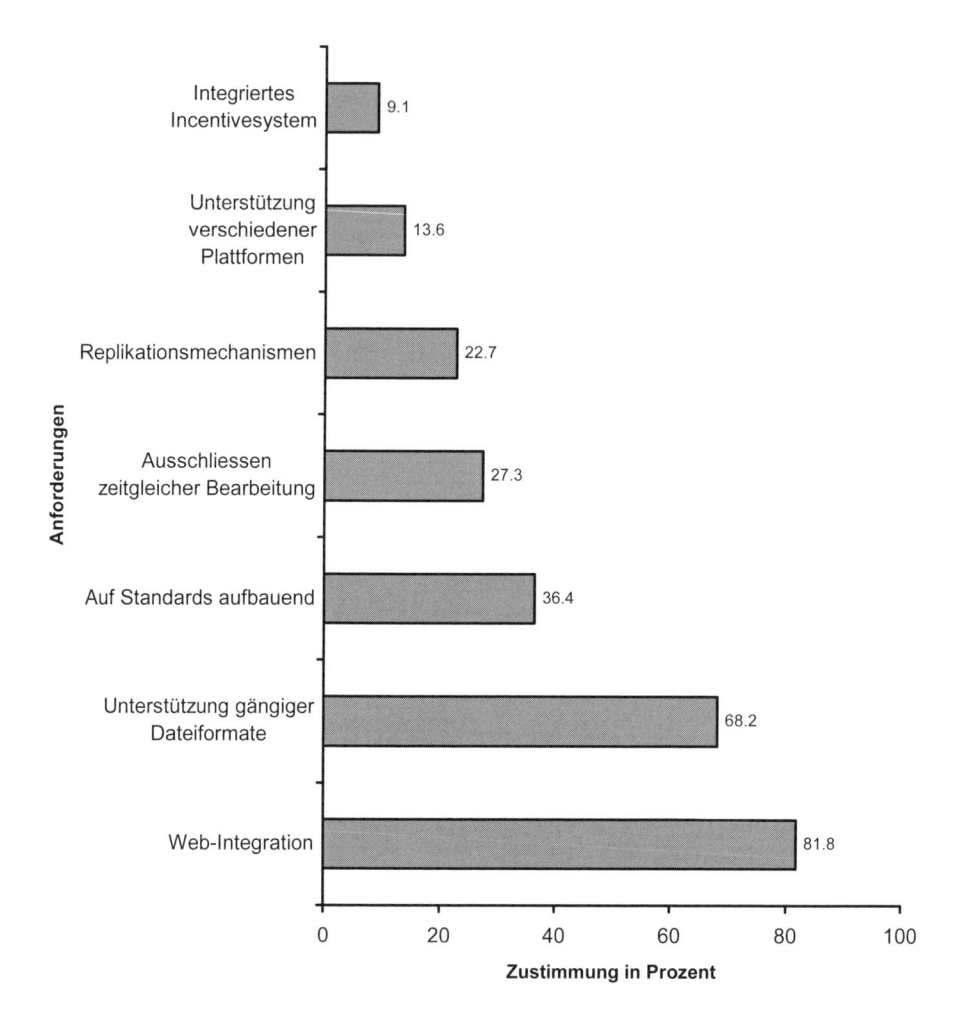

Anforderung	Zustimmung in Prozent
Integriertes Incentivesystem	9.1
Unterstützung verschiedener Plattformen	13.6
Replikationsmechanismen	22.7
Ausschliessen zeitgleicher Bearbeitung	27.3
Auf Standards aufbauend	36.4
Unterstützung gängiger Dateiformate	68.2
Web-Integration	81.8

Welche der folgenden Anforderungen halten Sie – bezüglich Performanz und Ausfallsicherheit des Systems – für die wichtigsten?

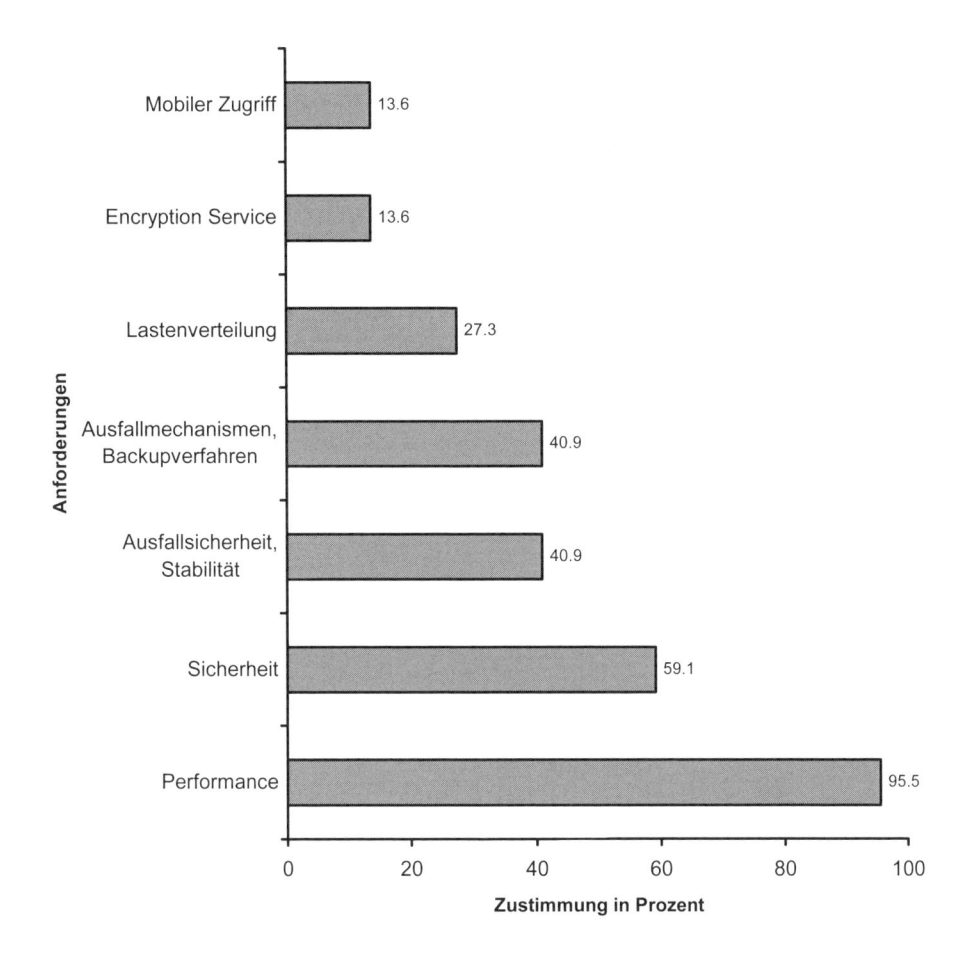

Anforderungen	Zustimmung in Prozent
Mobiler Zugriff	13.6
Encryption Service	13.6
Lastenverteilung	27.3
Ausfallmechanismen, Backupverfahren	40.9
Ausfallsicherheit, Stabilität	40.9
Sicherheit	59.1
Performance	95.5

Welche der untenstehenden Fähigkeiten soll das System für die Benutzer- und Rechteverwaltung am ehesten aufweisen?

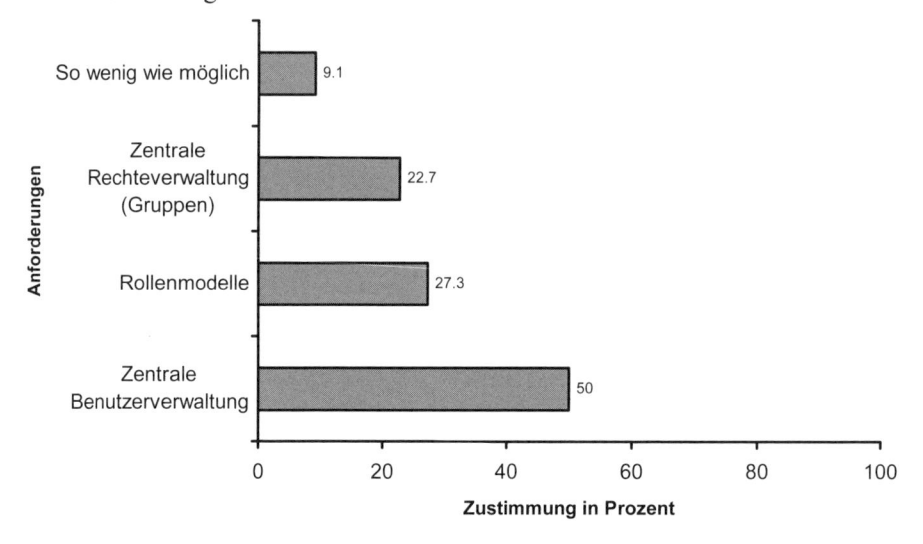

Anforderungen	Zustimmung in Prozent
So wenig wie möglich	9.1
Zentrale Rechteverwaltung (Gruppen)	22.7
Rollenmodelle	27.3
Zentrale Benutzerverwaltung	50

Welche der untenstehenden technischen Merkmale des Systems halten Sie hinsichtlich seiner Flexibilität und der Migrationsmöglichkeiten als besonders wichtig?

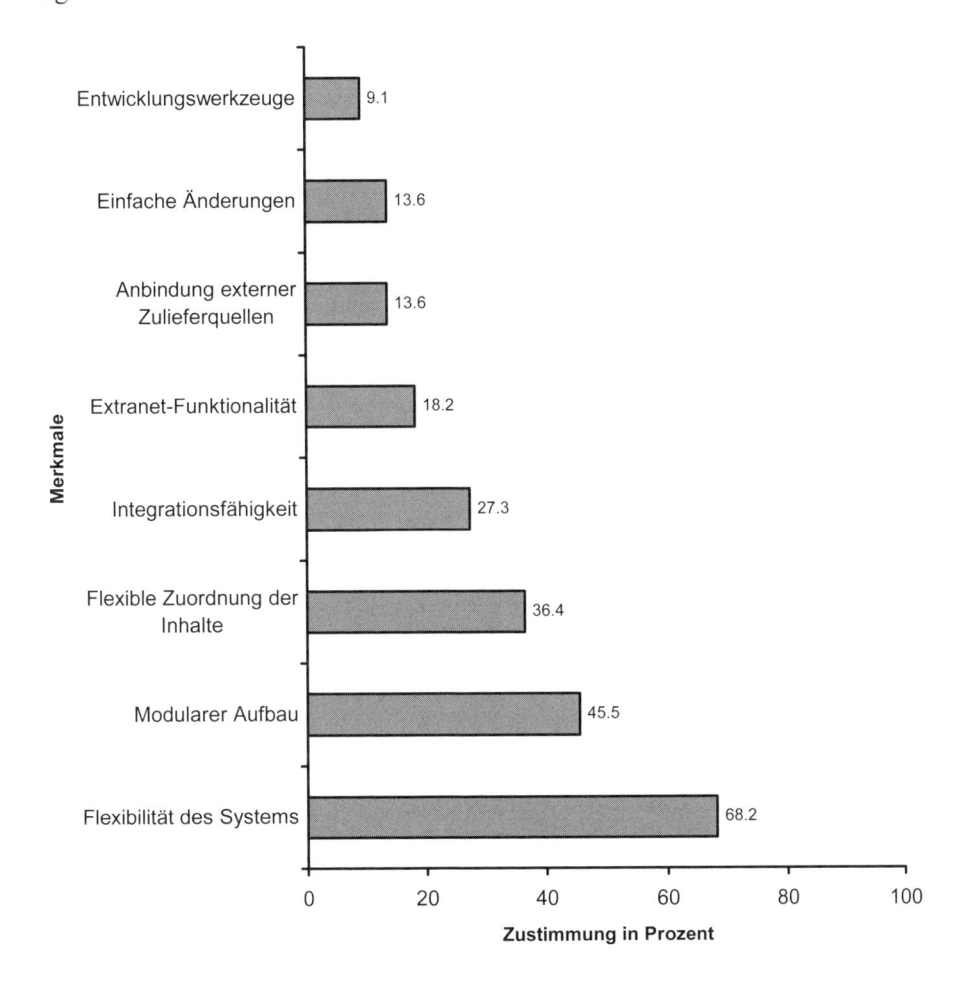

Merkmale	Zustimmung in Prozent
Entwicklungswerkzeuge	9.1
Einfache Änderungen	13.6
Anbindung externer Zulieferquellen	13.6
Extranet-Funktionalität	18.2
Integrationsfähigkeit	27.3
Flexible Zuordnung der Inhalte	36.4
Modularer Aufbau	45.5
Flexibilität des Systems	68.2

Welche der folgenden Administrationsfunktionen halten Sie für die wichtigsten?

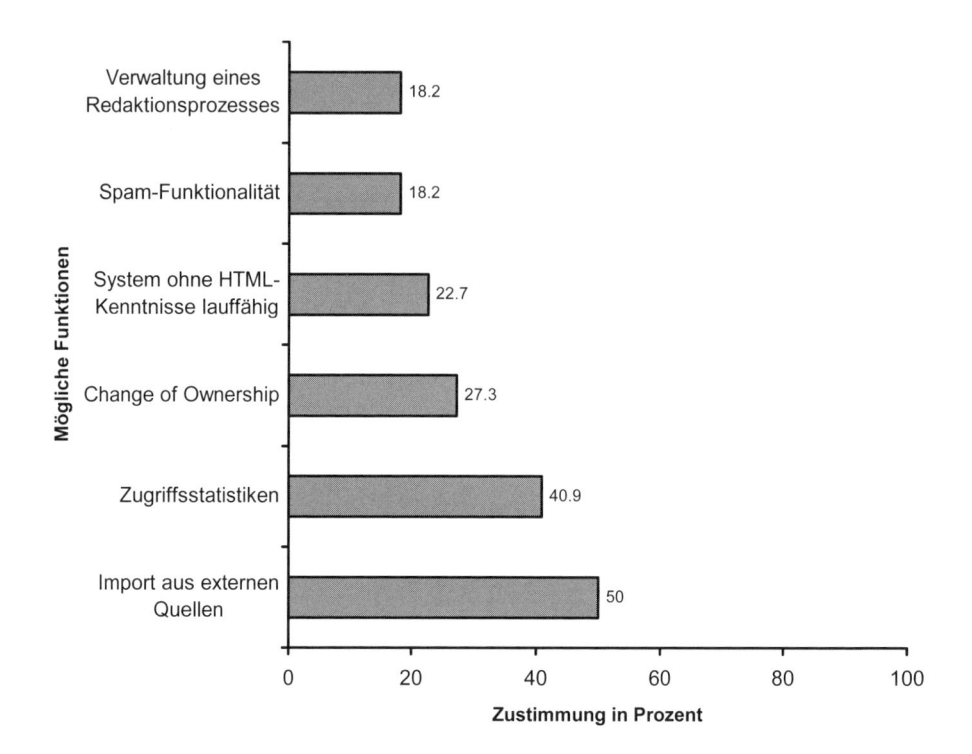

Mögliche Funktionen	Zustimmung in Prozent
Verwaltung eines Redaktionsprozesses	18.2
Spam-Funktionalität	18.2
System ohne HTML-Kenntnisse lauffähig	22.7
Change of Ownership	27.3
Zugriffsstatistiken	40.9
Import aus externen Quellen	50

7.8. Übersicht über die Anbieter

7.8.1. Alle Anbieter

Folgende Tabelle gibt einen Überblick über die 110 Anbieter (in alphabetischer Reihenfolge aufgeführt), denen ein Fragebogen zugestellt worden war. Dabei ist jeweils gekennzeichnet, welche Anbieter alle Anforderungen an ein Wissensmanagement-System erfüllen, die im Rahmen des Projekts «Athene» formuliert worden sind, und welche nicht. Ferner werden die Anbieter ersichtlich, die selber deklarieren, für ein solches Wissensmanagement-System ungeeignet zu sein, sowie jene, welche den Fragebogen nur unvollständig oder gar nicht retourniert haben.

	Anbieter	Anbieter erfüllt alle Anforderungen	Anbieter erfüllt nicht alle Anforderungen	Anbieter sieht sich selbst als ungeeignet	Anbieter hat nicht/ nur unvollständig geantwortet
1	Action Point				x
2	Allin				x
3	Altavier		x		
4	Applied Intelligence AiA			x	
5	Applied Learning Labs			x	
6	Ars Digita				x
7	Aseantic				x
8	Autonomy Inc.		x		
9	Back Web Technologies				x
10	bci Knowlegde Group				x
11	Blue Angel Technology			x	
12	Blue Marble Partners				x
13	Brio technology				x
14	Broad Vision	x			

	Anbieter	Anbieter erfüllt alle Anforderungen	Anbieter erfüllt nicht alle Anforderungen	Anbieter sieht sich selbst als ungeeignet	Anbieter hat nicht/ nur unvollständig geantwortet
15	ByteQuest Technologies Inc				x
16	CCI				x
17	Ceyoniq				x
18	Cipher				x
19	Cobolt			x	
20	CognIT			x	
21	Comma Soft	x			
22	Convera				x
23	coretechnology		x		
24	Danet	x			
25	Divine			x	
26	Documentum	x			
27	Dr. Herterich & Consultants		x		
28	eB Networks				x
29	eGain	x			
30	Enfish				x
31	Future Edge			x	
32	Gauss			x	
33	Go-Net				x
34	Group Systems			x	
35	Hummingbird	x			

	Anbieter	Anbieter erfüllt alle Anforderungen	Anbieter erfüllt nicht alle Anforderungen	Anbieter sieht sich selbst als ungeeignet	Anbieter hat nicht/ nur unvollständig geantwortet
36	Hyland				x
37	Hyperwave	x			
38	IBM			x	
39	IBO				x
40	ICASIT				x
41	Idea Fisher Systems				x
42	IDS Scheer				x
43	InfoCodex	x			
44	Inform			x	
45	Inmagic				x
46	Inosoft				x
47	Inspiration Software			x	
48	Intelliware				x
49	Interacs				x
50	Internosis				x
51	Interwoven				x
52	Intraspect				x
53	Inxight		x		
54	JD Edwards				x
55	Knowledge Associates			x	
56	Knowledge Base		x		

208 Übersicht über die Anbieter

	Anbieter	Anbieter erfüllt alle Anforderungen	Anbieter erfüllt nicht alle Anforderungen	Anbieter sieht sich selbst als ungeeignet	Anbieter hat nicht/ nur unvollständig geantwortet
57	Knowledgebridge				x
58	Knowledge Management Software			x	
59	Knowledge Planet				x
60	Lawson			x	
61	Monday Coffee				x
62	Multicentric Technology		x		
63	Myax				x
64	Navigator			x	
65	Netegrity	x			
66	Nousoft				x
67	Open Connect				x
68	Opentext	x			
60	Pattern Expert			x	
70	Pironet			x	
71	Plumtree	x			
72	Primus			x	
73	Promatis	x			
74	Ratio				x
75	RC Resource Company		x		
76	Red Dot			x	

	Anbieter	Anbieter erfüllt alle Anforderungen	Anbieter erfüllt nicht alle Anforderungen	Anbieter sieht sich selbst als ungeeignet	Anbieter hat nicht/ nur unvollständig geantwortet
77	Red Hat		x		
78	Right Now				x
79	RJ Schmonsees				x
80	Robertson Associates				x
81	Robotron				x
82	Sageware				x
83	SAP			x	
84	Schlumberger Sema, CC Informatik			x	
85	SERware / Openinfo		x		
86	Smart-Text Solutions				x
87	Soffront Software				x
88	Stellent	x			
89	Sveiby Knowledge Associates				x
90	Swisscom		x		
91	Tacit Knowledge Systems			x	
92	Think Tools			x	
93	Thinkmap				x
94	Triangle				x
95	Ubis				x

	Anbieter	Anbieter erfüllt alle Anforderungen	Anbieter erfüllt nicht alle Anforderungen	Anbieter sieht sich selbst als ungeeignet	Anbieter hat nicht/ nur unvollständig geantwortet
96	Unitel				X
97	USU	X			
98	Verano			X	
99	Verity			X	
100	Viador				X
101	Vignette				X
102	Vodafone				X
103	Wear-A-Brain				X
104	Webfair	X			
105	Werum				X
106	Wincite Systems		X		
107	Windream				X
108	Wizdom		X		
109	Xerox Corporation				X
110	Zet Vision				X

7.8.2. Nicht berücksichtigte Anbieter

Folgende Tabelle gibt eine Übersicht über diejenigen neun Anbieter (in alphabetischer Reihenfolge), denen aus verschiedenen Gründen kein Fragebogen zugestellt wurde:

Anbieter	Gründe, warum den Anbietern kein Fragebogen zugestellt worden ist
Advantix	Keine Kontaktadresse gefunden
ILOI	Keine Kontaktadresse gefunden
Imageware	Vertreibt das Produkt der Firma Hummingbird
Interact (University of Cambridge; Heriott-Watt & Strathclyde)	Veraltetes Projekt
Mark S. Ackermann	Vertreibt kein Produkt, sondern geht das Thema Wissensmanagement lediglich von der theoretischen Seite an.
Netscape	Keine Kontaktadresse gefunden
Power Plus	Kein Webauftritt gefunden
Skyon	Kein Webauftritt gefunden
Universität Kaiserslautern	Kein eigenes Produkt – gehen das Thema Wissensmanagement von theoretisch-wissenschaftlicher Seite an.

7.9. Detailauswertung der Marktanalyse

Unten stehende Tabelle gibt einen detaillierten Überblick über die einzelnen Antworten der 30 genauer betrachteten Anbieter. In der Tabelle nicht enthalten sind die allgemeinen Merkmale der Anbieter bzw. der Systeme. Diese Informationen würden den Fragen 1 bis 19 des Fragebogens entsprechen, der den Anbietern zugesandt worden ist und dessen Fragen anschliessend an diese Tabelle abgedruckt sind. Die Antworten auf diese Fragen wurden als weniger relevant betrachtet, da in der Marktanalyse die Anforderungen in den Bereichen Technologie, Wissensrepräsentation, Collaborating und Organising im Zentrum der Betrachtung standen.

Technische Anforderungen
a) Portalfunktion
b) Web-Integration möglich?
c) Zentrale Benutzerverwaltung?
d) Rollenmodelle
e) Modularität?

Wissensrepräsentation
f) Gruppierung anhand Bewertungskriterien?
g) Sortierung anhand Bewertungskriterien?
h) Wissensbestands- und Wissensstrukturkarten?

Collaborating
i) Push- und Pull-Teilung?
j) Teilungsobjektbasierte Steuerung der Teilung?
k) Zeitliche Steuerung der Teilung?

Organising
l) Bewertung von Wissensobjekten?
m) Hilfestellung zur Bewertung?
n) Unterstützung des Plegeprozesses
o) Personalisierung des Systems?
p) Protokollierung von Veränderungen?

	Technische Anforderungen					Wissens-repräsentation			Collaborating			Organising				
Anbieter	a	b	c	d	e	f	g	h	i	j	k	l	m	n	o	p
Altavier	+	+	+	+	+	+	+	+	+	-	+	+	+	+	+	+
Autonomy	+	+	+	+	+	+	+	+	+	+	+	-	+	+	+	+
Broad Vision	+	+	+	+	+	+	+	+	+	+	+	+	+	+	+	+
Comma Soft	+	+	+	+	+	+	+	+	+	+	+	+	+	+	+	+
Coretechnology	+	+	+	+	+	+	+	-	+	+	+	+	-	+	+	+
Danet	+	+	+	+	+	+	+	+	+	+	+	+	+	+	+	+
Documentum	+	+	+	+	+	+	+	+	+	+	+	+	+	+	+	+
Dr. Herterich	+	+	+	+	+	+	+	-	-	-	+	-	+	+	+	+
eGain	+	+	+	+	+	+	+	+	+	+	+	+	+	+	+	+
Hummingbird	+	+	+	+	+	+	+	+	+	+	+	+	+	+	+	+
Hyperwave	+	+	+	+	+	+	+	+	+	+	+	+	+	+	+	+
InfoCodex	+	+	+	+	+	+	+	+	+	+	+	+	+	+	+	+

Technische Anforderungen
a) Portalfunktion
b) Web-Integration möglich?
c) Zentrale Benutzerverwaltung?
d) Rollenmodelle
e) Modularität?

Wissensrepräsentation
f) Gruppierung anhand Bewertungskriterien?
g) Sortierung anhand Bewertungskriterien?
h) Wissensbestands- und Wissensstrukturkarten?

Collaborating
i) Push- und Pull-Teilung?
j) Teilungsobjektbasierte Steuerung der Teilung?
k) Zeitliche Steuerung der Teilung?

Organising
l) Bewertung von Wissensobjekten?
m) Hilfestellung zur Bewertung?
n) Unterstützung des Pflegeprozesses
o) Personalisierung des Systems?
p) Protokollierung von Veränderungen?

Anbieter	Technische Anforderungen					Wissens-repräsentation			Collaborating			Organising				
	a	b	c	d	e	f	g	h	i	j	k	l	m	n	o	p
Inxight	-	+	-	-	+	+	-	+	-	-	-	-	-	+	-	-
KnowledgeBase	+	+	+	+	+	+	+	+	-	-	-	+	+	+	+	+
Mondaycoffee	+	+	+	+	+	+	+	+	-	-	-	+	-	+	+	-
MulticentricTech	+	+	-	-	+	+	-	+	-	-	-	-	-	-	-	-
Netegrity	+	+	+	+	+	+	+	+	+	+	+	+	+	+	+	+
Open Connect	+	+	+	+	+	+	-	+	+	+	+	+	+	+	+	+
Openinfo	+	+	+	+	+	+	+	+	+	+	+	+	+	+	-	+
Opentext	+	+	+	+	+	+	+	+	+	+	+	+	+	+	+	+
Plumtree	+	+	+	+	+	+	+	+	+	+	+	+	+	+	+	+
Promatis	+	+	+	+	+	+	+	+	+	+	+	+	+	+	+	+
Red Hat	+	+	+	+	+	+	-	+	-	+	-	+	-	-	+	+
RC	+	+	+	+	+	+	-	+	+	+	+	+	+	+	+	+
Stellent	+	+	+	+	+	+	+	+	+	+	+	+	+	+	+	+
Swisscom	+	+	+	+	+	+	-	+	-	+	-	+	+	+	+	+
USU	+	+	+	+	+	+	+	+	+	+	+	+	+	+	+	+
Webfair	+	+	+	+	+	+	+	+	+	+	+	+	+	+	+	+
Wincite Systems	+	+	+	+	+	+	-	+	-	-	+	+	+	+	+	-
Wizdom	+	+	+	+	+	+	-	+	+	+	-	-	+	+	+	+

7.10. Fragebogen für die Anbieter

Unten stehende Fragen sind in einem Fragebogen den Anbietern verschickt worden und dienten als Grundlage für die Marktanalyse bzw. die Analyse der einzelnen Anbieter und derer Systeme. Die Anbieter hatten zusätzlich die Gelegenheit, in einer separaten Spalte Kommentare und weitere Ausführungen anzubringen.

Der Fragebogen selbst basierte auf der Anforderungsanalyse, die im Rahmen des Wissensmanagement-Projekts «Athene» vom CC eGov mit seinen Praxispartnern durchgeführt worden war und weiter oben ausführlich beschrieben worden ist.

Gebiet		Frage
Generelle Anbietermerkmale	1	Produktname
	2	Alter des Produkts
	3a	Vertreiben Sie Ihre Wissensmanagement-Lösung(en) selbst?
	3b	Wenn nein: Durch wen wird/werden Ihre Wissensmanagement-Lösung(en) vertrieben?
	4a	Arbeiten Sie für die Konzeption, Planung und Umsetzung Ihrer Wissensmanagement-Lösung(en) mit anderen Anbietern zusammen (Allianzen)?
	4b	Wenn ja: Mit welchen Anbietern arbeiten Sie zusammen und in welchen Bereichen?
	5	Verfügen Sie üner eine Niederlassung in der Schweiz?
	6	Welche Referenzprojekte haben Sie durchgeführt oder waren Sie an der Durchführung beteiligt?
	6a	In der Schweiz?
	6b	Im Ausland?
	7	Ist ein Besuch der Referenzkunden möglich?
	8a	Ist Ihre Wissensmanagement-Lösung einsetzbar in Kleineren und mittleren Betrieben (bis 1'000 Nutzer)?
	8b	Ist Ihre Wissensmanagement-Lösung einsetzbar in Grossbetrieben (ab 1'000 Nutzer)?

Gebiet	Frage	
Schulungs-, Unterstützungs- und Wartungsleistungen	9	Führen Sie eine Anwenderschulung (Endnutzer und Administratoren) durch?
	9a	Wenn ja: Mit welchem Schulungsaufand (in Tagen) muss gerechnet werden?
	9b	Führen Sie die Schulung selbst durch?
	10	Bieten Sie einen Hotline-Support bzw. einen Helpdesk an?
	11	Wie hoch ist der zeitliche Aufwand für die technische Installation Ihrer Wissensmanagement-Lösung?
	12	Kann die Lösung individuellen Kundenbedürfnissen angepasst werden (Customising)?
	14	Mit welchem zeitlichen Aufwand muss für Spezifikationsanpassungen gerechnet werden?
	13a	Führen Sie während der Lebensdauer des Systems Software-Anpassungen durch?
	13b	Wenn ja: Fallen für den Nutzer dadurch zusätzliche Kosten an?
	14	Bieten Sie regelmässig Updates an?
	15	Stellen Sie eine Demo-Version zur Verfügung?
	16	Bieten Sie die Möglichkeit einer Testinstallation an (mit Rückgaberecht)?
Lizenzpolitik und Preis	17	Welche Lizenzpolitik verfolgen Sie?
	17a	Nur Einzelplatzlizenzen
	17b	Einzelplatz- und Serverlizenzen
	17c	Andere
	18	In welches Preissegment ist Ihre Lösung einzuordnen?
	18a	Bis 50'000 sFr.
	18b	Zwischen 50'000 sFr. und 150'000 sFr.
	18c	Mehr als 150'000 sFr.

Gebiet		Frage	
Sprache	19	In welcher/n Sprache(n) ist Ihr Produkt verfügbar?	
	19a	Ist Ihr Produkt in Deutsch verfügbar?	
	19b	Ist Ihr Produkt in Französisch verfügbar?	
	19c	Ist Ihr Produkt in Englisch verfügbar?	
	19d	Bist eine parallel mehrsprachige Lösung erhältlich?	
Funktionalität: Technische Anforderungen	20	Verfügt das System über Portalfunktionalität	
	21	Ist eine Web-Integration möglich?	
	22	Wir die zentrale Verwaltung von Benutzern und Benutzergruppen unterstützt?	
	23	Ist das System modular aufgebaut?	
	24	Können Rollenmodelle geschaffen werden?	
	25	Ist das Datenmodell erweiterbar?	
	25	Welche Sicherheitskonzepte existieren?	
	26	Welche Angaben können Sie betreffend Durchsatz und Response Time machen?	
Funktionalität: Wissensrepräsentation	27	Können die Wissensobjekte anhand von Bewertungskriterien gruppiert werden?	
	28	Können die Wissensobjekte anhand von Bewertungskriterien sortiert werden?	
	29	Stehen Wissensrepräsentations- und Wissensstrukturkarten zur Verfügung?	
Funktionalität: Collaborating	30	Werden Push-Teilungsformen unterstützt?	
	31	Werden Pull-Teilungsformen unterstützt?	
	32	Kann die Push-/Pull-Funktion gemäss teilungsobjektbasierter Steuerung abonniert werden?	
	33	Kann die Push-/Pull-Funktion gemäss zeitlicher Steuerung abonniert werden?	

Gebiet		Frage
Funktionalität: Organising	34a	Ist die Bewertung von Wissensobjekten möglich?
	34b	Wenn ja: Werden Hilfestellungen angeboten für die Bewertung der Wissensobjekte?
	35	Wird der Prozess zur Pflege der Objekte unterstützt?
	36	Kann das System personalisiert werden?
	37	Werden Veränderungen an den Objekten protokolliert?

Publikationen zum Thema Wissensmanagement

Werner Lüthy, Eugen Voit, Theo Wehner (Hrsg.)
WISSENSMANAGEMENT – PRAXIS
EINFÜHRUNG, HANDLUNGSFELDER UND FALLBEISPIELE

Wissensmanagement wird noch immer stärker auf der Ebene von Konzepten und Tools diskutiert als auf der Ebene von konkreten Handlungsfeldern sowie Erfahrungen in Umsetzungsprojekten. Das vorliegende Buch verbindet beides und zeigt Fallbeispiele vorwiegend aus mittelständischen Unternehmen. Es ist deshalb für Projekte in diesem Umfeld besonders wertvoll.

Es enthält eine Einführung in das Wissensmanagement aus multidisziplinärer Sicht: betriebswirtschaftliche, organisatorische und personelle Aspekte sowie der Einsatz von Informatiklösungen werden ganzheitlich analysiert und gestaltet. Wissensmanagement wird dabei in acht Handlungsfelder mit entsprechenden Methoden und Tools für die Sensibilisierung, Initiierung und Durchführung von Wissensmanagement-Projekten gegliedert. Für einige dieser Handlungsfelder werden die Methoden detailliert vorgestellt.

Anschliessend zeigen sieben Fallbeispiele, wie Wissensmanagement in der Praxis initiiert und eingeführt wurde, welche Voraussetzungen dafür nötig waren und auch, welche Stolpersteine dabei auftraten. Diese Erfahrungen werden ausgewertet und zusammenfassend in Thesen formuliert.

Das Buch richtet sich an Personen, die sich rasch, ganzheitlich und praxisorientiert ins Thema einarbeiten wollen, um entsprechende Projekte auch in mittelständischen Unternehmen einzuleiten und durchzuführen.

Reihe Mensch – Technik – Organisation, Bd. 31
2002, 296 Seiten, zahlreiche Abbildungen und Grafiken, Format 17 x 24 cm, gebunden
ISBN 3 7281 2821 X

Norbert Thom, Joanna Harasymowicz-Birnbach (Hrsg.)
WISSENSMANAGEMENT IM PRIVATEN UND ÖFFENTLICHEN SEKTOR
WAS KÖNNEN BEIDE SEKTOREN VONEINANDER LERNEN?

Die unsere Welt prägenden fundamentalen wirtschaftlichen, technologischen und sozialen Veränderungen wirken sich seit einigen Jahren gleichermassen auf den Staat und die Wirtschaft aus. In diesem Zusammenhang werden immer intensiver Möglichkeiten und Wege des gegenseitigen Lernens diskutiert, bei denen Verwaltungen und Unternehmen ihre jeweiligen Schwächen durch Einbindung der beim anderen Sektor beobachteten und bewährten Methoden und Instrumente effektiv und effizient abbauen. Dabei stellen sich auch Fragen im Bereich des Wissensmanagements im Sinne eines gezielten Umgangs mit der Ressource «Wissen».

Das Buch dokumentiert die Ergebnisse einer vom Forum für Universität und Gesellschaft der Universität Bern organisierten Tagung. Es bietet fundierte Informationen zum Gebiet Wissensmanagement aus Sicht verschiedener Fachdisziplinen (u.a. Wirtschafts- und Rechtswissenschaft, Soziologie), unterschiedlicher Betriebstypen (private und öffentliche Institutionen) sowie mehrerer Länder. Damit soll versucht werden, eine Brücke zwischen Praxis und Theorie einerseits sowie zwischen öffentlichem und privatem Sektor andererseits zu schlagen.

2003, 288 Seiten, Tabellen und Grafiken, Format 17 x 24 cm, broschiert
ISBN 3 7281 2884 8